周易

环境与建筑

易界名家 独门首传

李计忠 著解 《周易》系列

李计忠 著

团结出版社
UNITY PRESS

图书在版编目（ＣＩＰ）数据

周易环境与建筑 / 李计忠著. -- 北京 ：团结出版
社，2010.7（2022.1 重印）
（李计忠解周易系列）
ISBN 978-7-80214-514-6

Ⅰ．①周… Ⅱ．①李… Ⅲ．①周易－关系－居住建筑
－自然环境－研究 Ⅳ．①B221.5②TU241

中国版本图书馆 CIP 数据核字(2010)第 134760 号

出　版：团结出版社
　　　　（北京市东城区东皇城根南街 84 号　邮编：100006）
电　话：(010) 65228880　65244790　（出版社）
　　　　(010) 65238766　85113874　65133603（发行部）
　　　　(010) 65133603（邮购）
网　址：http://www.tjpress.com
E-mail：zb65244790@vip.163.com
　　　　tjcbsfxb@163.com（发行部邮购）
经　销：全国新华书店
印　装：三河市东方印刷有限公司

开　本：170mm×230mm　　16 开
印　张：19.25
字　数：246 千字
版　次：2010 年 7 月　　第 1 版
印　次：2022 年 1 月　　第 4 次印刷

书　号：978-7-80214-514-6
定　价：49.00 元

自 序

　　自伏羲画卦、文王演易以来，《易经》就被看成经典中的经典，哲学中的哲学，智慧中的智慧。道学专家萧天石先生曾说：《易经》"由无入有，由简入繁，由无极而太极、而阴阳、而四象、而八卦、而六十四卦、三百八十四爻，以至于无穷之象，无穷之数，无穷之变，无穷之理，均可推而得之，籍而用之。由一本而万殊，由万殊而复归一本；本一而无穷"（萧天石：《道德经圣解》）。不仅如此，《易》还是中华民族几千年文明的根源，为诸子百家之所祖。对中国文化影响最大的儒道两家，其中心思想无不以易为体，仅法易有别而已。儒法乾，道法坤。易之要在乾坤，以乾坤为门户。《系辞上传》曰："乾坤其易之门邪。乾，阳物也；坤，阴物也。阴阳合德，而刚柔有体。以体天地之撰，以通神明之德；其称名也，杂而不越，于稽其类，其衰世之意邪？"儒法乾，乾为纯阳之卦，法乾之"天行健"，而主"自强不息"，主先、主动、主上、主刚、主强、主进取，主张积极作为，是入世之学；道法坤，坤为纯阴之卦，法坤之"地势坤"，而主"厚德载物"，主后、主静、主下、主柔、主弱、主顺应，主张消极无为，功成身退，为出世之学。也就是说，儒家学说以周易中的第一卦乾卦为自己的逻辑起点，立论乾卦刚健特性，以此推演出自己对人生、社会、国家以至于万事万物的看法；而道家学说以坤卦为自己的逻辑起点，立论坤卦厚德品性，以此推演出对人生、社会、国家以至于万事万物的看法。然乾阳极而阴生，泰极而否至，物不可极，极则必反；坤阴极而阳生，无为而无所不为。儒道虽立论不同，然异曲而同工。"两家思想之所以相反而又能终相合者，不穷通乎《易》，便无以得其几微矣"（萧天石：《道德经圣解》）。及至现代，中国科学教育最权威高校之———清华大学的校训"自强不息"、"厚德载物"也出自《周易》乾坤两卦卦辞，即"天行健，君子以自强不息"（乾卦），"地势坤，君子以厚德载物"（坤卦）。意谓：天（即自然）的运动刚强劲健，相应于此，君子应刚毅坚卓，奋发图强；大地的气势厚实和顺，君子应增厚美德，容载万物。"自强不息，厚德载物"精辟地概括了中国文化对人与自然、人与社会、人与人的关系的深刻认识与辩证的处理方法。中华民族历经几千年时间的考验和兴衰变化，而一直能稳固地凝聚在一起，并保持一个伟大民族的生机与活力，是同这种深刻认识分不开的。事实上，"自强不息，厚德载物"已构成中华民族的民族精神与民族性格的重要表征。（徐葆耕：《关于校训的解释》）。由此可见，《易经》对中华文化影响之巨大、之深远！

古有三《易》，曰"连山易"、曰"归藏易"、曰"周易"。连山易属神农（也有认为属伏羲），归藏易属黄帝，周易属周。前二易已失传，独周易仅存，经孔子等人发扬光大而更加流光溢彩。周易是一部集理、象、数为一体的特殊的哲学专著。虽"《易》本为卜筮而作"（《朱子语类》），其中却包含了深邃的哲学思想，其卦形、卦爻辞无不渗透着深刻的哲学道理，经孔子（孔子对周易的哲学提升主要见诸"十翼"，即《彖上传》《彖下传》《象上传》《象下传》《系辞上传》《系辞下传》《文言传》《序卦传》《说卦传》

《杂卦传》）、王弼、朱熹、程颐等人的发展，已上升为体系完整的哲学著作，由此产生了专以阐释周易哲学大义为主要内容的"易理派"。而周易之要在理、象、数，其奇特之处、运用之妙几尽在其象数。离开象数，周易也就不再是周易，而仅仅是一部普通的哲学著作了。因此，只有"易理"、"象数"相互掺用、才能辨明周易大旨。南怀瑾先生也曾说："理、象、数通了，就能知变、通、达，万事前知了"（南怀瑾：《易经杂说》）。就易理而言，可以说，各有各的理，正理只有一条，歪理可有千条（南怀瑾语，见《易经杂说》）。正如《系辞传》所说，"仁者见之谓之仁，知（智）者见之谓之知（智）。"然而周易的象数，却是科学，科学只有真理与谬误之分。

周易的魅力在于其蕴涵的深刻哲理性，周易的哲理性又依附在卦画的无穷变化上，而卦画的变化又是基于数的严密推演。因此，作为一部博大精深的哲学著作，周易中还包含着其他哲学著作没有的以象、数为基本要素的特殊逻辑推演体系。《系辞上传》中就有专门阐释"大衍之数"的内容。辞曰："大衍之数五十，其用四十有九。分而为二以象两，挂一以象三，揲之以四以象四时，归奇于扐以象闰，五岁再闰，故再扐而后挂。天一地二，天三地四，天五地六，天七地八，天九地十。天数五，地数五，五位相得而各有合。天数二十有五，地数三十，凡天地之数，五十有五，此所以成变化而行鬼神也。"这是对周易著筮推演程序的介绍，但具体如何断卦，则没有说明。其实，古今易学专家皆精于象数和筮法。孔子及其周易传人梁丘贺、丁将军、孟喜以及西汉的焦延寿、京房等，都是以善占而名流史册。仅以孔子为例，孔子晚年酷爱周易，常爱不释手，读《易》韦编三绝，还说"假我数年，若是，我于《易》则彬彬矣。"也就是说，再给几年时间，就能够把周易融会贯通了。不仅如此，孔子还常常自筮。《孔子家语·好生》中就记载孔子自筮情况。原文如下：

孔子常自筮，其卦得贲焉，愀然有不平之状。子张进曰："师闻卜者得贲卦，吉也，而夫子之色有不平，何也？"孔子对曰："以其离耶！在周易，山下有火谓之贲，非正色之卦也。"

意思是孔子常常自己占卦。有一次占得贲卦，脸色变得很难看，显示出不高兴的样子。孔子的弟子子张，走上前来问道："我听说占卜得贲卦，十分吉利。老师，您的脸色为什么显得不高兴呢？"孔子回答说："因为它偏离我意。在《周易》上，山下有火叫贲卦，不是正色的卦。"贲卦，内离外艮，《象·贲》曰："文明以止"，也就是说内离明而外艮止。孔子本打算行道于天下，没有遇见乾龙等卦而得到贲卦，止以《诗》《书》，所以不高兴。这一案例说明，孔子晚年学易以后非常看重占卦。

周易象数及占卦方法随着历史的发展而不断丰富完善，并派生出了门类繁多、异彩纷呈的各种流派，诸如八卦六爻、四柱命理、梅花易数、奇门遁甲、大六壬、小六壬、紫微斗数、铁板神数、手相、面相等。这些流派虽各具特色，各有自己的逻辑体系和预测技法，其皆根源于周易八卦。近代易学专家尚秉和先生曾总结不同历史阶段周易占卦方法的区别，说："盖《易》之用代有阐明，而其别有三：伏羲以来察象，周用辞而兼重象，至西汉乃推本辞象而益以五行。五行明而筮道乃大备矣。是以汉之焦、京，魏晋之管、郭，唐之李淳风，宋之邵尧夫，其筮法之神奇，有非春秋太史所能望见者。则以春秋太史局于辞象，后之人能兼用五行也"（尚秉和：《周易古筮考自叙》）。也就是说，伏羲时期，占卦主要看卦象，以卦象推吉凶；周朝时期，虽也兼用卦象，但已重视根据卦爻辞判断吉凶；到西汉时期，已经把八卦和五行配合起来，按照一定的逻辑关系进行推演预测。所以，才出现西汉焦延寿、京房，魏晋管骆、郭璞，唐朝李淳风，宋朝邵尧夫等人的神奇占筮技法。这些技法是春秋时期专管占筮的太史们所无法企及的。

记得恩师曹宝件先生曾对我说："要想进入易学的殿堂，八卦是必修课。只有学好了八卦，才能起卦断事，明辨吉凶祸福。"还指出："学好手面相，可以识人面而知人心，又是为人排忧解难最快捷、最方便的门径；四柱命理易学难精，但必须要掌握，因为四柱和八卦是打开一切术数大门的两把钥匙，要为人解灾就离不开事主的四柱八字；奇门三式可学可不学，但要成为易学专家，至少要弄懂奇门遁甲术。易学专家的必精之术是地理风水，但要切记，十年之内不可研习风水之术，必须待到有一定生活阅历后，才可以深研风水，而且必须在研读十年风水之后，把玄空、三合、八宅等几个大门派的风水技法综合掌握，才能进行独立操作。因为风水术不同于其他术数，应用其他术数稍有误差只是误事，而应用风水术出了差错会损人家性命，甚至会损害人家的子孙后代。切记！"从此以后，我一直沿着恩师指导的这条道路往前走。如今，已过知天命之年的我，深感周易八卦之精妙，习之愈深，愈感其"洁静精微"，妙不可言、神不可言。

在长期的断卦实践和总结前人的基础上，我首创了"一卦多断"独门技法，并创新发展了"八卦断风水"、"八卦配十二宫"、"大小限断流年"、"三飞"、"一卦断终生"等技法，以化煞、解灾、调理、改运等方法为人化解灾难，常有奇妙效果。断卦和化解灾难的实践使我深信周易八卦的科学价值。然而，易学知识博大精深、易学典籍浩如烟海，使人如站在易学殿堂之外，遥望宫殿的锦楼翠阁而望洋兴叹。

长期以来，我希望把自己几十年来学习积累的这些宝贵的周易八卦断卦技法公之于众，献给社会，造福于百姓，使中华民族易道发扬光大。2010年1月，我出版了《周易·一卦多断入门》《周易·一卦多断点窍》《周易·一卦多断精解》《周易与家居环境》四部著作，深受广大读者的喜爱，在4个月内销售一空，5月份又再次印刷。

之后，我又整理撰写了《周易·家居环境入门》《周易·家居与人生》《周易·家居与调理》《周易·环境与建筑》《周易·八卦与阵法》《周易·八卦健康案例精典》《周易·八卦案例通解》《周易·玄空大卦例解》等八部易学著作，以飨读者。这些书以周易八卦为理论基础，结合现代社会现实情况进行创新，源于古法而不拘于古法；在学理分析上，力求由浅入深、层层剖析、循序渐进、通俗易懂。

当然，周易之用，圆融活泼、运舞无休，由于本人才学有限、时间仓促，在撰写过程中难免有错漏之处，欢迎广大读者批评指正。

李计忠

庚寅年壬午月于海口

自序

第一部分
建筑与外部自然环境

　　中国风水学是我国古代建筑活动的指导原则和实用操作技术。从我国现存的大量古城镇、古建筑、民居、陵墓的选址、规划和设计，以及园林景观的营造情况来看，风水活动渗透着地理学、天文学、人文景观学等方面的丰富内容。其间虽然掺杂着许多非科学的、落后的人为因素，但是风水艺术探求建筑的择地、自然方位、天道、布局与人类命运的协调关系，证明了中国风水的核心内容是"天地人合一"的原则。"天地人合一"的原则，注重人类对自然环境的感应，指导人们因地制宜地通过建筑的选址、规划与营造，使人与自然融合。中国风水学的定义：在古代，风水学实际上就是地理环境学、天文星体学、人文景观学和人体生命信息学等综合一体的自然科学。在长期的实践和发展过程中，风水学积累了丰富的实践操作经验，以复杂的理性思维，吸取和融汇了古今中外各门自然科学、美学、哲学、伦理学以及宗教、民俗等诸多方面的智慧，最终形成了内涵丰富、综合性极强、具有系统性理论体系的当代风水学。当代风水学涵盖了地理环境生态学、天文星象学、人文景观学、建筑受力平衡学、地质学、地球磁场方位学和人体生命信息学等，是一门多学科综合于一体的自然科学。

　　风水学的宗旨在于谨慎、缜密地考察自然环境，顺应自然，有目的地改造和利用自然，赢得最佳的天时、地利与人和的有利因素，为人们营造良好的居住与生存环境，进而达到天人合一的至高境界。

　　用当代科学知识来研究时空，天地万物组成的宇宙世界是一个庞

1

大的磁场体，而人体是一个微小的磁场体。分布在人生活空间的万物，不停地发射出一种微波，同时这些微波与人体小磁场能够产生物理性感应，进而导致人体磁场发生变化，有的会变好，有的却变坏，这就是环境造就人的天然法则。"一方水土养一方人"的说法是符合实际的，凡生活在同一地区的人，都会有许多相似的特点；凡生活在不同地区的人，他们的精神风貌、性格习惯、风俗人情都会存在较大的差异。例如，在中国北方内蒙古生活的人，形体高大威猛，性情粗犷豪放，善于骑马射雕，而在南方广东生活的人，形体瘦矮，嘴唇薄而头尖长，颧骨高耸，但脑子十分灵活，擅于从事商业活动。这就是地理环境对人产生的影响。

第一章 自然与建筑的象征意义

《黄帝宅经》曰："地善，苗茂盛；宅吉，人兴隆。"这句短短的训言，强调了建房造屋不仅要注重外界地理环境的选择，还要考虑住宅内部格局的吉凶。要求人们建房造屋时一定要选择善地，再造吉宅，才能使家族兴旺发达、人口平安。又曰："宅以形势为身体，以泉水为血脉，以土地为皮肉，以草木为毛发，以舍屋为衣服，以门户为冠带。若得如斯，是事俨雅，乃为上吉。"这里告诉世人，住宅可以养人，是因为住宅周围的地形和地势好像人的身体，河流水系好像人的血脉经络，土地高山好像人的皮肤和肌肉，花草树木好像人的毛发，房屋建筑好像人的衣服，门户好像人的嘴巴和冠带。

第一节 地形与地势象征人的身体

形势即指地形与地势。百尺为形，千尺为势。

形是指形状，这里说的住宅地理环境的形状，可以分为平面形状、立体动物形状和五行特性形状。

平面环境形状：正方形、长方形、圆形、椭圆形、三角形及其它不规则形状；

立体环境形状：龙形、狮形、龟形、虎形、豹形、鹰形、鹤形、雀形、蛇形等形状；

五行特性形状：金形、水形、木形、火形、土形五种特殊性质的形状。

势是指山脉的走势，也指住宅周围的建筑群的布局，风格和气势。形是指单座的山头，势是指起伏的群山；形比势小，势比形大；形是近观，势是远景。

住宅稳座厚土是符合天道的，是吉祥的。厚土是地润天和之地，地是生育万物之母，天是指和煦天气和阳光。地润天和，是指拥有宽大而优良的土壤和拥有湿润土地的源泉，又拥有温暖的阳光和缓缓流通的微风。地气因天气而生，天气因地气而降，降雨适量如期，气与水运化平衡升降有序，可使万物兴盛。

地润生厚德，天和出将相。地润天和之地必是鸟语花香、五谷丰登的地方。

南北长而东西窄和前窄后宽的地理环境吉祥如意，居住于此可获一家平安、荣华富贵。前窄后宽就是指前边入口的地形窄小，而后边的地形宽大；而前窄后宽的地理形势是符合天道的，刚开始时是窄，越往后发展越好。前窄后宽得安稳，平安富贵旺儿孙。

前宽后窄，形似棺椁的地形或宅形带凶气，有棺材气息，居住于此多遭病灾之祸。前宽后窄就是指前边入口的地形宽大，而后边的地形很窄小，开始时是好的，越往后发展越差，不符合天道之理，凶！前宽后窄似棺椁，居之耗财久不安宁。

第二节　河流水系象征人的血脉经络

这里所说的水是指地理环境中的秀水，而不是指凶水。明山主人丁兴旺，秀水主财源茂盛。秀水是缓缓流淌的清澈明净的水，恶水是指水质污浊、气味腥臭、湍急怒吼的流水。

秀水应该位于住宅前边的明堂里，明堂就是住宅门前的空地。以坐北向南宅为例，住宅南边的空地就是明堂，空地越大财气就越大，南边空地里的水为秀水、为财水。古人说："明堂容万马，富贵甲天下"。对于住宅来说，庭院为内明堂，庭院应当占整体院落的三分之二才算合格。明堂里有水，才符合"住宅以泉水为血脉"之道的。明堂前边有秀水，儿孙千代传富贵。

住宅左水右路、左路右水和左水右水的格局都是吉利的，久居必吉祥如意、荣华富贵。住宅的四面就是四象：左青龙、右白虎、前朱雀、后玄武。青龙位在左边，要有护卫，宜有缓流且秀丽的流水，但形势不能高于本宅；白虎位在右边，要平坦、开阔、有路，但不可低洼，更不宜高于本宅；朱雀在前方，要平坦、开阔，宜有聚水或弯抱住宅的缓流之水；玄武位在后边，要有靠山，不能低洼，以天然的低山为好，但不能过于靠近住宅。

对于坐南向北的房子来说，左水右路、左路右水和左水右水的格局是大吉的，因为住宅的右边为东方，有水或有路都属大吉。

对于坐北向南的房子，右边为西方，西方有水为桃花水、浊水和败财水，有大路也凶，因为白虎方宜静不宜动，若有动象，则必有凶事发生。但是从"白虎宜驯服，宜低伏"的要求来说，坐北向南住宅的右边白虎位有小路或有小水也属吉祥的，因为有小水或有小路也是白虎低伏的状况。

第三节　土地山脉象征人的皮肤肌肉

有句民谚：山明水秀出才子，穷山恶水出刁民。在家居风水中，水与山都是十分重要的环境因素，水以清澈、明净的为好，山以树草绿色葱茏、生态平衡的山系为佳。

住宅以高山或低丘的土地作为身体，就好像人体上的皮肤和肌肉一样。北方和西北方有山最好，但切忌山上怪石林立、草木不生。住宅后面有靠山，要求的明山而不是穷山，若宅后有明山为靠，做为衬托，久居之后人丁必定兴旺，儿孙平安。

前有水后有山的格局是符合天道的。前面为朱雀，宜开阔、有水，而宅后为玄武位，宜坐实地、有靠山。

明堂位有山，万事有阻碍。若住宅前边明堂位有山，则家运不顺，事业受阻，还会使家人的身体健康滑坡。明堂里有山，可以在门前两侧摆放狮子镇宅化煞。

住宅的左边是路，右边也是路，是属于不吉祥的地理形局，长久居住于此，家业衰败，盗贼、诉讼和死伤常有。因为道路为动气，本身就为白虎煞气，左路右路的形局右边原为白虎，再加上道路白虎煞气，就形成了凶上加凶的格局。可以在门前摆放石龙来化解白虎煞，达到镇宅平安的效果。

第四节　花草树木象征人的毛发

这里所说的是指宅院种植的花草树木。不能种植桑树、松树、柏树、梨树；宅院里可以种植槐树、玉兰、枣树、椿树、海棠、石榴树、竹树、柿树、银杏树。

1. 槐树

槐树为落叶乔木，其性耐寒、喜阳光、忌阴湿。在湿润、肥阔且排水良好的沙质土壤上生长最佳，忌在低洼积水之地生长。有抗病虫害的能力，抗烟毒能力也很强，寿命长，是城乡间良好的遮阴树种。

2. 玉兰

玉兰原产于长江流域，主要野生于庐山、黄山、峨眉山等处。玉兰喜阳光，花里面淡红，表面紫红，有香气；花的外形极象莲花，花瓣展向四方，可使庭院青白耀眼，具有很高的欣赏价值。再加上发出的阵阵清香，沁人肺腑，实为美化庭院的理想花木。

3. 桑树

桑树为落叶乔木，其叶子呈卵形，是喂蚕的饲料。桑树喜光，对气候和土壤的适应性都很强，耐寒冷与干旱，不宜在水湿之地种植；有抗风、抗有毒气体和烟尘的能力，寿命长，一般可达数百年。桑树的树冠丰满，枝叶茂密，秋叶金黄，容易管理，是城市绿化的上佳树种，其果子能吸引鸟类，但由于"桑"的谐音不好，容易使人败财与遭祸，故在庭院种植是难于接受的。

桑树

4. 松树

松树是高大的常绿乔木，其树姿雄伟、苍劲，具有极强的观赏价值。松树是坚定、贞洁和长寿的象征，它与竹树和梅树称为"岁寒三友"，具有战胜困难与逆境的坚韧精神。由于松树多数种植于墓地里，故不宜在庭院里种植。

松树

5. 柏树

柏树是常绿乔木，具有斗严寒、傲风雪的特性，它是正气、高尚与长寿的象征。中国人习惯把柏树种植于墓地园林、寺庙和名胜古迹之地；再者，在外国人眼里，柏树代表悲哀和哀掉，希腊人和罗马人习惯把柏树枝放入死者的灵柩中，寄托死者"长眠

柏树

不朽"的愿望，寓意不吉祥。因此，庭院里不宜种植柏树。

6. 梨树

梨树可以产果子，鲜食梨果子可生津止渴，清泄胃肠炽热。梨果子与皮均可入药，能解燥热、止咳。由于民间认为梨树谐音不好，寓意夫妻分离的凶象，故不宜种植于庭院中。

梨树

7. 红枣树

红枣树比较耐旱，需要水分不多，贫瘠的土壤也可生长。红枣树生长较慢，木材坚硬细致，不易变形，适合制作雕刻品。果子是馈赠亲朋的上好礼物，已被引入中药用于治病。枣树果子是中国北方的主要水果之一，民间认为吉祥如意，故庭院可以种植。

红枣树

8. 椿树

椿树为落叶乔木，雌雄异株，叶片呈奇数羽状复叶，圆锥花序，两性花白色，果实呈椭圆形。树体高大，除椿芽可食用外，也是园林绿化的优良树种。其性凉，味苦平，能入肺、胃、大肠经。具有清热解毒、健胃理气、润肤明目和杀虫功效。主治疮疡、脱发、目赤、肺热

椿树

咳嗽等病症。树干挺直，树皮光滑，叶大荫浓如伞盖，夏季开黄花，初秋果子红，是良好的园林绿化树种。可以在庭院中种植。

9. 海棠

海棠花是我国的传统名花之一，花开似锦，花姿潇洒，自古就是雅俗共赏的名花，素有"国艳"的美誉。大文豪苏东坡题咏"只恐夜深花睡去，故烧高烛照红妆"；陆游题诗："虽艳无俗姿，太皇真富贵"，形容海棠艳美高雅。由于海棠花栽

海棠

培历史悠久，深爱人们喜爱，不仅把它栽种在皇家园林中，与玉兰、牡丹、桂花相配植，创造"玉棠富贵"的意境，还更多地种植在庭院中。

10. 石榴树

石榴树婀娜多姿优美，枝叶秀丽，初春嫩叶油绿，盛夏繁花似锦、色彩鲜艳，深秋硕果累挂。人们借石榴多籽，来祝愿子孙繁衍，家族兴旺昌盛。石榴树是富贵、吉祥、繁荣的象征，可以在庭院中种植。

石榴树

11. 竹树

竹树是木质植物。竹枝杆挺拔，修长，亭亭玉立，袅娜多姿，四时青翠，凌霜傲雨，深受人们喜爱，有"梅兰竹菊"四君子之一，"梅松竹"岁寒三友的美称。古今文人墨客，嗜竹咏竹者众多，据传大画家郑板桥无竹不居，留下大量竹画和咏竹诗；大诗人苏东坡留下"宁可食无肉，不可居无竹"的名言。住

竹树

宅门前有翠竹，出门见翠竹，心情喜又悦，做事更顺利，生意也兴隆。故庭院中种植翠竹是非常合适的。

12. 柿树

柿树为落叶乔木，树形优美，树繁叶大，冠覆如盖，荫质优良。入秋部分叶红，果实似火，是园林中观叶、观果又能结合生产的树种；在居民住宅区种植柿树是吉祥的，万事如意、心情舒畅；在公园、林带中具有较大的绿化潜力。到了秋天柿子树上，挂满了红透的柿子。因为柿树的柿与事事如意的事同音，所以柿树可以种植在庭院中。

柿树

13. 银杏树

银杏树为落叶大乔木，银杏气势雄伟，树干虬曲、葱郁庄重。住宅种植银杏树家运吉庆、福寿绵长。选取姿势优美的银杏树，加工制成盆景，将大自然中银杏的雄姿浓缩在盆景之中，奇特幽雅、野趣横生，清供案头，令人怡情怡目。银杏树是著名的长寿树种，生命力强，叶形奇特，具有很高的观赏价值和经济价值。夏天遒劲葱绿，秋季金黄

银杏树

可掬，给人以峻峭雄奇、华贵幽雅之感。银杏价值的最高层次在于生态价值，是无价之宝！所以银杏适合种植在庭院中。

第五节　房屋建筑象征人的衣服

　　房屋就是人居住于城市、村庄的建筑布落。人与周边环境的关系，首先体现于房屋建筑，好像人的衣服一样。

　　住宅门前的明堂要开阔，不能有路冲。明堂是住宅门前的空地，是生气聚集的地方，明堂被道路冲射或有其它物体直冲，叫做生气被冲，容易发生不安全的事件，家庭钱财也会出现问题。要解决明堂被冲的问题，就在门前设置照壁墙，阻挡外面冲射而来的煞气。照壁是在大门内的屏式遮蔽物，是中国传统建筑物中具有特殊意义的建筑形式，也称为"影壁墙"或"屏风墙"。风水学很讲究气流导向，气流不能直冲厅堂或卧室，否则均以凶论。最好的避免方法，是在房屋大门内面设置一堵不封闭的墙，不仅具有挡风避煞的作用，还可以遮蔽外面行人投来的窥探视线，保证住宅内部的隐私。古代经典建筑形式四合院中，一般都设置"照壁墙"。

　　住宅前边有剪刀路是不吉祥的，居之多涉及安全及艰险的问题。明堂被剪就是明堂前面的空地有路或建筑，像被剪刀给剪了一下，这样的住宅是不符合天道之理，是家运被剪刀阻碍，越往前发展越不吉祥的。如果明堂被剪，就用泰山石敢当来镇，把泰山石敢当立于剪刀的三角处阻挡，这样一来，煞气就被化解。

　　住宅前边有路反弓，是不吉祥的，居之多涉及安全及财路的问题。房屋建筑好像人的衣服，住宅周边的环境对人的影响很大。明堂反弓就是住宅前边有路像弓箭射向住宅，使住宅整天被外来的弓箭威逼，住宅里的用户就会胆战心惊，所以这样的住宅不符合天道，是不吉祥的。如果明堂反弓，就用凸镜反射化解，具体方法是把凸镜挂于大门上挡住煞气。凸面镜，就是指外侧象球面凸出、具有反射功能的镜。凸面镜能把煞气反射回去，避免弓箭一样的煞气来冲射住宅。

住宅前边明堂有玉带缠绵状的水或道路，是吉祥的。道路像玉带缠腰环抱住宅，好像是自己的腰带，可以藏天地间的生气；在住宅前有环抱形的水，就可以使生气凝聚在住宅前面，这是理想的聚气方式。很多住宅难得靠近水，但是道路的作用和水是一样的，环抱形的路就像一个人的双臂，而住宅的中心就成了生气凝结的穴点，因此说住宅前有环形的道路，好比前面有河流。"U"字形的转弯处是聚气的地方，若住宅处于环抱之内，住户的心理上就会有稳定的感觉，而且有利于增强生活信心，所以建议大家最好把住宅安置在玉带缠腰的地方。

住宅四面有路，称为抬轿宅，欠缺吉祥气息，子孙不孝。而且住宅四面环路，四面八方漏风无遮挡，没有安全感，容易招来小偷，耗尽家财，不吉祥。住宅抬轿是不符合天道之理的，因为左青龙、右白虎、前朱雀、后玄武的四象被打破，不符合四象格局，所以说是不吉祥的。如果住宅已经成了抬轿的格局，就可通过修整院墙或植树造林化解。院墙和树林可以遮挡外界冲来的煞气，使家宅不受外界干扰，可保平安，吉祥如意。

第六节　门户象征人的帽子和腰带

住宅的门户，就好像人的帽子和腰带。门户就是住宅的整体及大门，若住宅的整体及大门所呼应的事物好，则住宅就吉祥；若住宅的整体及大门所呼应的事物不好，则住宅就不吉祥。

住宅门前有石崖等障碍物压迫，是不吉祥的，久居于此对住户的发展十分不利。宅前被压是不符合天道之理的，宅门前被大石块或大楼所压迫，将会影响家运的发展，还有口舌官非不断。若宅前被压，可以在门前摆放石狮子或麒麟来镇宅、改运、化煞。

住宅后墙留有后门不吉祥，后边失去了坐实的靠山。如果住宅已设后门，就赶紧设置墩门护卫，镇宅改运，以免主人遭受丢魂之苦。

住宅建成"丁"字房相，是不吉祥的。主人必遭祸殃，涉及口舌、官司等严重问题。宅与宅之间呈"丁"字形状排列，相互之间矛盾易生，入出口方向会有冲突，最容易引发口舌是非之事，所以说是不吉祥的。如果盖了"丁"字房，就应赶紧拆掉，才能解除凶煞之气。

趴蝮

住宅门户面对污泥塘，主家运不祥，易犯小人、口舌等问题。如果住宅的门前有污泥塘，就在门前摆放趴蝮（pā fù）护卫，可达到镇宅、化煞和改运的效果。据传说，趴蝮是龙生九子中的第五子，其形象似龙非龙，似虾非虾。在很久以前，由于趴蝮触犯天条被贬下凡，被压在龟壳下看守运河一千年。千年之后，它脱离了龟壳，终于获得了自由。平生喜欢玩波弄水，喜欢吃水妖。它擅长水性，伴水而居，常年累月在河水中玩耍，趴丁石桥栏杆顶端。

人们为了纪念和表彰龙族看护运河有功，就模仿龙的样子雕刻石像饰于河边石桥栏杆的顶端或石墩上。在门桥之上的趴蝮，可以镇宅、改运、化煞。

宅对哭塘，家中遭殃。所谓哭塘，就是两个泥塘连在一起，像"哭"字形。住宅前对哭塘是不吉祥的，因为住宅的门窗好像人的帽子和腰带。宅门前面有个大哭塘，这样一来不小心有可能掉下去，一旦家人掉下去了，家运就真的遭殃了，所以说是不吉祥的。如果住宅对哭塘，就把哭塘改造成通畅的渠道，来增加家运风水。

住宅前对沙丘是不吉祥的，居之多涉及烦事等问题。住宅门前有沙丘，出门便陷到沙丘里，肯定麻烦事不断，所以说是不吉祥的。可以把住宅正对的沙丘重新移开，找个合适的地方安放，来增加家运风水。

住宅前对烟囱是不吉祥的，主身体健康、财运容易出现烦恼的问题。住宅的门前有烟囱，出门便看到烟囱，心情肯定受到影响，做事便容易出错，所以说是不吉祥的。如果宅对烟囱，可以在住宅中正对着烟囱的地方安放灯笼，来增加护卫，调整家运风水。

宅对枯藤，主疾病常生。住宅前对老枯藤，居之多涉及对家人、父母身体健康不利等问题。宅的门前有一棵大藤树且枯枝烂叶，居住的人肯定心情不好，这样一来就容易生病，所以说是不吉祥的。如果宅对枯藤，就把枯藤除掉，重新植树，来增加家运风水。

宅对大树，小人挡路。住宅前对大树，居之多涉及小人挡路等问题。住宅的门前有一棵大树，出门不方便，影响出入口的畅通，所以说是不吉祥的。如果宅对大树，就把住宅正对的大树重新移植到一个合适的地方，来增加家运风水。

宅对乱石，好运来迟。住宅前对乱石，居之多涉及事多烦恼、小人挡路挡事等问题。住宅的门前有一堆乱石，出门不方便，影响出口的畅通，又不美观，所以说是不吉祥的。如果住宅对乱石，就把住宅正对的乱石重新移开，找个合适的地方放置，来增加家运风水。

宅对茅房，臭名远扬。住宅前对茅房，居之多涉及事多烦恼、有小人坏名声等问题。宅对茅房是不符合天道之理的，宅的门前有厕所，出门便闻到厕所的味道，影响情绪，所以说是不吉祥的。如果宅对茅房，可以把住宅正对的茅房重新移开，找个合适的地方改建，来增加家运风水。

住宅前对坟墓，居之多涉及阴性之事等问题。宅对坟墓不符合天道之理，如果宅的门前有坟墓，家人一出门便看到坟墓，心里肯定不舒服，有时晚上回家肯定害怕，所以说是不吉祥的。如果住宅对坟墓，就把住宅正对的坟墓重新移开，找个合适的地方埋葬，来增加家运风水。

住宅前对寺庙是不吉祥的，居之多涉及阴性之事等问题。住宅的整体及大门所呼应的事物是寺庙，这是不符合天道之理的，因为住宅的门前有寺庙，家人一出门便见到寺庙，是不吉祥的。如果住宅对寺庙，那么家中所有的人可以信佛，做一些佛教事业，来增加家运风水。

在风水活动中，对房屋基地的选择有很多忌讳，从流传于民间的谚语和顺口溜来看，房屋基地的好坏是决定房屋风水吉凶的关键因素之一。如民间广泛流传的对宅形与地基形状要求的描述是"南北要长，金玉满堂；东西窄短，缺衣少碗"。对东西二边缺角的宅基地评价是"正对东西两面凹，金鸡玉兔难消遥。"另外，民间还有许多说法，如"卯酉不足，居之自如；子午不足，居之大凶。"这些说法一方面指出住宅的形状，另一方面指出住宅基地形状的忌讳。

其实，在风水选址中，建造房子基地的吉凶，不仅要看其外形的凹凸满缺的基本情况，还应看基地周围地势的高低、干湿、山脉地气和四神方位等方面的情况，然后通过综合分析，做出取弃，选择有利于人长期居住的理想环境地。

第二章　住宅基地吉凶的判断与取弃

第一节　吉利的基地

一、前低后高的基地

我国的版图是以黄河流域的洛阳为中心，地势是北面太行山脉地势高，往南方渐低。在古代，人们曾用晋国和楚国所处的地理形势情况，对住宅建地的利弊做出描述，如：住宅前低后高是晋土，为吉地；住宅前高后低是楚土，为凶地。晋、楚是古代的国名，根据历史记载，大约在三千年前，晋国在黄河流域建国，国势强大，文明昌盛；相对的楚国在扬子江中流的土地上建国，一向被晋国视为"南蛮"。因此，在家相上，古代人称晋土为吉相，楚土为相凶。

按照当时的晋、楚二国的地势情况分析，从二国的龙脉分布的格局与流水的方向来看，古代的说法与现代家相的取法也是一样的。住宅朝南背北为理想基地，在北高南低的土地上建房造宅为吉，因为坐北朝南的住宅接纳的阳光较多，朝北的住宅接纳的阳光较少。尤其是住宅的南方低，采光更好，通风极佳，而住宅的北面高，采光不好，又受寒冷的北风侵袭。坐北朝南的建筑原则，是人们在长期的风水实践中形成的对自然地理现象的正确认识，其顺应天道，得山川之灵气，受日月之精华，不仅能颐养人的身体，而且能陶冶人的情操。

我国的自然地理形势是西高东低，住宅坐西向东，宅后高而向首低，也是较为理想的基地。

无论是坐北向南，还是坐西向东的住宅，都要求山水合局，宅形的设计也要合理，否则发展不平衡，多疾病，子女婚姻不顺等。

二、四神相应的地形

在古代风水学上，四神是指镇守东、西、南、北四个方位的神兽。镇守东方的为青龙，镇守南方的为朱雀，镇守西方的为白虎，镇守北方的为玄武。理想的地形是四神相应，即是后面（玄武）高耸，前面（朱雀）宽敞，左右两侧有小山丘，中央部分是平地。

房屋的后面和两侧的山丘是长满茂密树木的地形，就把后面高出的部分看作是玄武，将两侧的小山丘看作是青龙和白虎，前面敞开的部分看作朱雀。这就是所谓的"四神相应"的地形。自然形成的"四神相应"的地形，后面玄武方是有靠山的，前面朱雀方要向真水，左右两方都有矮过靠山的小山，而且龙强于虎才是旺宅福地。

最理想的地形是房屋的左右两方都有比靠山低矮的小山丘，但在实际情况中，房屋的左右两边都没有小山，而有的是低矮的屋子。从旺宅理论上来说，最好的也应是龙强过虎。

三、形状四方的地基

自然的山脉、丘陵和江河溪流的分布本是不规则的，这些山脉、江河之间形成了各种不同形状的地形，有些呈长方形，有些呈正方形，有些是梯形或三角形等等。在这些形状不同的各种地形中，有的可以建房居住，有的是不可以建房居住的。建房的地基形状，应选择四方形的为好，不要选择三角形的土地，其它无规则的地形也不适合人类居住。

四、呈六对四比例的长方形基地

住宅基地理想的形状，以六对四比例的长方形为吉相，而且以南北长的宅地为最佳，因为南北长的宅地可以改善阳光的照射问题。

考虑宅地的形状时，首先必须考虑的是如何把阳光纳入人的生活中。人是靠太阳的红外线来取暖，靠紫外线杀菌的，光线的能量又能使土壤与植物的气息散发于空气中，然后围绕着房子给人的健康带来良好的影响。基地形状呈南北长的吉相，可以给住宅纳入足够阳光的照射，给主人带来无限的生机，如果基地是变形的凶相，那么必须在变形的部分栽种树木等，把空地调整成为长方形的吉相才能居住，因为基地经过改选调整后，可以消除那些不利于人的因素，避免招来灾祸。

五、北高南低和西高东低的基地

基地对人体健康会产生不良的影响，昔日为沼泽地、潮湿地和河川等土地的新生地最好避免，因为这些土地没有土壤中原有的各种元素的能源。

一般来说，没有怨念、因缘、坟墓等的土地，是可以放心居住的。具体地说，昔日用作田地的地方，可以放心居住；若是丘陵地改造成的基地，则以山的中腹最佳，其次是山下、山上均为吉相。

从方向来看，北方高而南方有点坡度的宅基地为最佳；其次是西边有点高，东边、东南边和南边是平坦的土地，也是吉相基地。

第二节　凶险的基地

一、低洼水旺的地方

建房的地势宜高，不可选择在低洼地区。地势高的地方，地温、湿度和采光、通风等方面都较佳，有利于人类建房造宅居住。但那些用土填实的田涧和河川之地属于新生地，地基不扎实，会影响建筑物的安全性，而且地面湿气也很重，对居住者健康十分不利，不宜建房长久居住。

建筑物不宜盖在未经过整理的废河道之上，因为未经过整理的废河道一定会有许多垃圾、杂草和其它废弃物品，土壤内容易滋生细菌。若未经恰当的整理，就忙于盖房子，那么人居住之后对身体健康相当不利。

废弃水井和不知底细的凹坑上面，不宜盖房屋，因为穿凿水井时已经使地气泄漏，龙脉受到损伤，居住后容易使人的运气、婚姻和身体健康受到威胁。若要把废水井填实盖房，则要先将废井里的积水抽干，再把井底下面大约厚 30 公分的污泥吸掉，然后用坚实的混凝土填满，将地下水脉堵住，待一年以后方可盖房居住。

二、发生过火灾的地方

自然界的土壤里含有硫黄、氮、铁、铅、离子等多种元素，在无形中会对人体给予有益的补充。但发生火灾后的土壤已经变质，失去了原先有益于人体的元素和地气，若在这种地皮上建房居住，则会对宅主一家人的身体健康造成不利的影响。若土地紧缺，实在没有办法，一定要在发生过火灾的土地上建房居住，就要将被大火燃烧过的表土挖除，用新鲜的土壤填实。挖深一点较好，至少要 50 公分深，或视土壤被燃烧的程度而定，挖土的深度可达 100 公分至 150 公分。

三、地势陡峭的地方

陡峭的地形较为危险，会让人产生不安全感。另外，地势陡峭的地方，也会影响人的心理，让人自然而然地产生压迫感。同时由于自然信息的诱导作用，会让住户经常做一些风险较大的事情，往往使人长期处于风险之中，增多挫败机会的次数。

四、比路面低的地方

如果在斜坡或山坡上建房，那么地基一定要在坡路之上，不可在坡路之下。地势的高低，须以路的水平面来衡量，在路的水平面之上为佳，在路的水平面之下不好。

若住房位于斜坡下方，就会受到压制，不仅难于吸收到好的地气，而且还容易吸收到腐朽衰败的不良之气，使居住者的运势不佳，事业的发展受到压制，也对人的身体健康构成威胁。

如果建房的地基比外面的路面低，说明这块土地的气是下陷的，而且是被路面压制的。在这种土地上建房，意味着房屋被道路欺压，居住在房屋内的主人不仅运势停滞不前，而且还会出现被压制的情况。

五、气流阻塞的地方

气的好坏或强弱是可以分辨出来的，只要闭上眼睛，静下心来慢慢地感受，皮肤的感觉神经会加倍敏感。这种直接判别气的强弱和好坏的方法称为静心法。

气有两种：一种是空间流动的气；另一种是地气。空间对流的气是缓慢流动的，不受阻塞的，属于温和之气；地气是由地下蒸腾而起的地表之气，只要地势位置稍高，地气就会不受压制地流动，与地面上的空间之气合流，形成一种优良的气场，对住户能带来吉祥的运势。而那些不流通的地表之气称为死气，死气会使住户的运势受困、无法突破；地面上吹的强劲的风，更容易使住户陷入逆境，会经常有难以克服的事情发生。

选择来建房的宅基地形，不要崎岖复杂、迂回惊险或像死胡同般有进无出。要辨别地形是否顺畅，可以站在远处观察，观察所要选用之处是不是有进出口，对生活与出行等方面是否便利，会不会压迫或束缚。从客观上来看，如果地形弯弯曲曲，没有出口，最好放弃不用。因为这种环境会腐蚀人的灵魂，破坏人的好运，居住者没有发展前途。因此，选择的地形环境、区域必须要有活力和生命感，建造出来的房屋才有好的风水，才能将优良、富足的气场带给居住者，对个人的运势与事业也会有好的带动效果。

六、背阳向阴的地方

向阳指的不一定是向东方或者向南，而是指看出去没有遮掩和阻碍、视野宽广的方位。

向阳的住宅草木欣欣向荣，才能给宅主带来好的运势；如果住宅背阳，即背着宽广、明朗的那一面，而向着狭窄、阴暗的一面，那么宅主的运势和事业就会大打折扣。

七、龙脉被切断的地方

建筑风水学对地形和方位的研究十分细致，什么样的土地适合人类居住，什么样的土地不适合人类居住，也都做出了规定。但风水学并不是单独地说土地的好坏，而是研究土地龙脉有没有气，把气当做土地的灵魂进行研究。

能够聚集气，并且能使气不易散失的土地，就是好土地；相反，不能聚合土地之气的地形，是不适合人类居住的，也就是所谓的"凶相"土地。被切断龙脉的地形，土地的龙气已经散失，不能做为居住基地；选择建宅的地形山脉一定要延续，地面上和地下不可深挖坑道、车道或隧道，否则地脉就会被切断。住房若建在地脉被切断的土地上，就像人的血脉不通一样，无法正常输送气血，住房吸收不到地气，住户自然也是不会兴旺发达的。

另外，如果住房位于山脉地形的尽头，像峭壁、尾巷、死胡同等等是脉气终绝之处，意味着缺乏生命的延续力，那么住房主人是不会兴旺发达的，好运会很快自然终止，没有继续延伸的希望。

周易环境与建筑

21

八、附近有寺庙的地方

　　阳宅基地前后有寺庙，原本有吉有凶，不可一律以凶断，但寺庙之地阴气太重，不利人长久居住的看法已经在风水实践中得到证实。现将吉凶情况简述如下：

　　坤宫为白虎头之地，若阳宅基地的坤宫有寺庙，则主易犯官司口舌。古诗有载："坤宫庙门若朝北，白虎张口败人家。"

　　兑宫有庙，名曰白虎衔尸，主败家绝户。古诗载："阳宅兑宫有庙堂，白虎衔尸伤主人。"若坤兑两宫都有寺庙，为二虎赶羊的大凶之象，主伤损子孙。古诗载："二虎赶羊伤子孙，主人贫穷又遭凶，子孙沉荡家必败。"

　　乾宫有庙，名曰白虎吃福。西北为寿山，若西北有庙，主人贫，家中出贼子。

　　艮宫有庙，名曰白虎吃子，主招官司损长子，并出绝户。"艮宫有庙主人凶，白虎吃子不留情；若不别备宅居住，子孙死尽祸不轻。"

　　巽宫有庙称为神箭，主淫乱败家，出盗贼。"巽宫有庙龙虎交，多招凶祸事不顺，后代出人不争气，女人淫乱男偷盗。"

九、附近有坟墓的地方

　　阳宅基地面前有坟，名曰阳赶阴，主损小口，伤眼睛；阳宅基地背后有坟，名曰阴赶阳，主辈辈出少亡人；阳宅左右有两座坟，宅居中间为二阴夹一阳，主子孙不久长，人与鬼作邻，凶灾不可当。

　　东北方为子孙山，若住宅基地的东北有坟，则损长子；西北角为寿山，若西北有坟为白虎吃福，则主绝三门人。

十、三角形的基地

三角形的基地易招来凶祸。在一切变形的土地中，三角形的宅基地给主人带来的凶祸最为强烈，而且凡事均会产生最坏的凶意。至于容易出现的凶祸，首先是神经系统遭受损害，感觉迟钝，无论做什么事情都不会有出息；家中会出现神经异常的人，中枢神经作用失灵，无法过健全的生活，甚至会出现犯罪分子之类的人物，给家庭增添麻烦；主人的工作容易遭受重大的打击，情绪不稳，易波动，发不明脾气；容易使主人患脑溢血等疾病。

十一、家相书籍记载的凶地

古人的智慧，大都表现在考虑子孙后代的繁荣昌盛，教导我们认识理想的基地形态。据古代的《家相书》载，北高而南面陡的土地是大吉地相；宅基地北侧有丘陵或高耸建筑物，叫做"玄武守"，南面开阔的情形叫"朱雀门"；丘陵地，北方向开阔，东方、东南方和南方较高的基地属于凶相，建房时要留意察看。

第三章
住宅周围水势吉凶的判断与取弃

地理风水，不仅要重视土地龙脉的起伏、形状和气势，还应重视自然水流的分布和走向。人类的住宅受土地气脉、地形、地势影响的同时，也受到周围江、河、溪流所形成的磁场影响。因此在选择建宅基地时，必须把山与水摆在同等重要的位置上，做出适合于人类生存条件的选择。在有山龙与河流的土地上建房造宅，对人类的生活、生存等方面均会带来吉祥和喜庆；对于那些没有山川河流的土地，就可以把道路当作河流来论，运动的方向当作水的流向，把附近的房屋或高楼当作山论。无论是河流的真水，还是道路的假水，都有吉凶之分，建房基地的吉凶也是受水的影响的。

第一节　住宅基地周围水格吉凶断

一、基地周围的吉利水格

1. 土城水格局

土城水图

住宅基地的四周，特别是前面有河流或道路环绕，呈四方形状。方形水抱宅，象征财运大发，取财有方。把住宅建造在水环绕的地形上，可以催旺财运，富厚多信。

2. 曲水朝堂格

有九节弯曲流淌的河流，叫做"九曲水"。九曲水中，有的在穴地的前面九曲直潮而来，有的从穴地前面九曲弯环流淌而过。无论是哪一种情况，凡是有河流九曲环绕的地方，都是大吉之地。九曲来水特别有情，对居住在这里的主人事业、学业、仕途和财官运均有很大的帮助。

古人云："宅前有九曲水，出当朝宰相。"

九曲水入明堂图示：

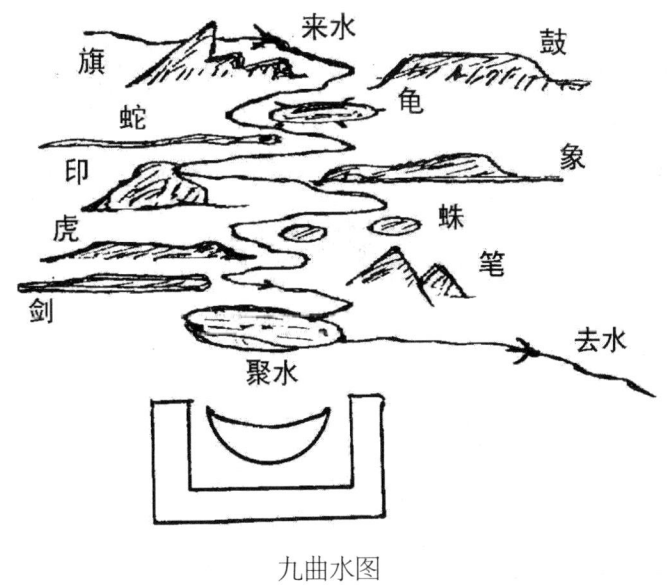

九曲水图

3. 前水单抱格

前水单抱格有二种情形：一是宅前有一道弯曲环抱的河流，将住宅隔成半包围的形状；另一种是宅前面有连绵的山脉或弯环的丘地、树木、道路呈半月状，将住宅环抱起来。这样的地形能够聚集大地之气，荫福于居住在这里的主人，是大吉之地。阳宅基地前面有东西方水流呈环抱状，并且成左右交合的形势，主人久居后，子孙必定兴旺，富贵双全。若基地的西边有酉水流来，环抱前面流入东方卯位，那么盖坎宅居住大吉。水的来去合局而且环抱相生，如同人身上的腰带迥拢，居住于此必定夫妻和谐，人丁兴旺，富贵临门。

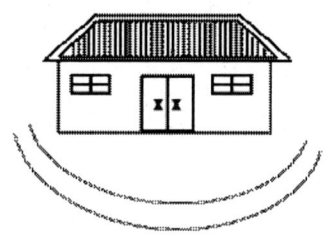

4. 前水双抱格

前水双抱的格局，是指宅前的河流环抱住宅，同时宅前的道路也依弯环河流的走势和形状弯环着住宅。道路与河流之间所夹的土地（空地）是非常聚气的地方，居住在前水双抱的地方，门向着道路与河流之间的夹地是非常吉利的，可以集聚财富大发丁贵。

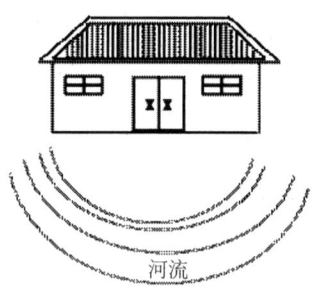

河流

二、基地周围的凶败水格

1. 牵牛水格

通过房子两侧的河流或道路，在房子的正前面汇合后从房子正前方径直延伸而去，或房子建在河流的发源处，大门向着直流而去的河道，这样的地形就叫做"牵牛水格"。牵牛水格，是把房子比喻为牛，把河流或道路比喻为穿在牛鼻子上的绳子，牛虽然强壮有力、笨重，但也抵不过牛绳子的牵引力。比喻被牵制之意。

这样的地形周围土地之气容易流失，人居住在此，会招致诸多不顺，特别是财运更差。

如果房子两侧的道路或河流，在房子前面汇合后，不是向着宅前方笔直流去，而是呈"之"字形往前面缓慢流去，那么这种地形不属于"牵牛水格"，通过外局调理后是可以长居久安的。艮宫子孙山有牵牛水直流而去，子孙流荡财不聚，主人常挂在心怀。

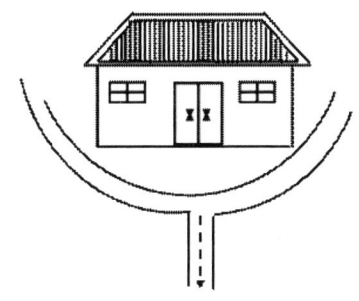

2. 冲射水格

道路或河流正正直流向房子的背后近处 30 米内，然后弯曲向左或向右流淌，绕过房屋后向着其它方向流去。或者道路、河流正直朝向房子的宅前大门冲射而米，这些情况的地形都属于冲射凶水格。

若道路或河流正冲房子背后，弯曲绕过住宅流到房子的正前方，

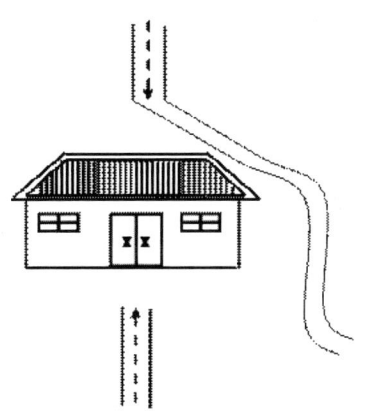

再朝房子的正前方笔直流去，形成"牵鼻子"，那么这样的格局是大凶之象，绝对不能居住，否则会使人丁灭绝的。若道路或河流的宽度越小，则冲射的力度就会越大。冲射水格的地形很凶，不可居住。宅基地前有水直冲而来，为水破天心，易招官司口舌，家败人亡。东北子孙山上有水来冲，为犯淫乱水，男女淫乱不可救。

3. 八字水格

八字水格是指朝向房子大门而来的一条河流或道路，在房子的正前方近处被一分为二的情形；或通过房子后面左右两侧近处的道路或河流，在房子前方左右两侧外边绕去，形成八字形状。这样的水格，称为八字水格。八字水格为凶水格，此地形不利人类建房居住。若在这种地方盖房子居住，必使兄弟不和，夫妻反目，不聚财，诸事不顺。

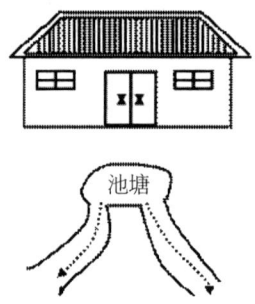

4. 反跳水格

反跳水格是指房子前面的明堂收水无力，从外方朝向房子而来的河流或道路，来到明堂旁边就朝外面反跳出去，不经过明堂。

5. 白虎桥梁煞格

在风水学中，四灵兽定位之法，虽然是古老而又简单的定位方法，但在以往漫长的风水实践活动中，证实了它是较为灵验和实用的定位方法。四灵兽定位诀为："东方为青龙，南方为朱雀，西方为白虎，北方为玄武"。

住宅的西方为白虎位，若房子的西方有贴近的高架桥、天桥，那么该房子就犯了白虎煞气，这样的地方十分凶险，不利人们居住。

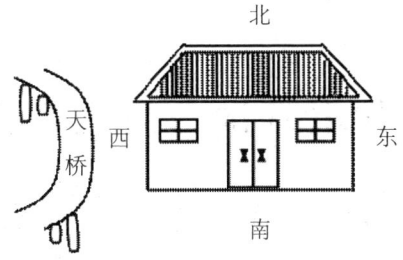

6. 井字水格

基地的四周都是河流或道路，形成井字形状，把基地围得水泄不通，这样的格局大凶。若在这里建房居住，则主人事业不顺，受困挫，总觉得在社会上没有用武之地，子孙零落，日后多出孤寡之人。

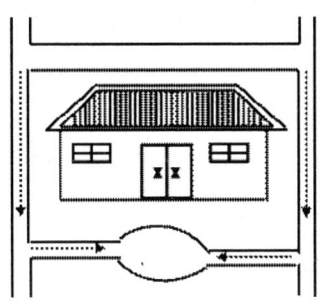

7. 长蛇吐信水格

若巽宫有一条长而弯曲的岔路，则为长蛇吐舌的格局。虽有富贵，但小口难存，最易败财，主人难以兴旺。

巽宫

第二节　住宅基地八方水态吉凶断

从水的形态来看，水有圆蓄和曲直流动的情况；从气味来分，水有香、甜、咸、苦之别；从流速分辨，水有急流和缓流之分；从风景角度来考虑，水又可分为秀水与恶水，秀水是清澈、甘甜之水，恶水污浊、腥臭之水。无论是从哪一方面来分，水的性质都表现为吉凶两个方面，其对生物与人类的利弊影响，不仅与其本身的优劣存在重要的关系，而且与水所处的八卦方位是紧密相联的。

东方震宫和东南方巽宫有水塘，是西方和西北方有高于宅基地的屏障，若基地的北方有屏障，则暗示将来有才子和富贵之人。若宅基地的四面都没有挡风的屏障，则此地不适宜居住。

乾宫和坎宫有水塘，水在北面而宅在南面。若水北而宅南，南有挡风屏障，则暗示出才子和官贵之人；若四面无屏障，则此地不宜居住。

西方兑宫有水塘，此地不适宜居住。

东北艮宫有水塘，此地不适宜居住。

第二部分
住宅小区环境与楼盘风水

第一章　城市住宅小区环境

第一节　小区环境优劣的判断原则

人类的居住环境包括自然环境与人文环境，要判断一个小区环境的优劣，必须从自然环境和人文环境两个方面入手。自然环境，即指住宅小区周围的自然山水分布状况、楼宇的间隔、噪音大小、污染源状况等；人文环境，即是以人地关系理论为核心，运用人地关系理论研究各种人文现象的变化、扩散和人类社会活动空间结构的学科。小区里的人文环境，主要指小区内部的居住设计氛围和文化装饰氛围两种情况，它是购房者考察小区环境时必须慎重考虑的因素。

住宅小区周围的山要秀美，忌见提篮山、探头山、怪石山和秃顶山。提篮山有乞丐之象，探头山象征盗贼，怪石山是凶煞的代表，秃顶山是贫穷的象征。水以清澈为佳，忌污水、臭水、急水和响水。

山水有真假与虚实之分，自然的山水是真山水，道路和车流为假水，高楼、房屋为假山，还有"高一寸为山，低一寸为水"的说法。因此在选择住宅小区时，要根据这个道理，对山水的真假与吉凶作出正确的鉴别。还要按照风水原理，明辨山水所在方位的吉凶情况，该见山的方位要见山，该见水的方位要见水，不可山水颠倒。

山水优美、环境优雅的小区环境，能给人一种舒适感和亲切感，能给人带来健康和幸福。无论是建造私家住宅，还是进行房地产项目的开发，或是进行城市规划和建设，都要重视风水的研究和运用，才能使居住者身心健康，而且生活幸福、万事如意。

住宅风水学是由地球物理学、水文地质学、环境景观学、生态建筑学、气候气象学、地球磁场方位学和人体生命信息学八门学科综合而成的。用辨证的观点来看，小区环境应该具有藏风聚气的特点，但是单从这一点来解释住宅的风水问题还是不够全面的。只有通过地质、水文、日照、风向、气候、气象和景观等自然地理环境因素，做出优劣评价和选择，采取有效的规则设计措施，才能真正达到趋吉避凶、创造一个适合于人们长期居住的良好环境。

一个居住环境的形成、发展和兴衰，不仅受自然因素的影响，还会受到政治、经济、文化和历史等多种因素的影响。因此对住宅小区的选址和规划，应对自然生态环境、人文环境以及景观视觉环境等做统一的考虑，纳入符合风水之道的理想模式。住宅是人类繁衍生息的地方，是人们养精蓄锐的场所，对人们起着特殊的保护作用，自古就有安居乐业的说法，宅好人旺是几千年来人类对住宅文化的追求。因此判断住宅小区环境的优劣，一定要用科学辩证的观点去分析，才能建造和选择到对人体身心健康有益的好房屋。

第二节　考察小区环境的基本要素

"一命二运三风水，四积阴德五读书。"这句话的意思是，每个人一生中的兴衰成败都是由这五种因素决定的。命不能选，运不可择，要改变自己的人生运气，唯有从后天风水、积德和读书三个方面入手。

在当今社会里，选购楼房住宅已经成为人生的一件大事，每个人都希望能选购到风水好的楼房，以利于自己长期居住，安居乐业，但是又不懂得楼宇风水优劣的评判标准。也有很多人，只关心自己室内空间气场的吉凶，千方百计通过装修来布置房屋内部环境，而往往对住宅所处的小区周围环境是否适合却很少考虑。其实住宅小区内部环境、外部近处的贴身环境，对居住者的身心健康均会产生极大的影响，希望应予足够的重视。

考察小区环境风水，一般应从大环境风水、中环境风水、小环境风水和人文环境风水四步去考虑。下面，把考察和选择住宅小区环境必须考虑的基本要素介绍给大家。

一、从大环境上考察分析

从大环境上考虑，就是要考察小区在整个城市中的地理环境位置。基本要素如下：

1. 要考虑分析交通情况

住小区附近四周要有道路通达，出入要方便。

2. 要考虑分析地段情况

繁华地段，是指城市中人流密集而带有喜庆气氛的地段。从风水学的角度上说，人多的地方就有生气；人愈多，生气就愈旺。若选择在城市中的繁华地段居住，就能乘生气，人的身体健康、心情舒畅、精神饱满，家庭兴旺繁荣。

3. 要考虑是否藏风聚气

风水的最理想模式是"藏风"与"聚气"，"风"与"气"这两项重要因素，"风"是指轻轻吹拂而来的和风，"气"是指流动空气中生旺的五行之气。保持小环境的生气旺盛，不被疾风吹散，是生气化生万物的根本。没有生气就意味着穴场周围环境失去了生机，没有生机就是凶的表现。水，是大地的气脉和精血，就象人体上的血脉一样，其重要性是不可比拟的。选择住宅基地时，千万不能脱离"藏风聚气"这个重要的风水原则。

4. 要考虑前面开阔

家居住宅的屋前明堂要开阔，接纳八方生气，颐养宅主全家人。按照这一条原则，在住宅基地选址的时候，必须要考虑住宅正前方的开阔度。前面不宜有很高的围墙，更不宜有电线杆、广告牌和大树等过大的遮挡物正冲大门和主窗户。这样，不仅有利于居住者面向四方，又有利于气的流动，有利于生机的存在。

5. 要考虑光线充足，空气对流

吉屋必须光线充足，切忌屋内阴气过重。光线充足加上空气对流、清爽，房屋自然光亮有气，有益于人的身心健康。

屋相的气色要光明、精彩。古书有载：阳宅之祸福先观其气。屋宇虽旧而气色光明、精彩，必兴；屋宇虽新而气色黯淡，必败。

购买楼房住宅，光照是必须考虑的重要因素。现在的大城市中，建造的楼房很高，而且距离很近，楼房中的住宅套间光照条件很差，不但空气难流通，而且阴暗潮湿。甚至有一些套间，一进门就是一条长长而狭窄的走廊，客厅和餐厅都没有窗户或窗户极小，空气污浊，采光不足，阴气很重，这样的居所对人的健康是非常不利的。

住宅风水十分讲究阳光的祥和与充足，不要购买那些采光条件极差的房屋，否则不仅会对人的事业、运气造成不利的影响，而且还会严重地危害居住之人的身心健康。

6. 要考虑分析周围环境情况

住宅楼宇后面有靠山依托，主有助力，亦可避免强风吹袭。风水术语有云："气乘风则散"，如果住宅楼宇四周空荡无靠，风向气流急促，就会导致财运的损失，亦主没有贵人扶持，命运的起跌会较大。

古代风水学上把房屋的前后左右，称为"左青龙，右白虎，前朱雀，后玄武"。这是以坐北向南的房屋来定配这些名称。因左边为东方，五行属木，为青色，故喻为青龙；右边为西方，五行属金，为白色，故喻为白虎；前边为南方，五行属火，为红色，故喻为朱雀；后边为北方，五行属水，为蓝色，故喻为玄武。风水学发展到了当代，一般风水师已经把这四个兽名单纯地冠于一所房屋的前后左右了，而不用去理会房子坐向了。住宅楼宇的后面玄武方有高楼大厦做为靠山，左右青龙白虎方均有如侍卫般站立守护的大厦竖立，前面朱雀方有一片宽阔的空地做为明堂，此种形势可招来贵人相助，对声名利禄均有所进益。

屋外环境要清静，无冲煞。论居住环境，不仅只论房屋本身，还应论及房屋的周边环境，因此必须勘察住宅楼宇旁边的河流或巷道，有无锐角侵射的煞气存在，出入的道路有无污秽之气。周围环境好，就会有利于人们的身体健康；周围环境煞气严重，就会对人的身心健康构成危害，这就是阳宅学上所谓的磁场感应对人的身心构成有利或不利的影响。

7. 要考虑山与水的分布

自然的山体是大地的骨架，也是人类生活、生存的天然护靠；江河溪流是大地的血脉，水是世界万物生命的源泉。

在大环境中，山即是龙脉（山脉），包括山脉的走向和起伏变化状态。在风水中，山主要是指地理环境中大龙脉和小龙脉形成的具有挡风聚气作用的屏障。古人在论述中华龙脉时，习惯用"三龙"的说法，认为中国地脉起源于昆仑山脉，又以长江、黄河为界把中国东部地区分为三大龙脉。黄河以北诸山系统为北龙，长江以南诸山系统为南龙，介于黄河与长江之间的山系称为中龙。昆仑山是三大龙脉的发源地，称为祖脉。三大龙脉潜入中国，起到挡风、聚水、藏气、界水和运气的作用，生成了藏风聚气、美丽富饶的中华大地，养育了整个中华民族。分析住宅山区的龙脉，不要拘泥于古法，应根据人事环境布局的具体情况做判断，才符合事物演化规律的大道理。山地里的城市住宅小区或农村，外环境应以山峰、丘峦和林带为龙脉，内环境以高大的建筑群为龙脉；平原地区的城市住宅小区或农村，外环境以高地、林带为龙脉，内环境以建筑群为龙脉；其它的宅院、工厂、学校、商场和居民楼等建筑物，都有独特的布局，内外环境的龙脉也是依照以上方法来分辨的。小区的后边有山，或小区处于山环绕之处，从心理上说也有安全感，还有利于藏风聚气，有利于人的身体健康和生活富裕。但是山上必须有植物生长，才算作吉利的"明山"，如果山上不生长植物，光秃秃的山，怪石嶙峋，那么不仅人的心理上不舒服，还会给人的生活和事业上带来不顺。

水是养命之源，有水则有生气，没有水的地方，人类是无法居住的。人在水边居住一方面是水有湿度，可以净化空气和调节阴阳；另一方面是水的风景能使人赏心悦目；再者，气是水之母，气凝结则成水，水蒸发则化气，气与水在相互转化的运动中能形成生气，可滋润万物。水主智慧，暗示财运和血脉顺畅，水弯环绕缓流的地方必有生气，水见湾则福寿安闲，江河汇集的开阔地方易出有才德的富贵之人。山地里的城市住宅小区或农村、外环境以河流、溪涧、沟渠和湖泊为水，内环境以道路为水；平原地区的城市住宅小区或农村，外环境以河流、池塘、田野和低地为水，内环境以道路为水；工厂、学校、商场和居民楼以近处的池塘，喷水池为水。有水看水，无水则看地基的含水量，看建筑群中的植物盛衰状况。土地的干湿度适宜，植物生长必茂盛，这也是生气的标志；土地干裂，植物枯竭，必定是衰败之象。

环境的优劣是与山形水势存在着重要关系的。山能挡风聚气和藏气；森林能挡风且化水为气；江河湖泊能聚气、化气、蓄水和藏气。环境无论大小或内外，都以具有挡风藏气、界水运气功能的为吉断，而那些刚烈风道、气散风急、水失不化、气水不运的地方均为凶地，不宜居住。山环水抱的地势中，水气运化成螺旋上升运动，这种地方生气旺盛，暗示将来定出大德大智的人才。

从我国的考古资料中发现，原始的村落几乎都是建在河边，这不仅与当时的狩猎、捕捞和采摘等经济活动相适应有关，也体现了古人对居住环境的选择。依山傍水的居住地形，东方、北方与西方三面群山环绕，南面空旷敞开，房屋隐于万树丛中，这是一种非常适合人类居住的美好环境。依山建筑的另一种情况是，从山脚一直到山腰，有成片的房屋覆盖着山坡，山脚下有河流经过，形成"屋包山"的依山傍水的居住形式。若住宅小区能建在这样的大环境中，那么会给居住者带来吉祥如意的运势。

8. 要考虑空气与阳光

空气是一种看不见的物质力量，它能赋予万物生命，是风水兴衰的物质基础。空气充塞在我们的四周，无论是城市、乡镇或在屋子的每个房间里，都有空气的存在。一个环境能不能使人繁荣，这跟空气的质量是紧密相关的，新鲜的空气能增强人的活力、加强人的运气、改善人的身心状态和人际关系；污浊腐败的空气不仅会给人带来负面的作用，产生坏的运气，危害人的身心健康，还会使植物或花卉枯死。空气平稳顺畅的环境就是吉祥的风水信息，空气停滞或流速太快的地方不会成为风水宝地。住宅环境中空气质量不好，对居住者的身体、心理、心情、财运和事业等方面均会构成不利的影响。

造成住宅小区空气闭塞不通的原因，一般是小区周围高楼密布，或小区内部的住宅楼布局不合理，横直不规则而造成空气流通急劲或过缓的情况。风大固然不妙，但风势过缓，空气不流通，也绝非善地，不宜居住。

太阳光是万物生长的三大要素之一（阳光、空气和水为三大要素），小区住宅不仅要讲究空气清新和通畅以及水的质量，还要重视阳光的充足。住宅小区应该建在阳光充足的地方，主要理由有以下几点：一是太阳光对人很有好处，冬季可以取暖，夏季可以纳凉；二是阳光可参与人体维生素 D 的合成，可以提高孩子预防疾病的能力；三是阳光中的紫外线具有很强的杀菌作用，可以提高人体对呼吸道疾病的预防能力，增强人体的免疫功能，若人居住的地方没有足够的光线，则房子里面阴暗潮湿，容易滋生各种细菌，使人生病；四是阳光不充足的地方，房屋的采光极差，容易使房子阴阳失调，产生阴灵鬼怪，使人变得儒弱、缺乏胆略，甚至失去进取心；五是植物的生长需要足够的阳光，若阳光不充足，那么植物就无法进行光合作用，不利于房屋周围植物的正常生长。

住宅小区应该建在阳光充足的地方，若小区前后左右都矗立着高楼大厦，必然会挡住太阳光线，造成屋内阳光不足。室内光线昏暗是阳宅风水上的大忌，不宜选择阳光不足的小区居住。

9. 要考虑周围建筑物

楼房周围的建筑设施对住宅楼宇的影响力很大，在选择住宅楼时是不可忽视的。有几点需要特别注意：①住宅楼房的附近不宜有高大的烟囱，特别是楼房大门不宜直对烟囱，因为烟雾会严重地危害人的身体健康古籍《阳宅撮要》上云："烟囱对床主难产"，由此可见古人已经认识到烟囱会损害人的身体健康。②住宅楼的前面不宜有高过自身的楼房，否则会使气流不顺畅，而且煞气难解，使人的心理上产生压抑感；③住宅楼房的大门或窗户，不宜正对着两幢高楼大厦之间的狭窄空隙，否则犯风水学上称的"天斩煞"。倘若住房面对天斩煞的空隙越窄长，其凶险就愈大，"天斩煞"距离住宅楼愈近就越危险。若天斩煞背后有另一幢建筑物挡住，填补了天斩煞的空隙处，从天斩煞位望去，望不见很大的空间，那么这种煞气不大，对住户主人妨碍不大。倘若天斩煞在住宅楼的背后，那么居住在这样楼房里的住户容易犯小人，主人易发不明脾气和血光之灾，诸事不顺；④住宅楼房的附近有部队军营、公检法机关、医院及寺院道观等，都会对住宅风水产生不良的影响，因此选购的住宅必须远离这些地方，原因是军营和公检法机关杀气重，若把住宅建在它的对面，便会首当其冲，承受不起而会引起人口伤亡。寺庙是阴气凝聚之处，容易使人做梦和生病。

　　不管是什么地位、什么命局的人，以上所谈及外部环境的吉凶影响，都是同等重要的，至于楼宇内的住房的朝向、结构、布局和楼层等，就要根据各人的命理喜忌选择。

10. 要考虑路势的影响

　　风水学把路当作水来看，是有科学道理的，因为路上的车流和人流都会带动路面上的空气，形成流动的气，这种流动的气会对楼宇（住宅）的风水有着直接的吉凶影响。

　　如果楼宇的周围有环绕的"腰带路"最为理想，特别是在楼宇的大门前面出现"腰带路"，属于大吉的形局。居住在这种楼宇中，可得永久平安，而且身体健康，诸事详顺。如果选购的楼宇前后，有像弓箭的弦带一样的"反弓路"，那么这种路气就会对楼宇中的住户产生不良的影响，影响的具体情况要视路的方位和住宅的坐向而定。

　　街道直冲住宅是风水上的大忌，如果住宅的大门或窗户对着正直冲射而来的巷道或马路，那么就犯了风水学上称的"单剑煞"或"枪煞"，冲射门窗的路愈长，凶险就愈大，难以安居其中。

11. 要考虑风势

　　风水学最重视藏风聚气，因此在选购楼房时，首先应该注意观察风势。如果楼宇靠近风口，或楼宇周围常年刮的风太大，那么这种楼宇不具备藏风聚气的功能，风势过大，风速过快，难于藏风聚气，固然不好；但倘若风势过缓，空气不流通，换气不畅，会使人产生憋气和烦闷的感觉，这也是不适宜的。

　　理想的住宅小区环境，不但要求地势平坦，还要有柔和的轻风吹拂，空气清新、流通顺畅。附近的风不要急劲，也不要过缓。若小区住宅楼附近的风速十分急劲，则会把这里的生旺之气吹散，所以风势强劲的地方不是吉祥之地；若风速过于缓慢，则会使空气流通不畅。

12. 要考虑分析气候因素

气候情况会直接影响到人的身体健康，不同的气候状况会使人患上与之相关的疾病。居住在高温的地方，容易使人患高血压和心脏病；居住在湿度高的地方，会使人患关节病；居住在长期吹干热强风的地方，会使人倦怠，精神萎靡不振；居住在长期吹着带有湿气的强风的地方，会使人心脏衰弱；居住在吹着强烈冷风的地方，会使人免疫能力降低，身体虚弱；居住在雨水多的地方，会使人患伤风和流行性感冒；居住在长期烟雾弥漫的地方，会使人气喘呼吸困难。

二、从中环境上考察分析

从中环境上考虑，就是要考察小区附近的地理环境风水的优劣情况。小区的地理环境，主要从地势和地形两个方面去分析，要以五百米以外的地理环境来论吉凶，必须符合吉利风水的格局。

地形与地势就是指山脉的形势，以百尺为形，千尺为势。下面以坐北朝南的小区为例加以分析：

1. 地势的选择

地势是指山脉的走势。势比形大，形比势小；势是远景，形是近观；势是起伏的群山，形是单座的山头；势背而形不在，形行而穴不结；认势惟难，观形则易。一般地说，可以把势看做来龙，只有来龙大且气势强壮，才能给人带来好运气；如果来龙太小且气势太弱，分支太多，直冲无情，那么就不会有好的形。当代建筑应当以周围大环境来论势，城市中的住宅小区以周围建筑群的布局和风格（包括道路、河流走向）论势；农村以周围的道路、河流、树木林带和相邻的建筑物来论势。

城市中的住宅小区应建在地势平坦的地方。房产商选择地势平坦的地方来开发住宅小区，一方面可以避免居住者产生安全上的顾虑；

另一方面从科学的角度考虑，地势平坦的房屋较为平稳，不容易发生使居住者感到意外之事。

如果房屋位于斜坡的地方，就会使居住者产生安全上的顾虑；如果小区中住宅楼的大门正对着一条斜道，那么这种环境也不宜选来作为居住。

小区的地势要北高南低，西高东低，如南方有水，水要往东边流，这种小区整体气场特别好，人气旺盛，财源不断。在城市中要选择风水好的房子，首先要选择风水吉利的小区，这就是说首先要选择房屋的环境。选择环境，应主次分明、有条有理地进行。首先要弄清楚小区外围环境东南西北四个方向，这四个方向中哪边高，哪边低，这是选择风水的第一步。正常的情况是：小区的地势必须是西边高而东边低，北边高而南边低。这是指地势，不是建筑物。小区内的建筑物必须是东边高而西边低，北边高而南边低。

小区外围环境中，西边不能有河流和大路；东边宜有水池、有路或河流。西高东低的地势顺应大自然，旺事业，家庭和谐，主人身体健康。东方有水池、有河流、有大路，利于聚财、聚人气、事业发达；相反，如果小区的东方和西方地势形成东高西低的局势，那么水必然会自东向西流，这与自然的规律相背，会对人的身体健康产生不利影响，特别呼吸器官、肺部和肝脏容易发生病变，还会招来口舌而损坏荣誉，发生意外车祸等血光之灾。

小区朝南或者朝北，对东边和西边的地势更要讲究，西边绝对不能有大路、有水和河流，否则当人住进这个小区后，一定会使人的事业受阻，夫妻关系不调和。最大的问题是不聚气、不聚财。不聚气就会使人生病，因为人的身体健康在于气的积聚和正常运行，调节气场就等于调节健康，气散人魂散说明气场不好，就不利于人。

小区的外围大环境会影响到小区内部的小环境，这就是"大河无水小河干"的道理。大环境好，小环境自然也会好，如果大小环境均好，那么小区里的单元住宅的风水也会好。但是如果大小环境，出现东水西流和南水北流的逆流水现象时，比如一到下雨天，小区里的排污就会往西边和北边倒流，就好像人体上的血液倒流，那么居住在里面的人极容易患高血压、心脏病和血液病等。因此选择小区住宅，必须仔细勘察周围四大方向的地势高低。

后面要高大，前面要低平。地势西高东低，地形方正，是小区自然环境中最基本的前提条件。建造楼房一定依地势高低的具体情况确定坐向，小区后边一定要高，前面一定要低平。因为后面是靠山位，后高意味着主人有坚强的靠山，会得到贵人的有力帮助，另外，房屋后边的靠山代表着主人的福禄寿三山。福山代表子孙后代，有后代才能称为有福，若房屋后边低洼，或有河、沟等，那么说明福山有缺陷，子孙不旺，难以成才，还容易损子、破财；若小区后面高大厚实，那么居住在这里的人一定有福气，子孙旺盛且身体健康，将来必成栋梁之材。禄山代表禄马、贵人和事业，若后面高大、秀气，那么主人的事业必有贵人扶持，而且求官易如反掌。寿山代表寿命和健康，若寿山高大气旺，那么家中老人身体健康，长寿多福。小区的后边高大丰满，代表福禄寿三山齐全且气场旺盛，入住后必定子孙满堂、富贵绵达、高寿多福。

2. 地形的选择

地形是指环境的形状，主要为平面环境形状和立体环境形状。平面环境形状有正方形、长方形、圆形、椭圆形、三角形和其它不规则形状等；立体环境形状主要是用龙形、虎形、蛇形、龟形、马形、鹰形、豹形、鹤形、雀形等各种鸟兽形象来比喻，也有用金形、水形、木形、火形、土形五行来形容。地形是气场运行轨迹的标志，吉利的地形环境能够保障气场的螺旋运动，成为福地环境，有利人居住；地形中，那些岔路和低落枯沟形成剪刀角的地方，风道相撞，尖冲煞气严重，是不便人居住的环境场。东西长而南北短的地形为枕头地，不适宜居位；南北特别长条的地形也是凶地，不宜建房居住；前宽后窄的地形不宜居住，后宽前略窄的地形尚可；南北走向的路沟，通往低洼的地方，路沟的西边不宜建宅居住；东西走向的路沟，通往低洼的地方，路沟的南边不宜建宅居住，路沟北边尚可；地形孤高，不宜居住；地面低洼，而且长条、潮湿，不宜居住；南边临低洼之地，北边无挡风屏障，不宜居住；北边临低洼之地，而南边无挡风屏障，不宜居住；西边临低洼之地，东边无挡风屏障，不宜居住。

住宅小区的地基形状要方正，不能呈三角形、棺材形或其它不规则形状。三角形的基地就是人们常说的三尖地，这种形状的地基最凶，特别是三角地形的锐角部分。若在三尖地上建房居住，主人容易招惹官非口舌。后尖会破财和招盗贼，左尖伤儿子，右尖伤女儿。地基方正，可聚人气，聚财气，事业顺利且有成就。棺材形易聚阴气，不利人居住。其它不规则形的地基各有弊病，凶多吉少。

住宅小区的地形不仅要方正，而且要干净，才能使居住者精神安定、夫妻和睦、生活幸福。虽然地势的高低合乎自然，地基形状方正，而且四周有优美的山水分布，但是地基底下不干净，或是古战场、古庙地，或是坟场，阴气十分浓重，形成阴赶阳的局势，这种基地大凶。如果在不干净的地基上建房，那么居住在这里的人就会精神不振、易做恶梦、神经衰弱，甚至会导致夫妻不和等。

三、从小环境考察分析

从小环境上考察分析，主要是分析楼层、楼型、门向、明堂、户型以及楼盘的外观颜色等所构成的风水格局，是否符合主人的意愿和生命气场。

1. 小区形局的选择

坐北朝南小区吉利形局：南方朱雀位，明堂要开阔，有秀水为上佳；北方玄武位，靠山（群楼）要得力，有明山为上佳；东方青龙位，要紧临低矮的龙山（或层层迭迭的低矮楼群）；西方白虎位，要有开阔的空地，西方有休闲花园或空旷草坪大吉。

2. 小区楼盘的选择

要选择一幢合乎风水格局的楼盘，应当以 100 米外的环境为依据。着重考虑分析附近高大楼宇对本楼盘的影响，以及道路、花园、水池、假山、亭榭、大型配电设备、大型雕塑对本楼盘产生的吉凶影响。

楼盘的南方要开阔，避开其它楼盘尖角的冲射，还要避免有大型配电设备、假山及大型雕塑物处于南方明堂之内；东面要有青龙山（别的楼宇）紧靠为贵；西面最好有花园、草坪等休闲地为佳。如西方有楼宇要低小，不能高过本楼盘，距离不可太近，太近白虎会伤人；北方要有玄武高山为靠，有明山最好，若无明山，有群楼及假山、雕塑等也吉。

自然环境中的地势、地形、山水、土质和树木，是构成风水吉凶的重要因素，它与住宅楼房的造型、格局、户型、大门和室内摆设等方面的搭配得当，是构成吉利风水的主要因素，都会对居宅之人的运气和身体健康带来重要的影响。我们可以体验到，有些房子的外观很美丽，但当人一进去时就会感觉不舒服，长久居住便会使人运气阻滞，败财损丁；而有些房子，虽然盖得很普通，但当人一进去时就觉得神清气爽，如沐春风，长久居住必得丁财两旺、财官亨通。其实，凡是不利于人居住的房屋，大都是住宅周围环境不好，地形不吉利，山水不美丽，还与住宅的形状、大门前面的状况以及室内布局不合理有着重大的关系；凡是有利于人居住的房屋，其周围环境中的地势、地形及山水分布，必定是顺应自然而且美丽调顺，形成合适人的心理、生理及生活节律的和谐气场，当然也与室内的合理布局存在着必然的联系。

住宅的风水是否吉利，必须经主人入住后，通过感觉是否舒适并且运气、事业等诸方面是否顺利来验证。风水好的房子，主人入住后必定精神振奋、夫妻子女和谐、事业顺利、财运亨通、身体健康；风水差的房子，感觉和结果是不一样的，主人入住后一定会精神痿糜、事业不顺、夫妻感情不和、财运和身体都不理想，不知不觉中人患了重病或绝症，破了大财。

如何判断房子风水的吉凶，怎样才能选择到风水好的房子，笔者在此给易学爱好者介绍了小区住宅风水勘察的步骤与方法，希望在风水勘察中灵活运用，为民造福。

3. 小区的明堂

小区的庭院是明堂，庭院里一定要有水。环境有内外之分，前面说的小区外围东面有水和南面有河为大吉，地势西高东低、北高南低才算是好地段，这只是吉利环境的一个方面。其实不管是小区的外围环境，还是内部庭院，都必须有水才算大吉。水象征财，无水的地方财源枯竭，住在没有水的小区内，有钱存不住，易破财，还会发生很多不如人意的事情。千万不要在没有水的小区里购房，将来必定会后悔。

门的方向确定后，一进入小区门，看到的中央明堂要阔大。特别是门向中间一定要有喷水池或有固定的水池，才能营造吉利的风水气场，有利于人们长期居住。水代表财运，象征智慧，又能调和血液。小区内部有水大吉大利，大人见水主财运亨通，小孩见水主灵活聪明，老人见水主血液调和、身体健康。小区大门中间位置开阔，而且设置喷水池或蓄水池，居住在这样的环境里肯定家庭和谐、事业发达，老人健康长寿，小孩学习成绩蒸蒸日上。

小区有水，象征财富丰盛；小区无水，意味着财源枯竭，人的血液不流畅。但一个小区里只有水而没有山，也是一大缺陷，因为山主人丁水主财，有水只能旺财禄，有水无山只能显富不能显贵，丁气也不旺。山为阴，水为阳，有山有水称阴阳搭配协调，必得富贵双全。小区的山，可理解为小区后边要高，不一定要求有一座高大的山峰。只要小区后面高，前面低，而前面低处又有水，山水之间的地方阔大，肯定是一块好地，居住在这种地方的人心胸开阔、事业顺利发展、家庭和谐，这就是环境造就人的硬道理。但是如果小区建在山水之间狭窄的地面上，那么居住者将慢慢地变得小气起来，天天忧愁，呈三角脸相。

小区的外围环境、内部空间和门前左右，地势西高东低才为吉利。若西边为道路、河流或水池都属凶相；东边有大路、有河流或水池是大吉之地。久居于此必旺事业、利财运、夫妻恩爱、小孩聪明、老人健康长寿多福。

小区大门前面要开阔。小区大门的前面最好是一片开阔的空地，因为大门前的空间属于明堂，其四周都有互相联系的自然环境信息，与小区内部的环境气场有着密切的关系。若小区大门前是一个大广场，那么宅主在事业上会大有成就，而且财源广进，入住三年后就会大发富贵；若小区大门前面是一个大池塘或是弯弯环抱的河流，或有一条弯抱着大门的大马路，那么大门前的气场对宅主的事业与财运相当有利，还可使家庭关系和睦，增进夫妻感情。弯环的河流和大马路一定要往里弯才以吉论，千万不能往外弯，往里抱住大门就像母亲怀里抱着婴儿一样。怀抱是有情的，抱住了，一方面内气不泄漏，另一方面外面的凶劣气场进不来，夫妻之间就不会出现第三者，小区里的新老夫妻感情和睦，不会发生离婚的现象。若大门前的河流或大马路是往外弯环，形成反弓水或反弓路，就相当于拉开弓箭对着这个门，主人住进去以后，事业不顺，官职不升反而会降，夫妻不和睦，易招口舌是非，身体还会出现难治病症。

小区开四吉门，对居住在小区里边的人会带来光明的前景，但关键一条是四大吉门不能犯煞气，否则不算是理想的居住环境。小区大门不能对着大烟囱、火葬场、电塔和发射塔，如果对着这些建筑物或设施，就称为大门犯了火煞，容易引起主人身体生病，高血脂、高血压和肝胆疾病。最忌讳的是，小区大门前面的近处有高架桥、立交桥和人行天桥。如果小区大门向着高架桥或立交桥，那么相当于一只老虎对着大门，在风水上属于犯老虎煞，居住在小区里面的人极容易生病或发生车祸等血光之灾。人行天桥的影响力相对小一些，但也应当引起注意。政府机关、公检法机关、劳改场和电影院都有煞气，小区大门千万不能正对着这些单位和场所的大门。集体坟场的阴气很重，风水学上称为孤阴煞地，对人的事业、财运和身体健康都会构成不利的影响，小区大门不能对着它。

第三节　小区庭院水池的设置

小区的绿化是非常重要的，但单纯的植物绿化是难于达到生旺效应的。小区绿化离不开设置水池，但水池也不可乱设，必须注意选择方位，以不影响小区风水为宜。

一、设置水池的正确方法

门前设置水池，对住宅风水至关重要。在大城市中，常常会见到很多大厦门前设水池，私人住宅和农村民居很少见到。水在风水学中很重要，水能旺财，也会破财，因此建筑物的大门正前方设置水池，必须注意方位，不宜乱设。

小区的西侧不可设置固定水池，若是西边有水池，则称为"白虎开口"，是风水上的大忌。其实，道理很简单，若西边有水池，夕阳会被水池反射，产生眩光反射到室内。小区庭院里不可有坑洞或污水池。

若小区是坐北朝南，前面南方有空地，最好在空地上设个半圆形

小区里的圆形水池

的池塘，靠近房子的一边要平直，圆弧一面朝外，对催旺住宅风水十分有利。商业大厦或办公大楼的门口前面，也可以设置半圆形水池，同样要求"圆弧朝外，平直一边朝内"，圆弧一边朝外像弓箭向外射去，是发达的象征。东方和东南方宜设置水池，最宜设在左边。依三元九运论，每运的零神方位设水池可以旺财。

若在住宅小区的正确方位上设置圆形或半圆形水池，则水池不宜挖得过深，池底浅些且中央要微微隆起。池里要灌入清澈的水，再安装滚动或喷射装置，这是上佳的风水设置。若水池挖得过深，就会损伤地气，对原来吉利的风水带来不良的影响，设置水池最好是采取在地面上堆筑的方式，即在地面上筑个低矮水池，不要向地下挖坑。

水池里的水最好是流动水，即用机械带动的流水。不宜用死水（静水），否则池里水虽然是清水，也不会给居宅主人带来好风水信息。

庭院中若有宽阔的草皮绿地，最好请一个专业风水师实地勘察，配合地势，选一个适当的位置设池塘养鱼，改造环境风水。

二、庭院池塘中心不宜盖凉亭

如果庭院内设了大池塘，就可在池塘旁边盖个凉亭，但千万不可在池塘的中心盖凉亭。凉亭一定要独立建在庭院里的土地上。东南巽宫可以建凉亭，但不可建长廊与住宅连接，否则形成长蛇吐信的格局，会将水气引入住宅中，对家居风水造成不良的影响。

如果认为有活水流动可使生气旺盛，而在住宅小区附近开挖小沟，将区外的溪水引到庭院中的池塘里，那么从风水的角度而言，整个庭院中的聚气将被溪流带走，不仅生气难旺，反而会破坏原有的生机。若溪流的流向又冲主人的命相生肖方位，则更为不利。

第二章　城市楼盘风水

　　楼盘是指住宅开发商兴建或出售的商品楼，一般是指在小区内的住宅楼房或非生活小区里的商品楼。楼盘的周围环境，是指商品楼所在区域的地势、地形、山水景观和建筑物之间的关系等。如果楼盘建在住宅小区里，那么楼盘的周围环境就是指小区的内部环境；如果楼盘兴建在马路旁边或平坡、山地上，那么楼盘的周围环境是指楼盘建地周围的环境。选购楼盘中的住宅，首先必须关注周围环境，因为环境与人的生活、身体、心理、事业和丁财都存在着密切的关系，好的环境不仅可以陶冶居住者的情操，还能给人带来好的运气。

第一节　楼盘周围的地势与地形

　　中国风水学将山脉比作龙，土是龙的肉，石是龙的骨，土与石是构成山势的主导因素。山势就是地壳运动时土层和岩石受到挤压后隆起山脉的态势，其连绵不断和起伏变化的状态不是孤立地存在的，而是与自然界的地形地势构成一个相互联系的统一体。自古以来，人们都有望子成龙的心理，作为父母在建房选址时都会考虑到改善孩子的成长环境，去选择一个具有良好气场适合长期居住的地方。

　　在自然界中，山势的起伏高低围拢成无数个气场环境，有些利于人类居住，有些是不利人类居住的。究其原因，在于环境气场有吉凶之分，地球表面具有对宇宙的射线波和光等辐射、反射和吸收的物理特性，地球表面山势所形成的凸凹状态决定了反射与吸收的比例，山环的状态决定这种比例的大小与气场的吉凶。山环的地方，雨水、阳光都充足，养分充盈，藏风聚气，有利人类居住；山形狰狞、山石嶙峋的地方，生态环境恶劣，不利人类居住。事实上，在风水实践中，我们体验到植物生长茂盛，生机勃勃，水质和土质都是优良的山青水秀的地方；瘦骨嶙峋的山地，缺乏滋养和湿润，必是皮毛不长，植物稀疏，给人以荒凉之感。

一、地形的利与弊

基地形状对楼盘风水的影响很大，《易经》中提到"天圆地方，天清地浊"，中国传统的住宅建筑位置历来讲究天圆地方。天是圆的，地是方的，方圆象征着事物的完整与平衡。若阳宅基址的地形方正，那么八卦完整，阴阳平衡，五行和合，则能给居住者的身心健康和运气带来良好的信息感应；若阳宅的基址是不规则的地形，就必然会导致某个部位缺角，与之相对应的八卦就会缺失，造成阴阳失衡，五行失和，就会给居住者的健康和运气带来负面的影响。

有些楼盘的三面都有道路，地基呈现三角形状。三角形的基址不吉，一方面道路多了，车辆来往频繁，噪音和受污染的空气极容易危害居民的健康；另一方面，三角形的地基八卦缺失、阴阳失衡，会影响居住者的身体健康和运气。在风水实践中发现，三角形地域住宅，居住者癌症的发病率明显偏高，三角形的宅基绝对不可取。在现代社会里，由于人口拥挤，建房用地紧张，方正的地形是很少有的，地基形状缺角的情况很多。但是只要按照五行生克的法则和八卦方位五行原理进行相应的处理来改善环境，就能避免这种不利的影响给业主带来的损失。

若地基缺角，住宅也缺角，则祸患无穷；若地基缺角，但住宅方正，则可以减轻地基缺角所造成的影响。

二、地势高低的利与弊

地势高低的利与弊，是以楼盘为中心，从其周围地势的高低判断风水的好坏。古籍《营造宅经》中记载：西高东低曰鲁土，出贵人，前高后低，为不利；住宅以平坦之地为最佳。北高南低曰晋地，宜居住；南高北低曰楚土，属不利。东高西低曰齐土，不宜居住；西北高东南低的土地，为上上大吉，居之出富贵之人；东南高西北低的土地，属于大不利，不宜居住，但坐东南向西北的房屋，东南高而西北低洼的田地，来水合局，也可出贵人。古人之言也适用于当代，楼盘周围的地势是地理环境中的重要环境，会深深地影响着居住之人的运气、情绪和心性，因此选购房子时不要单看房子的外形是否美观和内部设施是否齐全，还应认真观察其周围地势高低的利与弊。

关于楼盘的地势，一般以北高南低或西高东低的情况较为理想，但是这种自然的地形很不容易找到，大多是由人工改造而成的。有些小区的地势是自然形成，不必要一定要把它改造成北高南低或西高东低，只要把楼盘的朝向调整好，符合前低后高的格局就行了。

地势前低后高，能造就良好的气场。后高是指有靠山，前低是指采光和通风良好，这种地势能给人予安全与舒服感；如果前高后低的地势，那么宅后没有依托，会给人悬空之感，前高会把气流阻滞，这种地形不利人类居住；如果是盆地的格局，四周都比住宅高，那么气流不通，水流不畅，不利通风、采光与排水，还容易沉积浊气，对住户的身体健康会构成严重威胁。

第二节 楼盘周围的流水与静水

一、流水

江河水为流动之水，其流动时产生的磁场对楼盘风水的影响较大。

江河中流动的水，能带动楼盘附近的气场，会给居宅之人造成有利或不利的影响。如果楼盘的生旺方位有江河水流来，那么楼盘里的住宅便得到生旺气场的荫泽，主人健康安好且有财禄；如果江河水从楼盘的衰败方位流来，那么住宅欠缺生气，主人身体会虚弱且运气极差。

在传统风水学上，自然水势有五种基本形式：一是潮水，即当面迎朝之水；二是环抱水，即包身水；三是横水，即水从宅前面平行流过；四是斜流水；五是反弓水。这五种水中，除了反弓水外，其它四种水势一般都被看作好水，但彼此还是有区别的。同时也只能作为外局水而论，对楼盘的信息感应较弱，很难达到催财旺运的效果。

江河之水流到楼盘前面，宜清静圆蓄，不宜长年浑浊或直流而去。水流从楼盘门前直流而去，直泻千里，称为"泄气宅"，从物理学的角度来说，水的笔直快速流动必然带动周围空气的运动，周而复始永不停息，会对居住者带来极为不利的影响。江河溪渠之水从楼盘门前斜向流过，称为斜飞水，门前1公里的范围内有斜飞水流过，属甚凶的地理形局，绝对不能居住，否则主人会败财损丁。门前有水流正面冲射而来，水的气场较为强盛，对住家的影响较为严重，如果长期居住在这种环境中，那么受水流冲射的影响，会产生不利于主人健康的因素，还容易招车祸等外撞伤亡。

楼盘门前有水流环抱，属于"金城环抱"的宅局，居住在此，能使主人心理稳健,对事业前途的信心倍增,而且丁财俱全。传统风水学上把"金城环抱"的形局,称为"玉带环腰","玉带环腰"的水格是住宅位于水流形成的圆弧内侧。当代风水学,把住宅附近的桥梁大转弯地带也称"玉带腰"的格局,住宅可以吸纳吉祥之气,但是玉带环绕不能高于屋顶,也就是说车道以上的住家比车道以下的住家吉利。

从水质而言,水不仅会影响人的身体健康,还会严重地影响人的情绪和运气。水色碧清,水味甘甜而气香,就是好地方;水色淡或浑浊,水味辛辣而臭气浓烈,那是败凶之地,不宜居住;水的气味酸涩,也是劣地,不宜居住。

凡是研究和运用风水者,都要掌握判断水流形势的吉凶和水质优劣的方法,否则很难为宅主造出吉利的风水,还有可能相反地造出凶祸的风水来。根据水流的状态,判断地理形局的吉凶是风水学中精华的内容,必须牢牢掌握。风水古籍中记载的"蛟龙入水如横空出世"是最好的借鉴,水是龙的血脉,两水之中必有山龙,水汇之处即龙的尽头,水交之处龙气停蓄,可依此行龙捉脉。

大江大河从一二十里远处而来,不见回头环顾,虽然有屈曲之状,也决不结穴。直到环转回顾之处,才有脉气止聚,因此在河流弯曲处选址,应以水流三面环绕缠护的地方做为首选。

地理选址上,曾有人把河流分为凸岸和凹岸做定位,说明在河曲凸岸一侧有水环抱,气场优良,建房大利;在河曲的凹岸一侧河流反弓,气场恶劣,建房大凶。也有人把江河分为左右两侧说明形局的吉凶,此法是以人顺水直跨江河,流水从人的背后流向前方,以人的左手方为江河之左,以人的右手方为江河之右。此法多是对直流水而言的,河左为阳,河右为阴,左边吉而右边凶。

二、静水池塘与湖泊之水为静水

相对于河流溪渠而言，池塘和湖泊均属于静水。静水属于温和性气场，对住宅周边的气场不会造成太大的影响。楼盘前方的左边或大门前有池塘，而且池塘的形状呈莲花形或半月形，均以大吉论。

第三节　楼盘附近的人造山水景观

"山可旺人丁，水能旺财禄"，这是风水学上的一条定理。有山峰的地方，龙脉显露，人丁兴旺，特别是在一些偏远的山区，更是人才辈出。现在，有不少住宅小区里或非小区的商住楼盘附近，几乎都有依照风水原理设置的假山、石景和水景，这不仅是出于美化环境的需要，还弥补小区空间方位山水的不足和缺陷。

设置山石景观应特别注意，因为这些人造的假山和石景都是用一些石块堆积的，与自然生成的山石有很大的区别，上面没有泥土，也没有树木。虽然山石的位置摆对了，有一定的旺丁作用，但是如果不是精工细作的，还会带来安全隐患，家中有小孩的宅主务必特别注意。

水具有界气、止气和蓄气的作用，也有旺财和催财的效果。住宅小区里设置水景，考虑到水的形态和吉利效应，都是从小区大范围的角度去确定摆设水景的方位，一般以小区物业管理所在的办公室作为中心进行布局的。这样在小区里布置水景的位置，是固定在小区物业管理部门的吉利方位上，可以给业主带来财运和吉祥的运气。但是事情都不是绝对的，由于小区里四周的楼房所处的位置和自身的坐向不同，同样一个水景对各栋楼房的作用是不相同的，甚至产生的吉凶影响存在着很大的差别。通常情况下，人们在选择楼盘时，都喜欢选择水景旁边的楼盘，原因是风景好，环境好。笔者提醒各位注意，风景好、环境好，并不能代表风水好，对于水景旁边的楼盘要慎重选择，要考察水景建在楼房的什么方位。若水景在住宅楼的生旺方位，则可以助运旺财；若水景所处的方位不合理，则会造成破财伤身的结局。

三元九运中，正神方有水为零水（凶水），零神方见水为旺水（吉水），因此在每运中，楼盘的零神方设置水景是大吉大利的。一运，离卦为零神方；二运，艮卦为零神方；三运，兑卦为零神方；四运，乾卦为零神方；五运，前十年以艮乾二卦为零神方，后十年以坤巽二卦为零神方；六运，巽卦为零神方；七运，震卦为零神方；八运，坤卦为零神方；九运，坎卦为零神方。

第四节　楼盘的方位与朝向

在古代，很讲究住宅建筑的方位与朝向，当今社会楼盘建筑中，对其坐落方位和大门的朝向也大有探讨之处。原因是方位和朝向对住宅风水的影响很大，周围的来龙去水已经固定，如果楼盘的方位和大门朝向不同，那么风水吉凶的效应也不一样，因此选购住宅时必须对楼盘方位与朝向认真考察，做出吉凶的判断。

一、传统的五行方位观念和天心十道法则

在中国传统风水学中，住宅的方位主要是按照六神确定的，六神即是指青龙、朱雀、勾陈、螣蛇、白虎、玄武六兽。六神的定位：左边东方为青龙，前面南方为朱雀，中间为勾陈与螣蛇，右边西方为白虎，后面北方为玄武。这是传统风水学上对坐北向南房屋的定位方法，但是现场应用时，要根据实际情况来决定。风水上确定方位的方法，是根据罗盘上二十四山所在的八卦方位决定的。东方青龙位为震

卦，五行属木，以干支甲、卯、乙来表示；南方朱雀位为离卦，五行属火，以干支丙、午、丁来表示；西方白虎位为兑卦，五行属金，以干支庚、酉、辛来表示；北方玄武位为坎卦，五行属水，以干支壬、子、癸来表示。

天心十道就是指四灵兽所对应房屋的前后左右四个方位，即前朱雀、后玄武、左青龙、右白虎，通常以朱雀代表住宅前方的朝山、案山或明堂，玄武代表住宅后方的靠山，青龙代表住宅左方的砂手，白虎代表住宅右方的砂手。在阳宅风水上，运用"天心十道"的法则来判断楼宇吉凶的方法很简单，只要把楼宇想象为十字线的中心，四方就可以明确了，后方的高楼属于玄武靠山，前方的建筑物便是案山或朝山（案山、朝山与住宅楼宇之间最好有明堂相隔，近者为案，远者为朝），左右两侧的建筑物分别是青龙砂和白虎砂。若符合这个条件，那么楼宇的峦头形势是吉利的；若楼宇的任何一方出现空缺，就不符合"天心十道"的法则，如后方没有楼宇，缺玄武靠山，代表主人福禄微薄，不利丁口；前方明堂之外没有楼宇，缺朝案，代表财富难于聚积，因为朝案是关锁明堂之财气的，故缺朝案就等于不利财运；左方没有楼宇，缺青龙砂手，不利男性子孙；右方没有楼宇，缺白虎砂手，不利女性和财运。

如果楼宇的四方都没有楼宇护持，那么四无靠，孤立无援，无遮挡，容易犯"风煞"，不利居住。

运用"天心十道"的法则判断楼宇的吉凶，最适合坐北向南的建筑物。

二、楼盘坐向的判别方法

楼盘的坐向有两种不同的看法：

1. 以门向为朝向。

这是传统的中国式建筑物论定宅向的方法，其理论基础应追溯到人类在山洞居住的年代。山洞的洞口是采光纳气的唯一方向（方位），因此洞口必定是洞的朝向。传统的中国式建筑物的大门，相当于远古时代人类居住的山洞的洞口，洞口为洞向，那么大门必定是建筑物的朝向。建筑物的大门所向的方位必定是道路，路为动，动者为向，而与向首相对的方位建筑物的坐方为静，即静者为坐。在风水学上，阳者光明活跃，阴者幽暗安静，楼盘的坐向就是根据阴阳动静的基本理论来确定的。

2. 以采光最大的一面为朝向

细观现代的建筑物，特别是城市中的楼房，其前后左右的采光面、光线强度和阳气的强旺都不同，其大门又不一定开在采光最好、阳气最旺的一面，甚至把大门设置在楼房最幽暗、最安静的一面，因此不能死板地按照传统的方法以大门的方向做为宅向，应该以采光面最大的那一面为宅向。同样，楼盘朝向就是楼盘采光面最大的一面所对的方向，一般是以满足采光、日照、通风、避免噪声与视线干扰为原则。

3. 楼盘的八大朝向

住宅楼房的朝向有四正向和四隅向的区分。坐北向南、坐南向北、坐西向东、坐东向西的坐向，为四正向；坐西北向东南、坐东南向西北、坐东北向西南、坐西南向东北的坐向，为四隅向。传统风水学简单地运用这八个大方位去衡量住宅楼房的坐向。

在选购住宅时，应如何选择楼房的吉利方位，这是一件看来十分简单，其实是相当复杂的事情。在我国，坐北朝南的房屋，冬季可以避寒取暖，夏季可以纳凉避暑，因此深受人们喜欢。但不同生辰八字命局的人，住房的适合坐向也是有所不同的，有的人适合坐东朝西，有的人适合坐西朝东，有的人适合坐南朝北，不能一概而论"坐北朝南"的房屋最佳。

三、选择朝向应结合地域环境与气候

在中国的北方地区，商品楼房中的住宅客厅大门朝南为最佳。长期以来，北方地区已经形成了坐北朝南的楼盘最佳的生活习惯，主要原因是客厅朝南，夏季凉爽，冬季又能避免凛冽寒风的吹袭。除了坐北朝南的朝向外，其它朝向的优劣排序大致为朝东南、朝东。

主卧室的朝向也以南向为佳，其次是朝东南的卧室，最不好的是朝西的卧室和朝北的卧室。

坐北朝南的房屋最怕"穿堂风"，在南方炎热地区选购朝南的房屋，不仅要看单个房间的通风条件是否良好，房间与房间之间，或房间与客厅之间的门窗设计是否有利于空气的流动，还应当注意房屋内是否形成"穿堂风。""穿堂风"的具体看法，是看各个房间的门窗是否处于同一条直线上。

客厅和卧室的朝向，要以能接受光线直接射入为宜，以南向或偏南朝向为佳；对于厨房的朝向，应避免南向为宜，因为厨房内本来已有大量的热源，若再受阳光直射，其温度就会升得更高，出现阴阳失调的现象；卫生间里阴暗潮湿，若有一定量的阳光照射，则可以避免病菌滋生但卫生间的门最好不要朝正南，可以偏东南或偏西南，因为卫生间里水气很大，而南方属火旺之地，门朝南就会纳入强烈的火气，形成水火相冲的局势，易生煞气；一套居室内，最好设置两个阳台，其中一个阳台必须要向阳，能吸收充足的阳光。

南方的地理、气候与北方的有着很大的差别，南北两地的建筑朝向不能一概而论，南方炎热，最宜朝西北、东北和北方，三吉方位开门。

四、楼盘方位吉凶判断

楼盘的八大方位中，西北方、东方和东南、南方是非常重要的方位，不能在这些方位上建大型公共厕所和浴室，否则对人的事业、财运和身体健康均会造成不利影响；特别是西北方和东南方绝对不能安公共厕所；住宅的西南方与东北方，也是不利建厕所和浴室，最好将厕所建在楼盘的西方和北方。特别是西方建厕所大吉，若在北方建厕所，应把厕所中的"便器"坐落在癸丑方位处，不能坐在子位上。总之，厕所中的"便器"安在子、午正位上为大凶之象，卯、酉二位也忌。

运用游年九星论方位，生气方是一间房屋中最有利的方位，象征生气蓬勃和前途光明，能给人带来旺盛的精力；天医方房屋中吉利的方位，能给人带来健康的运势。不能在生气方和天医方建厕所和浴室，否则会给人带来极为不利的影响。厕所和浴室应当建在楼盘大太极点的绝命、五鬼、六煞凶位上。

选择楼盘的关键，在于对使用方位的正确选择。因为在城市里，到处都是平原之地，很难找到如意的秀山丽水，房子的好坏就只能看使用方位的配合。现在，建筑设计部门在设计建筑图纸时，都没有从方位的布局上严格考虑，使用上存在很大的随意性。在同一个楼盘里，各楼层中方位使用的错乱现象普遍存在。

事物都是一分为二的，有些楼盘的坐向适合主人，但是方位的布局与使用又不合理；而有些楼房，坐向不合主人，但其内部方位的布局相当好，这说明了并不是一栋楼盘的坐向好，居住在里面的家家户户都万事如意，日进千金；一栋楼盘的坐向不好，居住在里面的家家户户都有不顺或出现麻烦事。

判断楼盘住宅风水的好坏，关键在于对室内方位的判断。当选到一栋好的楼盘后，要在这栋大楼的正中心点上建立坐标，运用放射飞线分割八大方位，辨明吉凶，从中找出位于吉利方位的最佳一户。例如，八运建造的乾山巽向楼房，正东南方的一户是最佳的。

五、楼盘坐向二十四山吉凶断

坐向就是选择方向，一般指确定建筑的朝向。建筑物的朝向与自然因素有着密切关系，如光线、风向、空气、水流、降水等等。但是随着人类社会的发展，建筑物的取向过程渐渐复杂起来，引入了建筑与人的五行相生相克原则，逐渐变成了将八卦、五行、干支等因素综合起来推算。

我国位于北半球，从风向、日照等方面考虑，负阴抱阳，也就是面南背北，是最好的朝向。但中国大地面积广阔，宇宙间的日月星球对各个地方辐射的角度与能量不同，导致了各地自然气候不一样，特别是南方与北方的气候存在很大的差别，南北温差达摄氏 40 至 60 度之多。

当北方已是冰天雪地之时，而南方椰岛却仍是春暖花开。这种气候差异对人体及日常生活的影响是显而易见的，同时各地建筑物的取向也因南北温差悬殊而存在明显的差异。北方的寒气重，患哮喘病和呼吸道疾病的人较多，但是当他们来到四季如春的海南岛生活后，大多数人的病症都可以不治而愈的；南方湿气重，患风湿病的人较多，但是当他们来到空气干燥的新疆等地生活后，也可自然痊愈。北方的房屋需要防寒，具有冬暖夏凉之效；南方的房屋需要防热防潮，门窗开得较多，以利通风纳凉。

从风水学的观点看，北方的房屋建筑坐向方位一般要以坐北朝南方为吉宅；南方的房屋坐向不需要坐北朝南，而只要根据房屋周围的地势、山形、水势或路的走向来合理选择基地，调整方位和坐向线度，即可建造吉宅。用气象学的观点来分析，北方的房屋之所以要求坐北朝南为主，是因为北方的寒气重，需要用朝南向阳的门窗来采光取暖，用朝北的后墙避风御寒；而南方的房屋，就不一定这样要求了，只要顺势通风，就可纳凉防潮。

在风水考察中发现，寒冷地区的建筑朝向，普通民宅大多数是以朝南与朝东南为主向，而且朝南的房子大多选取癸山丁向和壬山丙向，避开坐子向午的热轴朝向；温和地区的住宅取向，除了少数取癸山丁向与壬山丙向外，大多数根据地势和地区小气候选向。如我国的低纬度的地区，气候温暖，四季如春，住宅取向都以东南方向为主；地处北半球较高纬度的地区，也取东南方向和南向兼东向；北方的南部地区也以东南向为主，越往北方气候就越寒冷，住宅取南向为主。靠近赤道的地区与此正好相反，以西北向、东北向和北向为主。

正子午向不利一般居民住宅取用，一般都是轻微偏左或偏右一点。因为正子午线是热轴，又是地球两仪的分界线。可选用壬山丙向（向南偏东十五度左右）与癸山丁向（向南偏西十五度左右），前者以通风为主，后者以取暖为主。

住宅小区周边的道路要避开正子午向和正卯酉向，特别是小区大门前的大马路最忌；小区内部的中心路也应避开子午向和卯酉向，因为极容易使建在路旁的住宅朝向正子午或正卯酉。地球磁场形成于南北极的子午线及其垂直的东西卯酉线，地图上的经线称为子午系统，纬线称为卯酉系统。如果道路已经按经纬线子午和卯酉方格网式布局，那么必须保证干道系统骨架不变的情况下，只微微扭转道路的走向，就可得以理想的调正。

"向"就是方向、朝向，即阴阳宅的坐山和立向，通常是指与建筑基址垂直相对的方向。这也是现代建筑规划中的一个重要的参照要素。

方向分为东、东南、南、西南、西、西北、北、东北八个方位，分别用八卦命名这八个方位为：震方、巽方、离方、坤方、兑方、乾方、坎方、艮方。后来，人们又把这八方进一步划分为"二十四山"。

房屋的朝向不仅可纳入朝向方位寒冷或温暖的地面气场，也可以迎纳地球自西向东运转和日月星球关系产生的宇宙气场。而日月星球运转时产生的气场对地球上的住宅影响是受时间制约的，因此楼盘朝向除了考虑地域的气候状况外，还要特别注重三元气运的流转与变化。最好运用下卦，替卦容易使房屋收气不纯，勿用！有关二十四山向下卦立向方法，可参考《周易与环境风水指南》一书。

确定楼盘大门的方位与坐向，要考虑下面几个基本点：

1. 在围墙内的基地中心点放罗盘，看大门位于哪个方位。大门方位确定后，再考虑大门的坐向。要取乘元得令的门向，不要失令的门向。在八运里，丑山未向、未山丑向、巽山乾向、乾山巽向、巳山亥向、亥山巳向，都是乘元得令的当旺山向，若门前有空地、大马路、河流、池塘、广场等，均为形气相合，用之大吉。八运的艮山坤向、坤山艮向、寅山申向、申山寅向、辰山戌向、戌山辰向，共六个山向，属于"上山下水"的大凶格局，切勿使用！

2. 立向时，要注重来去水及气口（包括池塘、河流、来路、十字路口等）的方向，使大门的坐向保持卦气清纯不杂，若能合乎"城门诀"的法则，则效果更佳。

3. 大门前还要避免正对电线杆、屋角、墙头、烟囱和直射而来的道路、反弓路等形煞。

六、楼盘朝向与日照的关系

日照对房屋的居住质量影响很大，购房时要同时考虑楼盘的朝向与各个房间的朝向，因为房屋的朝向与日照的强弱存在着密切的关系。在古代，人们建屋造房时非常重视住宅的朝向与日照采光的关系，大都追求向阳的府第。

日照对居住者的影响，一方面表现于有益人的身体健康。日照可以促进生物的新陈代谢，阳光中的紫外线具有杀灭病菌的作用，可以提高人们预防疾病的能力。另一方面，太阳光的辐射能提高室内温度，起到良好的取暖和干燥作用。由于日照对房屋和居住者有以上好处，因此国家规定新建楼盘中的每套房子在"大寒"（每年的1月20日或21日）至少能得到2小时的日照，同时要求冬至日（12月22日）至少能得到1小时的日照时间。简单地说，在楼盘朝向方面，应力求达到冬季能有适量的阳光射入室内，炎热的夏季尽量避免强烈的阳光直射室内。

在我国，对日照方面来说，较好的朝向是南向。南向的房屋，冬季太阳照射的角度低，南面的房间受太阳光照射的深度较深，能使南向的房间很好地利用太阳能；在夏季，由于太阳光线照射的角度较大，东向与西向的房间，只有短时间的少量光线射入，炎热的光照对居宅之人影响不大。此外，对于夏季高角度光照的影响，也可以通过设置简易的遮阳篷（即横向简易遮阳装置）来隔离，避免强烈的光照对人体带来的不利影响。

朝南的客厅和房间，好处在于阳光充足、阳光旺盛，有利于聚集人气，对提高人的威信和社会声誉很有好处。但在南方炎热的地区，特别是海南岛的平阳地带，夏季的日照过强，容易造成室内气温过热，因此在炎热地区选择户型时，要注意避免阳光通过窗户和大门直接射到室内，尤其是楼盘顶层的房子。

朝北的客厅和卧室，没有日照直射屋内的情况，必须采取有效的调理措施，以达到阴阳平衡。

朝东的客厅和卧室，上午能得到太阳光线的照射，阳气较旺；下午的光照条件很差，阴气较重；不符合长久居住的条件，必须通过合适的调理手段，以达到阴阳协调。

朝西的客厅和卧室，下午时分得到的光照较强，特别是在夏季时节，在下午2点—5点的时间段内，会因光照强烈而产生超过人们需要的热能，给居住者带来负面的影响，需要采取防热措施。

七、楼盘朝向与通风的关系

通风的情况有两种：一是自然通风；二是人工制造气压形成的通风。

自然通风是指住宅内不借助设备的辅助，室内的空气能够自然地流动，与室外的空气可形成交换。自然通风对改善居住环境至关重要，其益处主要有：1. 可以通过门窗的开闭来调节室内空气温度和湿度；2. 可以把室内废气排出，把室外新鲜空气引入屋内，调节和改善居住环境的空气质量；3. 可以节约利用机械设备（空调系统）消耗的能源，减少住户的日常开销。

人工通风是指因房屋的结构设计不合理，不具备自然通风的功能和条件，致使室内空气闭塞不通，通过机械通风（空调系统）来促使室内空气流通，排出废气和吸入新鲜的空气。对于那些无法达到自然通风条件的房子，只能通过机械通风的方法来满足人们的居住需要，必然会消耗能源，增加居住者的日常开支，最终是比不上自然通风的条件好。

房屋具备自然通风的条件，对居住者的身心健康、事业和运气的提升有着不可替代的作用，因此选择购买住宅或装修房了时，必须多加细心考虑自然通风的环境因素。要使房屋达到自然通风的要求，首先应该明了形成自然通风的条件，只有存在空气压力差的地方，才能形成空气流动，没有空气压力的差异是无法形成自然风的。空气压力的产生与热能有着密切的联系，没有热压的地方是不会产生风压的，可是风压与楼盘的朝向是息息相关的，要使房屋里有自然风流动，必须对楼盘中的住宅朝向和日照做出适当的选择。一般地说，在所有楼盘中，南北朝向户型自然通风效果最好；那些一单元多户的塔楼中，总有几户无法实现自然通风；内廊式住宅楼，几乎家家户户都无法实现室内自然通风的。

楼盘或单元套间住宅的自然通风,与房间的通风口(即门与窗)的位置和面积密切相关。在我国大部分地区,房屋的南北两个方位均有开口,可以形成较大的风压,能够产生屋内自然风。如果是同一栋楼房,那么高楼层的住宅比低楼层住宅的风压大。房屋中通风开口的位置十分重要,若要使室内空气流动,形成自然风,必须让通风开口处的空气形成风压,否则无法使室内空气流动。向着同一个方向的门窗是没有空气压力的,它们之间是不能形成通风的。房屋中通风开口的位置决定室内气流场态的分布状况,若开口的位置设在墙体的中间,那么气流分布比较均匀,有利于室内形成自然通风;若开口位置偏在墙的一侧时,就会使气流偏移,当气流的运行速度过快时,容易导致涡流环象,当空气的压力微弱时,则会出现无风现象。因此房间的开口位置,一定要选择在人经常活动的空间,若不能做到这一点,就在室内设置屏风,使气流改变流向,旋转流动,以达到气流均匀分布的状态。

房间的通风开口面积也是非常重要的。开口面积的大小,不仅影响室内气流场分布的大小,也会对室间空气流速产生影响。开口面积大,气流场分布也大,而气流的流动速度较小;开口面积小,流速就会增大,但气流场的分布也小。楼盘中应该设计大面积的采光窗户,才有利于通风的畅顺,但开发商为了节约成本而把窗户面积设计的很小,对室内自然通风十分不利。住宅里摆放绿化植物,也能改变气流的状态。室外种植成片的绿化植物,能对室外气流起到阻挡和疏导作用;室内摆放绿化植物,可通过开启角度起到导风或挡风的作用,达到改善通风的效果。

八、楼盘朝向与噪声的关系

在风水学上,噪声是居住环境的大敌,可对人的听觉器官造成损害。噪声大于 90 分贝时,会给人造成急性耳外伤。根据最新的研究数据表明，噪声不仅对人的听觉会造成损害，也会对视觉和心理产生危害，噪声大于 45 分贝时会影响人的睡眠，噪声大于 55 分贝时易使人烦躁，噪声大于 75 分贝时会使人产生厌倦情绪或易发脾气。按照国家的有关规定，住宅的室内白天噪声必须小于 50 分贝，夜晚室内噪声不要高于 45 分贝。但是大多数城市的户外平均噪声值大约是 55-60 分贝。虽然室外环境的噪声，通过窗户传到室内时，室内噪声分值会降低 10 分贝左右，但是多数楼盘在正常通风状态下是无法满足人们的睡眠需要的，甚至有些楼盘在关闭门窗的情况下还会受到超声值噪声的影响。

城市中的噪声主要来源有交通噪声、工业噪声、建筑施工噪声和生活噪声，其中交通噪声包括道路交通噪声、铁路噪声、飞机噪声和船舶噪声等。在当代城市规划和严格管理下，都能通过各种途径解决工业噪声、建筑施工噪声和社会生活噪声对居住环境的影响问题，但是交通噪声无法从根本上解决，甚至出现愈演愈烈的趋势。因此避免交通噪声的影响，已经成为人们选购房屋重点考虑的因素。

道路交通噪声和车辆本身以及行车速度有关，车速每增加一倍，噪声值级将增加 9 分贝。街道越宽，车速就越快，噪声污染也就越严重。楼盘与街的距离越远，噪声就越小，距离每增加一倍，噪声就会减小 4 分贝。楼盘的朝向与噪声的值级存在着密切的联系，若楼盘的大门或多个窗户向着街道的一方，那么住户受噪声的影响就会更大；若楼盘的门窗开在没有街道的一方，而有街道的一方没有设置门窗或窗很少，那么住户受噪声的影响就会大大减小。因此在选购楼盘住宅时，不要选择大门和窗户均向着街道马路的楼盘，否则无法避免交通噪声的影响。

如果居住的楼盘大门朝向街道马路，或有几个窗户朝向街道，那么可以在楼盘与街道之间种植乔木林带隔离，减小噪声的影响。也可以在朝向街道马路的窗户或阳台上，摆放植物盆景，遮挡来自马路的尘埃和减小噪声，加强窗户与阳台的隔声效果。

最为理想的楼盘套间住宅，是设计上将厨房和卫生间等辅助用房布置在噪声源的一侧，将客厅、卧室和书房布置在安静的一面。

九、楼盘朝向与宅主生肖的关系

随着房地产业的火爆发展，越来越多的人都想买到自己满意的房子。但是有些人一搬进新购买的房屋后不久，就会出现一些令人烦恼的事情，或财运低沉、事业不顺，或心情烦躁、情绪不稳，甚至夫妻子女不和等等。这些不如意的情况的出现，往往与宅主的生肖命相有关。

楼盘朝向与住宅朝向同论。楼盘（住宅）的大门不宜向着宅主的生肖方位，否则坐山五行与生肖五行相冲，会给宅主带来诸多不顺。现将十二生肖最不利的房屋坐向公布如下：

生肖属鼠的人，不宜居住坐午向子的楼房或单元住宅。

生肖属牛的人，不宜居住坐未向丑的楼房或单元住宅。

生肖属虎的人，不宜居住坐申向寅的楼房或单元住宅。

生肖属兔的人，不宜居住坐酉向卯的楼房或单元住宅。

生肖属龙的人，不宜居住坐戌向辰的楼房或单元住宅。

生肖属蛇的人，不宜居住坐亥向巳的楼房或单元住宅。

生肖属马的人，不宜居住坐子向午的楼房或单元住宅。

生肖属羊的人，不宜居住坐丑向未的楼房或单元住宅。

生肖属猴的人，不宜居住坐寅向申的楼房或单元住宅。

生肖属鸡的人，不宜居住坐卯向酉的楼房或单元住宅。

生肖属狗的人，不宜居住坐辰向戌的楼房或单元住宅。

生肖属猪的人，不宜居住坐巳向亥的楼房或单元住宅。

十二生肖人物不适合的房屋坐向：

生肖属鼠、龙、猴的人，即申子辰一组，不适合居住坐南向北的房屋。

生肖属蛇、鸡、牛的人，即巳酉丑一组，不适合居住坐东向西的房屋。

生肖属虎、马、狗的人，即寅午戌一组，不适合居住坐北向南的房屋。

生肖属猪、兔、羊的人，即亥卯未一组，不适合居住坐西向东的房屋。

十、楼盘朝向景观的重要性

楼盘的朝向景观是指楼盘中的房间具有面向景观的可视面，能通过观景阳台、落地窗、弧形窗或普通窗看到外部景观。朝向景观能让人心旷神怡，扩大视野，可以满足人们对居住质量的要求，它将逐渐成为高档楼盘的首选因素。

朝向景观的好坏，已经成为人们对居住环境质量评价的一个重要标准，是房产开发商关注的焦点。景观分为海景、山景、湖景、江景、溪景、城市夜景、公园和住宅小区中心的庭园等。优美的景观环境，能激发人们购买楼盘住宅的热情，增加楼盘销售的附加价值，在当代社会里，人们购房时对景观的追求超过了日照采光的标准，都希望能挑选一间朝向景观优美的户型，特别是客厅和主卧室的景观，在整个户型中占有较高的升值潜力。

朝向与日照对人的身体健康存在着重要的作用，一般要求在一个单元套房住宅的所有居住空间中，至少要有一间朝南的房间，这是从向阳和通风的条件出发的，但是由于考虑到朝向与景观的关系，若朝南的房间外部景观不佳，或存在景观形状不规则等特殊情况，就要通过合理的手段，使朝向变为朝南偏东或偏西的角度放宽到45度角的自由度数，满足人们对景观规模和质量的需求。

第五节　楼盘形状五行特性与方位宜忌

从五行特性论建筑的形状，不外乎金、水、木、火、土五种。

金形建筑：下宽上窄，顶部呈现半圆状。五行属金。

水形建筑：呈波浪起伏状横向延展，层高较低。五行属水。

木形建筑：笔直高耸，多是高层建筑。五行属木。

火形建筑：呈尖状起伏不平，如燃烧的火焰。五行属火。

土形建筑：方形、宽阔的横向建筑。层高偏低。五行属土。

金形

水形

木形

火形

土形

在特定的建筑形局中，南方离宫建造楼宇为朱雀楼，西方兑宫建造楼宇为白虎楼，北方坎宫建造楼宇为玄武楼，东方震宫建造楼宇为青龙楼，中宫建筑楼宇为腾蛇与勾陈楼。

方位五行克泄楼宇五行为凶断。离宫五行属火，忌建造金形楼宇，否则为火金相克大凶；兑宫五行属金，忌建造木形楼宇，否则为木金相克、金木相战，大凶；坎宫五行属水，忌建造火形楼宇，否则水克火，大凶；震宫五行属木，忌建造土形楼宇，否则土木相克，大凶。

方位五行生旺楼宇五行为吉断。中宫五行属土，宜建金形楼宇，此为土金相生、人财两旺；离宫五行属火，宜建造土形楼宇，此为火土相生，利于聚财；兑宫五行属金，宜建造水形楼宇，此为金水相生，主人聪明伶俐；坎宫五行属水，宜建造木形楼宇，此为水木相生；震宫五行属木，宜建造火形楼宇，此为木火通明之象。

方位五行与楼宇五行比和也吉。例如，震、巽二宫五行属木，建木形楼宇，家庭成员团结，事业顺利，财运平稳；又如，中宫、坤宫、艮宫建造土形楼宇，丁财旺盛。

楼宇五行生方位五行不吉。例如，震、巽二宫建造水形楼宇，家人多劳碌奔波，经济收入差；兑、乾二宫建造土形楼宇，家庭收入差，生活艰苦；离宫建木形楼，主人劳碌奔波，财气难聚。

楼宇五行克制方位五行为吉。例如坎宫建造土形楼宇，经济效益好。

第六节　楼盘与公共设施的距离

楼盘与公共设施的距离，只是购房时需要考虑的诸多因素中的一个，虽然不如购房价格和房屋质量等因素重要，但是它和楼盘的朝向是同等重要的。因为一旦楼盘与公共设施的距离存在什么过失之处，难受的日子就会长了，所以在购房时应好好考虑一下。

为了避免一些不必要的麻烦，请在购房时关注以下事物与楼盘的距离问题：

1.距离附近的公路、铁路和机场远近，应以开窗时听不到刺耳的噪音为宜。

2.距小区内公共场所的远近，应以不受其强烈噪音的影响为宜。若居住的位置距离游乐园、健身器械场地、排球场或网球场等太近，那么人与吵声为伴，会给人带来不利的影响。

3.距离小区地下停车场和地面停车场的远近，应以不受车辆噪音和排放尾气的影响就行。

4.距离保安亭的远近，可以这样考虑，近一点安全，远一点清静，这应取决于个人喜好。

5.距离绿化树草的远近，也取决于个人的喜好。近树木花草的地方，空气清新、凉爽，但草木近门易生蚊虫。

6.距离垃圾箱远近，应以不受其影响为宜。

第七节　楼盘的选址原则

龙、砂、穴、水是风水环境中的四大要素，其中龙是最重要的，若没有龙，则砂、穴无从谈起，水也闲矣。

每当考察某楼盘时，首先要察看周围的山形有没有劈山填壑的痕迹，有没有剥落崩缺的情况。如果山形端正，山林常年苍翠、郁郁葱葱，生机勃勃，象青龙横空出世，那么可视为福地。又根据山体的形状辨别其五行所属，圆形者属金山，能催发官贵；方形者属土山，能兴田宅之福；挺拔矗立者属木形山，若直高而形似文笔，则可出状元才子；连绵起伏者属水形山，若形同波浪状，则大利经商徙移；山岩嶙峋、怪石森森或光秃秃，形同狼牙状的山，属于火形山，居住于此难有发展，且主人贫穷、易生残疾，多是非；那些模样丑陋怪异、无法归类五行的山形，更是凶多吉少。

楼盘建筑一定要顺着自然地形，依山而建。最好是绕山层层而建，不要处于龙脊地形上，房形所显示出来的气势最好是顺着龙脊施展，不能逆着龙脊交叉分布。当代城市中的楼盘建筑，大多数已没有真龙真水可言，选择城市住宅的龙与水应依据屋脊和门前街道作为判断原则。这种情况可参考古人的做法，古人把住宅分为三类：一类是井邑住宅；二类是旷野住宅；三类是山谷住宅。井邑之宅即是城市住宅。风水古书《阳宅集成》中说："万瓦鳞鳞市井中，高连屋脊是来龙，虽曰旱龙天上至，还须滴水界真踪。"这段文字表达的意思，就是把住宅周围密集相连的万家屋脊看作蜿蜒起伏的龙脉。《阳宅会心集》中说："一层街衢一层水，一层屋墙一层砂，门前街道是明堂，对面屋脊为案山。"这段文字表达的意思，更明确地点明了城市建筑的山、砂、水的取用含义。以城市中的建筑作为龙脉的判断依据，可以判断一地的龙脉气势；以城市中的街道作为流水的判断依据，可以判断一地的水脉气势。选择的楼宇要与周围的建筑浑然一体，顺着城市的街道蜿蜒而建，成为这一区域整体的一部分，而不能太出格，否则会与周边环境格格不入。

城市里屋脊连绵，应以龙脉论之；街巷纵横交错，当以水论之。风水学讲究曲则有情，山环水抱，城市住宅最忌前面街道笔直僵硬，更忌街道反弓或居住在类似山谷中的风口处，山谷中的风口煞气与城市里的天斩煞同论。

住宅是人类繁衍生息、养精蓄锐的场所。住宅对人的事业、财运和身体是十分重要的，建造或选购住宅时一定要细心观察，找到能藏风聚气、称心如意的好地方或好房屋。选择好的住宅，一般应从以下几个主要方面入手：

1. 南方宜有空地

住宅楼或地面房子的南方有空地，是非常吉利的，不管是一块单纯的未经开发的空地或是已经开辟的庭园，对居住者都会带来十分吉利的影响。若南方距离住宅稍远的地方是一个公园，那么不仅能使人得到活动和娱乐空间，对提高宅主的声誉与威信也有着极其重要的作用。

2. 周围绿化宜丰富多彩

绿色象征生机和希望，绿色植物具有净化空气的作用，在楼盘周围有丰富多彩的绿化，对居住者的身心健康十分有益。

在当今的大城市中，人们拥有的绿地越来越少，以往的绿色田野已经被现代化的建筑所取代，要在城市及其周围找到茂密的山林已不容易了。因此，楼盘四周设置水景和植物绿化已经成为时尚，购房者在选择设置水景的住房时，一定要留意楼盘附近的植物绿化的情况。

居宅中的环境绿化丰富多彩，会给人许多视觉上的兴奋点，若能把这些兴奋点从内在的秩序将它们联系起来，就可形成独立而又集中的美丽画面。环境设计是一门综合性很强的学科，从历史上看，西方城市公共环境的设计中有许多值得我们参考的相关理论，东方的园林艺术中也有不少独到的见解，甚至通过油画和国画的手法表现不同的艺术形式。这都是美丽的生活图景，当今社会的环境设计应博采众长，更好地创造适合人们生活的美丽场所。

住宅小区或楼盘环境绿化覆盖率不应低于33%，主要包括绿化围墙、大门和庭院，绿化要与活动和锻炼设施，以及各种指示标牌、水景、浮雕、雕塑、灯光设施和音响设施等等，形成一个有机的联合体。

绿化，并不是简单的"绿"了就可以，还必须考虑乔木、灌木、藤木、草木或花冠木，适当配植与四季相适应的种植方式。艺术品的陈设，要更多地考虑到它的文化含义和艺术品位。环境设计涉及到土建、园林绿化和艺术效果，这些都应由有丰富经验的设计人员有机地组织起来。

活动设施的设置应考虑到老人和孩子的户外活动的需要，设施的尺度应与人体工程学的尺度相适应；设施材料的色彩、质地和化学性质，都应考虑到人与其接触时的舒适性和安全性，还应考虑到它的使用耐久性。

3. 前面明堂要开阔

明堂对任何建筑来说都是非常重要的。对于城市楼宇建筑来说，明堂开阔就是要求楼宇前面不得有遮阻物，这样才能聚集人气。如果明堂受制于周围环境，闭塞不通，那么楼宇的风水要素就大打折扣了。

楼盘的前面有空地或园林，是最佳的居住环境。若楼房门前有空地或园林等休闲场所，有利于人们散步、锻炼、休息和小孩玩耍，能够吸纳大自然的新鲜空气，提高人的身体素质。曾有专家建议，人每次步行锻炼的时间至少要有30分钟，才能保证身体的健康。

4. 周围环境要协调

有些房子能使人神清气爽，有如沐浴春风的感觉；但有的房子则使人感觉压抑、沉闷，甚至使人坐立不安，主要区别就在于格局的优劣。

如果从整体上看，一个优质的住宅小区应有优美的环境与合理的布局，小区内部应有休闲和运动场所，外部周边应该有医院、银行、邮政局、学校、商场、公共交通等等。总之，吃喝玩乐方便，夜间又是一片宁静。从大环境看，要合龙势、顺龙气，明堂开阔，能纳四方之吉气。从中环境看，小区内绿化环境要好，住宅周围要有绿地和树木，且草木茂盛，能护荫地脉，形成一个生气旺盛的富贵堂局。从小环境看，阳宅本身的结构要完善，宅体匀称对位、庄重，间距不宜太窄或太宽，不宜前高后低，不宜四角欠缺，不宜宅小窗大，不宜有堂无室，不宜梁大柱小，更不宜将卧室对着厨房、厕所或客厅的大门等。

5. 楼房不宜建在天桥旁边

若楼房位于高架桥或天桥旁边，居住在里面的人就会受到噪音和震动的影响，容易造成精神萎靡。楼房若位于天桥或高架桥回转处的圆弧外缘，则居住主人受到的影响就更大；若居住在两条高架桥的交叉处，一上一下，形成剪刀之势，房屋又位于剪刀口的地方，那么这样的格局构成了大凶之象，不仅主人事业不顺，运气反复无常，而且还会发生血光之灾或意外死亡。

6. 四周不宜有尖锐物体的冲射

大型的多角尖锐的景观雕塑物，通常都是立于公共场所，如果立在住宅楼房的附近，就会对居宅主人带来很大的不利，尤其是近距离冲到门窗者更凶。

有些楼宇背后遭到笔直路面的冲射，这种路面冲射的情况比正面的路冲危害更大，人居住其中，十分不利，会导致事业不顺，财运极差，特别容易遭到来自阴面小人的坑害。建筑物很少受到四面路冲的情形，一般情况下，都是单方面受冲的，或前面受冲，或后面受冲，或左右受冲。无论哪一面受冲，凡是被路冲的这一边，都不利人居住，尤其是被路冲的这一边是玻璃墙时，人受危害的程度就会更大。

7. 大门前不宜对着大树

楼盘的大门口最忌对着大树，因为树木都带有很大的阴气，特别是超过 30 年树龄的大树，其阴煞之气更烈，宅主易患怪病，财运不好，事业不顺，还会招来小人，易犯口舌是非。若大门方位是在西南方的坤位或东北方的艮位，则阴气更旺，对宅主的危害就会更大。

8. 门路不宜对着其它建筑物和设施

购买住宅时，应注意了解一下楼盘的外局形势，尽量避免楼盘的门路正对着避雷塔、烟囱、玻璃外墙等不吉利的物象。

第八节　楼盘优劣的决定因素

一、楼盘与自然环境的协调度

　　房子好不好，首先要看房子所在的楼盘好不好，楼盘的好坏主要看楼盘与周边环境是否和谐。楼盘外围环境的状况，主要看山水环境以及大门的朝向好不好，这是决定楼盘与自然环境是否协调的主要因素。楼盘外围东南西北四个大方向，哪个方向高，哪个方向低，一定要弄清楚，这是首要的选择。正常的地势情况是，西边高而东边低，北边高而南边低。西高东低，发财旺丁。比如朝南，西边不能有河流，不能有水，不能有路。如果西方有河流，有水池或有路，那么这个楼盘就不聚气，不聚财，人的身体不健康，容易生病。如果楼盘的东边有河流、有水池，有大路，那么人住进去后，事业旺盛，家庭和谐，身体健康。

　　总之，东方和西方是两个关键的方位。东方有河流、水池或大路，利于聚气、聚财，主人事业兴旺发达；西方有河流、有水池或大路，对主人的身体健康、事业和财运均会带来不利的影响，易遭病难和意外血光之灾，特别是呼吸器官、肺部和肝部容易发生病变。俗语说："大河无水小河干"，这是说明大环境决定小环境的大道理，大环境会影响小环境，小区外围的大环境的好坏，会影响小区里边的住宅楼风水的好坏；住宅楼风水的好坏，会直接影响其内面的单元住宅风水。

　　楼盘外围环境中，西水东流或北水南流是符合大自然规律的，那么居住在这个楼盘里是大吉大利的。如果有东水西流或南水北流的情况，那么这种水流称为倒流水，是与大自然背道而驰的，一逢下雨天气，水就会全部流往西方或北方，人就会患高血压和心脏病。西水东流和北水南流，是天然地理环境的造化，是几千年来适应人们居住的大环境，如果外围出现东水西流或南水北流的反弓水，水象征人体中的血液，反弓流水等于血液倒流，那么居住在这里的人身体不健康，特别是容易出现血液和心脏方面的疾病。

二、楼盘的位置与排列格局

在当代人的生活中，楼盘是人们最重要的住宅形式。理想的楼盘必须具备以下几个基本条件：

1. 楼盘的位置好

现在，很多城市居民购房时，大都关注房子的价值、房型、通风与采光等，极少考虑楼盘所处环境的优劣情况，其实楼盘所处的地理位置是非常重要的，这种不重视楼盘环境的做法是错误的。

楼盘位置的优越性，主要体现在以下几个方面：

（1）空气清新，自然和人文景观优雅。

（2）交通便利，从住所到工作地点和市区中点不需要太长的时间。

（3）生活便利，距离超市等各类商业性服务场所和农贸菜市场路程较短，能够满足日常生活物品采购需求。

（4）附近有公园或其它绿化景观。

（5）附近有可供早晚休闲运动和周末游玩的娱乐场所。

（6）社会风气和治安状况良好。

一般情况下，人们在选购住房时，大多数都是注意考虑户型结构和面积大小等局部问题，很少综观小区中的全局布置和考虑楼房所处小区中的位置。

楼房在小区中所处的最优位置是小区的西北方位，并且楼房的西北方要有遮挡，东南方要有绿化景象。

另一种优越位置是，不管楼房处于小区中什么位置，如果楼房的西北方位有建筑物遮挡（最好有其它住宅楼），东南方再有大片绿化的景观，都可视为理想的居住环境。因为西北方有高楼，可视为靠山，意味着有贵人帮扶，东南方的绿化景观不仅能让人赏心悦目，还能起到阻隔噪音和灰尘，制造良好的小气候的作用。从上述角度来说，楼房占据了小区的最佳位置，是一件值得庆幸的事，若住宅套间又位于楼房的东南角位置上，则可视为锦上添花的黄金户型。

2. 楼盘的排列格局好

建筑物的排列与地基的地形特点有着十分密切的关系，一般都是随着地形特点顺势布局。由于大部分建筑物的建地基址地形，都呈不规则状态，因此在同一个建地区域里的建筑物的排列方向大多数不是相同的，其内部布局也是不一样的。即使在比较方正的地形，也会出现不规则排列的楼房。

现在，由于受西方建筑文化的影响和人们追求新颖、豪华心理的驱使，建筑布局越来越复杂，而以往那种整齐规划的布局被看成是死板的、没有创意的东西，所以，不规则布局往往造成建筑物的空间分割不对称的弊病，致使住宅的阴阳失调、五行不和，形成了风水上的弊端。事实上，楼宇的整齐排列并不等于死板，排列整齐的楼房，前后左右的布局相对平衡，阴阳和谐，能给居住者带来好的运气；不规则的楼宇布局还会造成格局上的缺陷，比如有的楼房后面正好有楼与楼之间的夹缝，形成风水上的"天斩煞"，或者背后有两栋楼排列而形成道路。楼房的背后（坐山）方位有路冲或犯"天斩煞"，住宅主人会遭到从背面（暗面）而来的小人陷害，因此选购楼房时一定要避开这种情况。

三、楼盘形状与颜色五行

1. 形状

在购买房屋时，楼房的建筑形状也是需要重点考察的内容之一，不仅要看楼房本身的形状，其周围附近的相邻建筑物的形状也要留意。若楼房自身形状怪异，或它的周围有形状怪异的建筑物，那么就应该放弃，不要购买。

2. 颜色

建筑物的颜色也是非常重要的。现在的建筑物和过去的建筑物相比，其外部颜色丰富多彩了，不象以往的建筑物那样颜色单调。

选购住宅时，应当考虑到所选楼房的颜色与周围建筑物的颜色，是不是五行相合。一般地说，如果周围建筑物（楼宇）的整体颜色五行生旺本楼房的颜色五行，那么这种情况是吉利的；相反，如果周围建筑物的外部颜色五行克制本楼宇外部颜色五行，那么这种情况是不吉利的。

在外部建筑物的颜色五行克制本楼颜色五行时，应该按照五行生旺克泄原理，对本楼宇的受克方位运用颜色进行装饰布置，以达到外五行生旺本楼宇五行的效果。若是大门的方位五行或颜色五行，受到正冲门位的建筑物颜色五行的克制，那么可以通过改变大门的颜色，使外来克制的五行生旺大门的五行，变不利为吉利。

四、楼盘背后的靠山

楼盘背后有高地或建筑物作为靠山，象征有贵人，事业稳固，做事稳定。进可攻，退可守，不会产生意外的危险和灾祸。但是靠山不宜距离楼盘太近，否则形成撞山，从屋内看出去，不仅视野不开阔，还会对住户形成很大的压迫感，使住户的事业被局限在小框框中无法突破，难以兴旺发展。

五、楼盘前方视野开阔度

楼盘的前方无遮拦，可让住户视野开阔，眼光长远，前途光明，事业进展顺利。但若前方有高大建筑物阻碍视线，就会让人视野受限，事业发展不顺利，前途受到阻滞。

六、楼盘门面与屋顶的气势

楼盘的门面要大，外观要有气势，看起来旺气招展，大方气派。这种楼盘能使人心情舒畅，生活愉快，工作事业大显身手，能力可得到充分发挥。

如果楼盘的门面狭小，窗户歪斜，远远看去就像牢房一样，对外通道的方向不明，那么内气无法伸展，使居住里面的人无法施展自身能力，导致工作生活诸方面不顺。

楼盘的屋顶要向上伸展。楼盘的屋顶形状隆起，并且有向上伸展的架势，住户就容易得到发展的空间，能为社会施展才华、出人头地。

七、楼盘前后左右相拱的楼房

若楼盘前后左右两侧有房屋相拱，就像青龙白虎守护一样，那么户主做事就容易得到助力。再者，这种楼盘前方明堂广阔，对住户的事业发展、人际关系等方面，都可以得护法力量的协助。

八、楼盘稳固雄伟的结构架势

结构坚实、稳固，才能保证住户的安全，方正、饱满和雄伟，外观才有气势。稳固雄伟的楼房具有良好的气场能量，可以带动住户未来的动势，使住户的工作事业和生活等方面都能得到协调发展。

第九节　不宜选购的楼盘

一、奇形怪状的楼盘

楼盘的造型歪斜，呈三角形等各种不良形状，会使居住里面的人脾气怪异，性格也会变得固执，容易造成人际关系紧张，最终做事无人帮助。

二、门前犯煞的楼盘

楼盘大门正对医院的大门或太平间、殡仪馆、垃圾场、坟场、教堂、寺庙、电视信号发射塔、工厂的大烟囱等，都会影响居住主人的家庭运气，特别会给人的身体、财运、社会人际关系等带来不利的影响。

另外，楼盘大门正对着笔直的大路或门前有反弓路、反弓水，或大门正对着人行天桥、立交桥等，均会对居住主人构成极为不利的影响。

三、缺角太大的楼盘

根据"物物皆太极"的观点，宅基地是一个具有独立性的小太极。在这个小太极内，八卦要齐全，地基应力求方正，不能出现缺角，也不能断边。但在城市、小区建设的规划中，由于受道路系统和地形差异的影响，往往很难达到八卦齐全、地基方正的要求。凡是宅基地缺损的部位，都蕴藏着太极八卦对应方位上的凶应信息，这种凶应信息会反映于八卦方位所对应的家庭成员身上。例如，宅基地的艮位缺角，不利男孩的成长；乾位缺角，不利男主人；坤位缺角，不利女主人等等。依八卦方位断事，应验如神。太极八卦原理，不仅适应分析宅基地风水信息对人的影响，也适应于住宅楼盘中的户型、住宅小区的庭院或建在地面上的大宅院，甚至适应于住宅中的客厅、卧室、厨房等各个空间。

楼盘的缺角会使里面的住房设计产生缺陷，如果房屋在八卦方位上存在缺角，那么就会对这个方位所代表的家庭成员的事业、运气以及身体器官产生不利的影响。

西北缺角，象征主人失去贵人扶持，无权威，对事业运不利。家人易患肺病。

西南缺角，对老年妇女不利，容易生病、死亡。此方位主管桃花，家中年轻女性容易犯桃花，有外遇。家人易患脾胃病。

东方缺角，不利事业发展和子孙身体健康。此方缺角，宅主很难生得男孩。家人容易患肝胆疾病。

东南缺角，对家中壮年妇女不利，在家里呆不住，会到外面勾搭男人，此位是文昌位，缺角则对子女读书不利。易患肝胆病。

北方缺角，对家里的中年男性不利，易患肾病和泌尿系统疾病。会损中年男性的智慧。

南方缺角，对家里的中年妇女不利。家人容易患目疾和心脏病。同时会给家人带来不好的名声。

东北缺角，对家里的幼子不利，容易引起食欲减退，易患脾胃病和手指关节疼痛。

西方缺角，对家里的少女身体和事业前途带来不利的影响。同时不利家庭财运，家人容易患肺病和呼吸道疾病。

若缺角轻微，则可采用化解措施，弥补因缺角而散失的卦气，但缺角面积过大，则不宜购买。

第十节　楼盘绿化的原则与标准

　　绿化环境不仅有净化空气、怡情养性和营造丰富景观的作用，也可以为居民提供交往空间和休闲活动场所，是优化居住空间质量的重要手段。但楼盘宅旁绿化的原则，应该依据一定的标准进行，才能使景观优美而且能够有效地发挥绿化植物的功能，使植物与人或植物与植物之间达到协调的关系，为居民创造优美、和谐的居住环境。

一、植物绿化的标准

1. 绿化方位标准

　　根据八卦原理，大地的东、南、西、北等八个自然方位各具五行，楼盘植物绿化属于园艺风水的内容，而园艺风水是风水学的一个部分，因此楼盘宅旁植物的布置，应当讲究八卦五行生克制化的原则。在八卦中，东方和东南方五行属木，南方五行属火，西方与西北方五行属金，东北方和西南方五行属土，北方五行属水。绿色植物的五行属木，布置植物就应以五行生旺的原则来考虑，才能利用简单的植物改变风水，达到美化家居环境的效果。一般来说，在东方和东南方种植绿化植物，最为合适；北方和南方分别为水火之地，与植物五行相生，因此在北方与南方利用植物绿化，也能收到生旺的效果。其它方位，也要根据五行生克的变量，通过合理的设计和布置，才能收到良好的生旺效果。

2. 绿化面积标准与管理模式

　　按照国家的有关规定，住宅楼盘环境的绿化应符合下面四点标准：

　　（1）要有足够的绿化面积。

　　绿化的方位，要有充足的日照时间，才能满足居民区活动的要求，因此成片的绿地应有不少于三分之一面积得到日照的覆盖。一般要求，新建楼盘区的绿化面积不应低于33％，旧楼盘区绿化面积不低于25％；按人数指标来定，绿地面积不低于每人0.5平方米。

（2）绿地应接近居民住宅，以利净化空气和观赏。

（3）楼盘应采取封闭式管理。楼盘环境绿化是为居住者服务的，对楼盘采取封闭管理模式，不仅可以增强居民的区域感，也能保证居民生活环境的安静与安全。

（4）绿地空间要设置一定数量的公共活动场地，如儿童游戏场、休闲座椅和铺设地石等设施，以满足居民休息、散步、运动和健身的需要。

二、植物绿化的原则

1. 楼盘旁边绿化风水规划

在城市规划设计中，楼盘旁的绿地不列为公共管理区域，一般只供本幢建筑中的居民使用，绿地上的植物与人的身心健康等关系最为密切，因此它是一项不可轻视的规划项目，在选择植物时，应分析它的功能和特性，选优种植，为居民创造良好的居住环境。

（1）植物具有灵性

植物与植物之间，植物与人之间，都存在一种场态，即生物场。

植物与人一样，是有"血型"的，植物与植物之间有着一定的亲缘关系，这与植物学分类上的科、属、种的说法是一致的。其远缘与近缘关系，在杂交和嫁接上是不同的。

经科学测定证明，植物有语言、有情绪、有喜怒哀乐，当人们折断它的枝条时，它会释放出愤怒的波；当人们给植物浇水或在其旁边奏乐曲时，它就会发出祥和、喜悦的波。例如，有一种叫做紫薇的植物，当人们抚摸它时，它的枝叶就会摆动不止，人们把这种植物称为"怕痒树"；又如"含羞草"被人们触动时，它就会迅速地收拢叶片；"风流草"被风吹拂时，它的小叶片会不停地翩翩起舞。

经调查统计资料证明，不和睦的家庭中种植的君子兰是不开花的。家中有喜庆之事即将来临时，君子兰会提前开花"报喜"。

曾有人做过试验认为，植物有记忆和感应功能，还有对环境的动静或优劣做出反应的能力。如橡胶树在伐木工人到来时会自行爆炸；胡萝卜在田地里生长，遇见兔子时会惊颤不已；形状像棕榈的龙舌兰，在电流上试验时，能反应出试验人员的心理感情，甚至能表现它的主人每天的安危和喜怒。

凡是修炼过气功的人都知道，植物是有气场的。当修炼气功的人对着树木采纳五行木气时，都曾见到木被采气之后，会呈现疲惫的倦态，树叶下垂，树干弯斜。

（2）植物具有阴阳性质

植物是有阴阳属性的，阳性植物适应在光照度强且比较干燥的地方生长，阴性植物喜欢在阴湿的环境中生长。阳性的植物置于阴湿的环境中，就会体弱、无花、无果或者死亡，如白兰、玫瑰、茉莉、梅花、牡丹、芍药、杜鹃、菊花等；阴性的植物，在光照度弱的条件下，才能正常生长，此类植物可长期置于室内或阴暗处，比如文竹、龟背竹、万年青、绿萝、巴西铁树和蓬茶松等。

能开花结果的植物，喜欢雌雄异株同栽，不宜同性成片种植或者孤栽。例如，银杏树，雌雄同栽就能结白果；苹果孤栽会减产，已经成为果农的常识。

高度进化的君子兰，被人们称为"君子"的原因，在于它不"乱伦"，不贪色取宠，十月结籽如同人类的"十月怀胎"，即使一时供养不周，断绝润水，也不会枯萎，没有"小人气"，因此被视为植物群体中的"君子"。君子兰的进化，来自异花授粉，其花系雌雄同体，在花蕊上生长有雄蕊和雌蕊，花粉可以自行授受，也可异株互相授受。自授者，不会结籽，能自行脱落；只有异株雄蕊授粉，方可结籽。

（3）植物具有五行场态

世间一切事物都有其五行场态，建筑物、水缸、炉灶、人体、植物都有。植物与植物之间，以及植物与其它事物之间，都存在场的作用。植物场的强弱取决于生克制化的结果，在住宅环境的调理上，完全可以运用五行理论中的生克制化原理进行布局。

植物不仅具有观赏性，而且具有功能性，可以调整环境，还可以调整人的情怀和颐养身体。在住宅里布局植物的五行场，不仅要考虑它的观赏性，还要分析植物的功能特性。近水的园林建筑，布置低明度的黑色植物，可以调节人体的肾部功能；布置五行属火的红色系列植物盆栽或花卉，可用于调节人的心脏和神经系统，如火石榴、木棉、象牙红、枫树、红桑、红草、红桂等；布置五行属金的白色系列植物，可以调节肺部功能，如树皮白、花白或叶子白的植物，具体的有九里香、白兰、白睡莲等；布置五行属木的绿色系列植物，如绿牡丹、绿月季或绿色树木，可以调节人的肝脏功能；布置五行属土的黄色系列植物，如金菊、金桂、黄钟花、黄玫瑰等，可以调节人的脾胃消化功能。

植物各具五行，植物之间的相生、相克是普遍存在的，农林园艺经营者必须懂得，住宅盆栽摆设也必须讲究，例如葡萄种在松柏旁边不结果，种在榆树旁结酸果。

植物与人也存在生克关系，例如孕妇的住宅旁边忌有柏树，因为柏树的气味易促使孕妇吐呕；榕树根的气场对人体不利，不宜把榕树种在住宅近旁；葡萄的气场不利于人体健康，因此葡萄架下不宜铺床睡卧。民谚中有"东种桃柳，西种榆；南种梅枣，北杏梨"的喜忌，还有"宅后有榆，百鬼迁移"、"白兰屋前种，美花香气送"、"向阳石榴红似火，背阴李子酸掉颚"等谚语和东晋诗人陶渊明辞官隐居山林住宅的题诗："榆柳荫后檐，桃李罗台前"，都是对植物与环境的生克关系及适应情况的经验总结。

总之，街道旁、小区庭院内和住宅前后左右的绿化原则，应当慎重运用植物的灵性和阴阳属性，以及植物与人、植物与环境、植物与植物之间生克制化的五行关系，力求景观优美的同时，还要注意利用和发挥植物的特有功能，为居民创造良好的风水环境。

（4）植物形态要吉利

从风水形势派观点论之，楼盘宅旁绿地上的树木形态，关系着宅居主人运气的好坏。树木可利人，亦可损人，因此宅旁树木形态相当重要，应避煞趋吉。

树干忌立于门窗正前方。树干影响人的居住环境的宇宙能量，是以微波形态不断作用于房屋。微波试验证明：细小的一根针立于微波天线纳气（波）的地方，就出现驻波干扰。由试验可以推知，传统的风水观念中，忌在门窗前立杆种树，也是科学上的正确认识。用通俗的观点来说，"门"字中加入一个"木"字，就是"闲"字；"口"字中加一个"木"字，就是"困"字。这是用汉字归纳的简易形式加以提示说明，即在门口和庭院中心位置忌种植树木。

人行道两旁的树木和绿色树木篱笆走向，忌冲向房宅，否则会把形成煞气的信息导向住宅，对宅主的身体健康和生活安定造成不利影响。大树遮挡门窗，也不利于通风采光，若大门或窗户近处有大树，而且树干和枝叶倾斜向房屋一边，则对住宅主人相当不利，会招来阴气，引发怪病。在大树下建小屋，也是很大的忌讳，特别是树枝向四周伸展，形成一把大伞遮住小屋，小屋常年处于树阴底下，不利于采光，又容易招雷击。其它不吉利形态的树，也忌在门窗的视野之内，如痈肿怪树、腐朽空心树、歪头倾斜树等等，这些形态的树具有形象上的符咒隐语，会引导不吉利的意象，不宜用作宅旁绿化。

在历史的长河中，人们对栽种的绿化植物积累了不少经验，感官上留下了美、丑、善、恶的习惯和印象，流传下来的植物绿化习俗对城乡宅居环境气场有积极的影响与作用，因此我们在楼盘绿化的规划布置中是不可忽视的。

三、绿化植物的选择

1. 椿树

容易生长，又长寿。有些地方盛行摸椿树的风俗，除夕晚上，小孩都要摸椿树，而且还要绕着转几圈，祈求："快快长高"；正月初一早上，小孩抱着椿树念："椿树，椿树，你为王！你长粗，我长高。"

2. 槐树

代表绿色。在我国古代，朝廷种三槐九棘，公卿大夫坐于其下，而对三槐者为三公。后来，世人便在庭院里植槐。

3. 灵芝

自古就被视为祥兆。吉祥图中，常见鹿口或鹤嘴衔灵芝，多数用作祝寿礼品。

4. 梅花

梅花的五片花瓣被认为是五个吉祥神，从"梅开五福"图可以知道梅花的吉祥寓意。

5. 桃树

桃树为五行之精，能抵制恶气，故民间在过新年时，以桃符悬门上。

6. 柳树

柳树与桃树的作用一样，用柳条插门户上，可以制邪招吉。

7. 艾叶

在端午节时，把艾叶挂在门旁，或用艾叶做成"艾虎符"带在身上，能起到驱毒辟邪的作用。

8. 葫芦

葫芦是驱邪的植物，古人常在房屋前后种植葫芦。现代物理测试证明，葫芦形状的器皿可以屏蔽各种波和辐射的干扰。八仙之一的张果老用"宝葫芦"装酒，原因是葫芦除了能驱邪外，还能保存酒的味道不变。

以上这些植物，都是有利于绿化种植的树种，有些不仅能起到净化空气的作用，还可以驱除邪毒恶气。桉树可以长到 20 多层楼高，是树中的"巨人"，但这种树易招邪气，不宜种植在楼盘绿化地里。

第十一节　楼盘周围形煞及化解法

城市风水最怕各种带形煞的建筑物，比如楼盘前面有医院、殡仪馆、垃圾站、坟墓、教堂、寺庙、军警、衙门、高压输电线路、微波发射塔、玻璃幕墙、工厂、娱乐场所、污水沟等，都是外围环境中的形煞。

一般地说，形煞对人的影响是有形可辨的直接影响，例如楼盘大门的正前方有形如刀枪、棍棒、利剑、叉戟、弓箭等凶器状的建筑物，或有形如恶猛禽兽、绳索、脚镣手铐等自然景观或人工建筑物，或大门对着监狱、坟墓、屠宰场、火葬场、医院以及黄色场所等，这些形煞会对人的心理、精神和身体健康；还有高压输电线路、发射塔、玻璃幕墙、工厂、卡拉 OK 场所、污水沟等产生的电磁污染、光污染、声污染、大气污染等，都会直接损害人体的生理和心理健康。形煞对人产生的影响还有无形的一面，主要是通过破坏住宅内外阴阳五行平衡，干扰室内的气场，以潜移默化的形式来影响人的身体健康，造成居住宅内人员的精神紧张、脾气暴躁、是非口角等。

形煞的种类五花八门，但是从其根本质上看，几乎都与形势派及形法所说的凶砂、凶水煞气相类似。下面，介绍几种常见的形煞对阳宅风水的影响及其化解方法：

1. 枪煞或箭煞

　　楼盘（或房屋）大门正前方或窗口正前方，正对着笔直的大路、小巷等，此住宅就犯了枪煞或箭煞。房屋后面有路冲为暗箭射背，这种路冲比正面的路冲危害更大，居住在里面的人常遭小人暗算，对后代十分不利。若房屋后面有路冲，则在屋后种植一片环形树木竹丛，以圆润来化解直冲而来的外力煞气；若房屋前面有路冲，则在屋前靠近路冲的地方种植一些树木、竹丛或花草盆栽，或在大门上挂一张卷珠帘，或在门顶上贴一张出入平安或招财进宝的小幅条，或在门的两边挂上一对麒麟风铃，最有效的方法是在室内正对着路冲的方位，摆放一尊笑佛或财神爷。

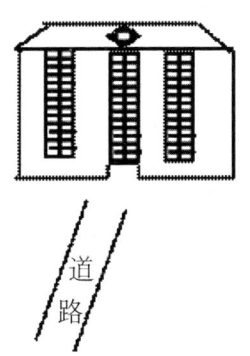

2. 廉贞煞

　　如果楼盘（房屋）背后有靠山，但所靠之山并非名山，而是山石嶙峋、寸草不生的穷山，那么风水上称为犯了廉贞煞。可在煞的方位悬挂葫芦或摆放麒麟挡煞。最好是通过对环境的改造，使其达到人与环境的和谐。

3. 反弓煞

　　楼盘大门前面有反弓路或反弓水，说明楼盘犯了反弓煞。楼盘犯反弓煞，会使整座大厦里的人遭受车祸、手术血光之灾或破财之灾。

可在室内受冲煞的位置安放二个葫芦，或挂一串五帝古钱，或在大门两边摆放一对雌雄麒麟，或在家里供奉大肚佛、财神爷。

4. 反光煞

楼盘大门前面对着其它楼房的玻璃幕墙，说明楼盘犯了反光煞。化解反光煞，可在自家的玻璃窗上贴半透明的磨砂胶纸，再把两个铜葫芦挂在左右角，能化解普通的反光煞。若反光较强，则再在两个铜葫芦之间加挂一个木葫芦和安放两串五帝古钱便可化解。

5. 天桥煞

天桥为虚水。楼盘靠近天桥自高而下的斜势一端，斜去象征水走，是泄财之象；斜来象征水冲，形同箭煞一样，不仅财运差，还会使宅主遭受血光之灾。天桥煞的化解方法：在天桥斜去方位较高的位置，摆放开光铜大象，可收住外泄之气；在天桥斜来的方位较高的位置，摆放开光铜大象，可化天桥带来的煞气为吉气。

6. 天斩煞

天斩煞是指从楼盘的大门或窗户向外望，看见前方有两座大厦靠得很近，大厦之间形成一道相当狭窄的空缝间隙，仿佛大厦是被从天而降的利斧所破，一分为二。若两座大厦形成的空缝间隙对着住宅门窗，则该宅就犯了天斩煞。

天斩煞对住宅风水影响极大，会使宅主发生血光之灾、败财、手术及危险性很高的疾病等。若天斩煞位于住宅的背后，则主人容易受小人暗害。

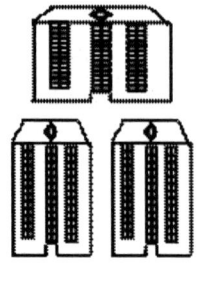

天斩煞在前

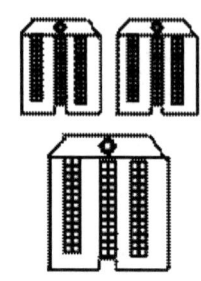

天斩煞在后

化解天斩煞，可以运用大铜钱和五帝古钱，悬挂在煞气冲来的方位，用朱砂与白酒开光后，灵验度极高。如果煞气离住宅很近，就用铜麒麟、铜马摆在煞气冲来的方位挡煞，麒麟和马的头部要向煞气方位。或挂一面八卦凸镜以破煞气。也可以在适当的地方摆放仙人掌盆栽挡住煞气。

7. 穿心煞

如果楼盘的大门正对着内部的走廊或通道，就犯了穿心煞。如果住宅内部走廊或通道的长度大于楼盘进深的度，那么招来的煞气为祸最大。可以在大门设置屏风或玄关，以改门向之效化解此煞。

8. 尖射煞

尖射煞是指住宅大门向着房屋外的尖形物体。在城市的楼房住宅中，站在门口或窗户往屋外看，视线近处有楼台尖形墙角或亭角，或尖锐的艺术雕塑品等尖锐物体，直射到门口或窗户，此为房屋犯了尖射煞。

在农村，住宅前面近处有一座峦头如笔，高耸而起，插入天际的高峰，这种情况是尖煞；在城市住宅前面的大厦最上层呈三角尖形物体，也是尖煞的一种。如果农村住宅前面的尖峰和城市大厦上层三角尖形物体，不正冲住宅的大门或窗户，就不构成尖射煞，因为三角尖锐物体是朝上，没有冲射大门或窗户，所以不会破坏住宅的风水。如果大厦顶层三角尖状物体所处的方位为东南方或玄空飞星一四会聚的方位，那么不仅没有形成煞气，还可以当做住宅的文笔峰论。

当确定住宅受到尖射煞后，必须设法化解尖形煞气。最佳风水用品就是八卦化煞罗盘和八卦凹镜，只要把这些物品放置在被尖煞冲射的方位上，就可以有效地化解尖射煞。可在门两边挂一对麒麟风铃，也可以在正对冲射的方位摆放一尊开口笑弥勒佛或财神爷。

9. 开口煞

房屋大门正对楼梯口或升降电梯口，这种格局犯了开口煞。房屋犯了开口煞，主家中财气向外流。在门内设置屏风以挡住内气外泄，也可在门内放置大叶发财树、金钱树等稳住气场，化解煞气。

10. 老虎煞

老虎煞是开口煞的一种。即指房屋大门对着升降机门，而升降机门时开时闭，就好像老虎嘴一样，这种格局就犯了老虎煞。在门上贴财神爷像，或在门楣上挂开光五帝古钱，均可以化解开口煞。在家里供奉观音佛、大肚佛和财神爷，化解开口煞的效果更佳。

11. 镰刀煞

凡楼盘前有弯形的天桥或高架桥，风水中称为镰刀煞。在大城市里，人多车多、交通繁忙，为了疏导交通，每座城市里都会出现人行天桥。如果天桥出现在大厦楼宇（包括住宅楼、商业楼宇、工厂大厦等）的贴身位置，那么天桥对楼宇就会产生一定的磁场作用。

天桥的形状会对大厦楼宇构成吉凶二种关系，主要是从天桥对大厦楼房的环抱、反弓、直冲三种情况体现出来。如果天桥把楼宇遮盖，那么楼宇里住户主人身体容易生暗病，运气不顺，工作压力大；如果天桥是环抱楼宇的形状，而天桥属于虚水，那么这种形状不会对大厦楼宇里的住户构成危害；如果天桥是反弓的形状，而且形似弓背的一面靠近房屋，那么这层楼宇中的住户犯了镰刀煞，因为天桥象一把半月形的镰刀向着楼宇劈来。房屋犯镰刀煞，容易发生血光之灾、是非纠缠、破财等等。

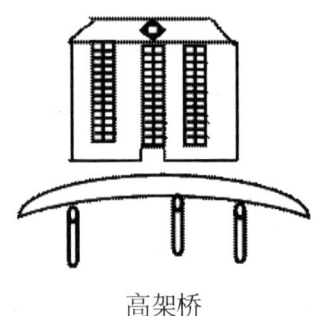

高架桥

凡是房屋镰刀煞，均可在家中犯煞的方位上，安放开光的神佛像、挂一串五帝古钱或摆放一对铜麒麟、一对铜马等化解煞气。

12. 剪刀煞

楼盘前边明堂有两条交叉的道路，象剪刀一样剪着，住宅就犯了剪刀煞。

楼盘犯了剪刀煞是不吉祥的，居之多遭疾病、口舌及处境不安全、生活艰苦。明堂被剪就是向征着家运遭受阻碍，越往前发展就越不吉祥的。可用"泰山石敢当"来镇，只要把"泰山石敢当"立于剪刀状叉路的三角处，就能把剪刀的煞气化解。也可在室内适当的吉位安放一对铜马，也可在窗口安放金元宝或一对麒麟风铃。

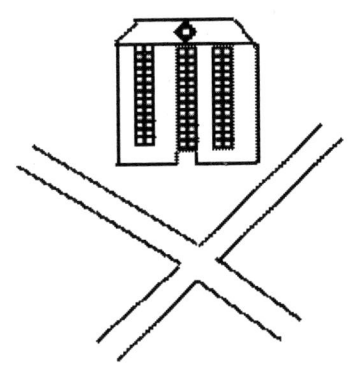

13. 孤阳煞

楼盘附近有电力房、加油站、锅炉房等，就犯了孤阳煞。住宅犯孤阳煞，居住者脾气暴躁，家人经常吵吵闹闹或因财失义。在门前或室内吉位的墙上，挂已开光的葫芦或八卦罗盘，可以化解孤阳煞。

14. 孤阴煞

房屋靠近或大门向着坟场、殡仪馆、医院、公厕、垃圾站等阴煞之地，可以说房屋犯了孤阴煞。由于这些地方阴气浓重，会对主人的身体健康、财运、人际关系等造成相当不利的影响。可在门上竖挂三面八卦镜，或在内部适当位置安放铜公鸡、葫芦或五帝古钱等化解。

15. 孤峰煞

孤峰煞是指一座楼宇的前后左右都没有建筑物，就犯孤峰煞。"一楼独高人孤傲"，"风吹头，子孙愁"，凡房屋犯孤峰煞，都得不到朋友的扶助。在这样的地方居住或办公，往往因为人流少而衰气。在房屋的吉位或旺气位安放铜葫芦，可以化解孤峰煞。

16. 斜枪煞

楼盘旁有道路斜冲某个方位，风水上称为犯了斜枪煞。住宅犯了斜枪煞，主容易发生意外、破财。化解方法是在冲煞位上挂珠帘或放置屏风。

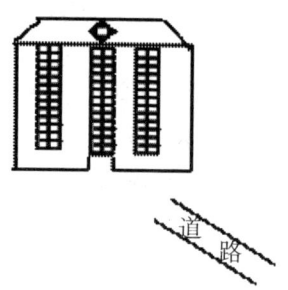

17. 刺面煞

站在房屋门前或窗前，看见前方有岩岩耸耸的小山坡，就犯了刺面煞。凡犯刺面煞的房屋，住户容易遭打劫或被窃，并且住宅内的人容易做出犯法的事情，走上犯罪的道路。

在门前方位挂上铜葫芦或摆放铜大象，可以化解刺面煞。

18. 蜈蚣煞

蜈蚣煞是指在住宅窗户处，望见外面房屋墙壁上安装的自来水管或排污水管等附属物体，一条主干有多分支，很似一条蜈蚣模样，便是犯了蜈蚣煞。犯此煞者，工作不顺利，易犯是非口舌。

化解方法是在犯煞方位摆放一对铜鸡，取其形以制蜈蚣煞。也可用铜貔貅摆放于犯煞方位挡煞，再在门两边挂两串五帝铜钱以加强力量，把煞气向四方扩散得以化解。

19. 顶心煞

在住宅门前或窗前，看见灯柱或路牌等直柱形物体正对着门口或窗口垂直冲射过来，就犯顶心煞。犯此煞者，不利身体健康、脾气暴躁、容易发生血光之灾。化解方法是在门口或窗口挂两串五帝铜钱制煞。

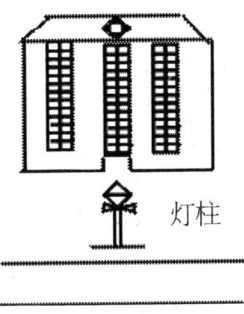

灯柱

马路

20. 峤煞

楼盘非常接近一座比自己高大得多的建筑物，如建筑物在自家房屋的后方，则为靠山论，大吉；但是如果建筑物在自家房屋的侧边，那么就犯了风水上的峤煞。犯峤煞的房屋，主人容易受欺骗、事业失败、生意经营不成功。峤煞的化解方法是在高建筑物所在的方位，摆放已开光的铜大象，以吸收外煞气化为吉气。

21. 声煞

房屋靠近马路、工厂、马头等噪声很大的地方，声音给主人的睡眠和生活带来不利的影响，就犯了声煞。声煞是一种不易化解的煞气，可以安放铜葫芦或两串麒麟风铃，以吸收凶气及镇煞。但不能完全消除声煞的影响，还要尽量关闭所有窗户或选用较厚而且隔声功能较佳的玻璃装饰窗户。

22. 味煞

楼盘靠近臭水河沟、公厕、污水渠、垃圾站及焚化炉等，难闻的气味进入人的鼻子，令人欲呕，此即犯了味煞。犯味煞的房屋，不利人的身体健康、工作会不顺利等。化解方法是在屋内摆放一些能散发香气的植物盆栽，或经常在室内喷洒空气清新剂。

23. 割脚煞

　　楼盘太贴近道路或水道，就犯风水中所谓的割脚煞。可在旺气位放一对旺财蟾蜍或招财大象，或在门内两边挂二个旺财葫芦。

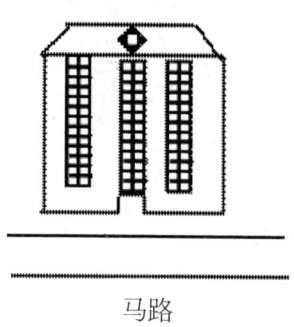

马路

第十二节　楼盘风水改造及镇煞方法

一、楼盘风水调整与改造原理

　　人们都希望在风水绝佳的地方选购理想的阳宅或办公室，以图可以安居乐业和下代子孙的兴旺。但是，要找到完全符合风水吉利格局的地方，实在是难得人愿。在人口密集的城市高楼林立，电力、通讯、交通等当代设施密布，各种各样的形煞都有，要想通过单纯对环境选择达到和谐是很难做到的。只有通过对和谐的适宜居住的环境进行选择，再对其中不适宜的环境加以适当的改造，才能达到天人合一的最高境界。

　　改造不适宜环境，主要在藏风与得水等方面下工夫，使之不仅符合大众的审美观、文化价值观，同时使自己与环境达到和谐。藏风的具体改造方法是培龙补砂，如果来龙低平、砂山残缺，不利于藏风聚气，就可以通过人工填土补满龙砂，使其藏风养气。得水的改造方法可以从多方面着手，如果住宅基地缺水，就可以在适当的位置开渠引水，或者在附近开湖挖塘、筑堤蓄水；如果住宅基地有水但水势不很理想，或太急、或冲射、或不相抱等等，就要采取相应的办法加以改造，或筑堤坝拦截，使水势趋于平缓，或开挖河道使河道改向等。

无论是城市还是乡村，住宅和办公楼宇外部环境的改造都是如此；至于住宅和办公楼宇内部环境，则可以通过装修的办法对山水加以改造和布局，利用各种避邪与镇煞的方法，在住宅的内外摆放风水物品避邪与镇煞还是行之有效的。

二、风水镇煞方法

镇煞是改造风水最有效可行的方法。镇煞主要有三个方面的含义：制煞、化煞、招吉。

1. 宝塔镇煞法

若住宅外部环境来龙气势凶猛，有不羁无束之象，就在山龙上修建宝塔或楼台镇压；若宅外河水奔涌急流，时常泛滥成灾，也可修建宝塔来镇压。俗语中的"宝塔镇河妖"说明了河水泛滥成灾，是由于河流中的妖气造成的，古人修建宝塔来镇压。

2. 石狮子镇煞法

狮子为百兽之王，勇不可挡威震四方。狮子不但避邪，而且可以带来祥瑞之气，在住宅大门两旁摆放石狮子，用来镇宅避邪，使门外的邪魔妖怪不敢入屋。

狮子的头部要向屋外，切勿向着屋内。因为狮头向外，才能阻止屋外的邪魔鬼怪入屋。自古以来，住宅或官府衙门外边的石狮均是头部向外。若狮头向着屋内，那不但不能治邪，而且有可能会使自己身受其害。所以狮头千万不可向着屋内，尤其不可向着自己的房门。

狮子倘若放在屋内，头部最宜对着大门，望向屋外；若狮子摆在窗口，则狮头一定要向着窗外。可以把石狮放在窗台外边，但必须用水泥固定；若放在窗内亦可，但须用胶水粘紧，确保狮头向外。

摆放狮子一定要提一对，一雌一雄配搭成双为宜。一定要分清雌雄，左右不可倒置。在门口摆放石狮要遵循一定的规矩，门东边的狮子为雄师，称为"狮子滚绣球"，脚边踩一只绣球，象征威力；门西边的狮子为母狮，称为"太狮少狮"，其脚下抚一只石幼狮，寓意子孙昌盛。

3. 麒麟镇煞法

麒麟与石狮子一样，也是常用的风水镇煞物。麒麟瑞兽一般用在办公楼门前，用时提一对，左右各一个。

较小的住宅楼门前，也可以摆放较小的石狮，既美化环境又可镇煞化煞。

4. 石敢当镇煞法

石敢当是一种笨重的镇宅物。用以避邪镇煞的石块上面刻"石敢当"或"泰山石敢当"的字样或其它避邪制煞符号，用红漆涂写字体，用公鸡血描绘字边，再在石块的顶部雕刻虎头、狮头或麒麟头的图案。通常的用法有下面几种：

（1）在住宅大门正对的大路或大街方向上立一块石头，用于挡邪镇宅。

（2）放置于村口或房屋被冲的地方，用以镇压煞气、避鬼邪、保护家宅平安。

（3）凡住宅前高后低，或住宅基地低洼，都可在宅后埋两个"泰山石"，起到抬高宅基的作用。

（4）住宅门前有反弓路，就在反弓路影响住宅的地方，放置一块或二块"石敢当"挡住反弓路带来的煞气。

泰山石敢当

（5）若二条道路交叉，呈剪刀状夹住房屋，就在道路交叉的三角尖位置，放置"泰山石敢当"镇宅。

（6）若住宅窗前面向着车辆行驶的道路、巷子或天然的河流、河渠等，就将"泰山石敢当"置于窗前做挡煞镇宅之用，可免受退财之苦，达到化煞聚财的功效。

5. 镇符镇宅法

凡家宅不安，或住宅中有凶神邪鬼作怪，用符镇之大吉。

6. 鱼缸镇宅法

住宅外有形煞，可以用传统民俗中赋予吉祥象征意义的鱼缸镇宅。只要在住宅或办公室里适当的位置，摆放一个或大或小的金鱼缸，既能镇煞又能调整室内的生旺气场。

第三部分　户型风水

从现代科学理论来看，自然界的风与水均能对生物产生重要的影响，主要表现为地力、磁场、风雨、雪、雾等自然现象。外界环境与人体之间存在着密切的证关系，具体表现为人体经络与血脉循环的小宇宙和自然界大宇宙运转规律的辩证关系，养生学及宗教中倡导的"天地人合一"的辩证关系等，都验证了辩证唯物主义的"外因是条件，内因是根本，外因通过内因起作用"这一根本原则的正确性，也充分说明了人与自然界关系的重要性，自然界的风与水就是人需要的空气和水。有了好的风和水就能健康长寿，幸福安康。但是好的风水来源于外部环境。

家居风水学是专门研究人的居住环境及其营建布局之间的关系的学科，它运用辩证唯物主义"内外因"的根本法则去综合分析各方面的因素，选择适合人类生存、生活及发展的环境。由于各人的内在因素不同，各民族的风俗习惯、各区域的地理和大气环流以及地磁方位等因素不同，导致人们对风水的理解和要求也不相同。但风水调理和布局都离不开植物的摆放、色彩的运用、家具的布局和方位的挪移，甚至形成独特的居住智慧与艺术，以达到因人制宜、因时制宜、因地制宜、扬长避短、趋吉避凶的效果。如果能使外部环境的形、势、声、光、电达到最佳组合，就可以颐养人的精、气、神和调整人体内部的机能。人体周身小气场宜静与养，若受外界气息干扰，就易于涣散，因此住宅气流喜回旋，忌直冲。宅的动静、干湿、朝向等可以形成风水，静默之以凝聚精神和怡养浩然生气；房屋的新旧程度，是形成宅气的主要因素，但宅气的氛围是可以通过装修格局、颜色搭配、家具摆放、字画照片、饰物和植物的摆设等构成的。

本章主要详细介绍户型室内装修布局和家庭生活细节风水的实用性。

户型指楼盘中单元住宅。户型风水是指各个不同户型的朝向、层数、形状、通风、采光、温度与湿度，以及内部不同功能空间的布置、装修、绿化等方面的因素，对人的运势和身体所形成的吉利或不利因素的影响。

不同的户型，其风水吉凶情况也是不一样的。风水好的户型将给主人的生活、运势和身体健康都带来很大的帮助；风水差的户型会对人的生活、运势和事业等诸多方面带来不顺。因此，在选购户型时，必须把握好户型的功能、特点，从有利于自己的生活和运势的居住原则出发，选择一个结构优美、布局和谐的户型。

第一章　构成户型风水的基本要素

在当代人的生活中，楼盘中的户型是人们最重要的住宅形式，因此人们在选购房屋户型的时候，通常都对许多必要的因素进行考虑。除了重点考察户型外部环境外，还要考虑朝向、层次、净空高度和形状等等。虽然户型的外部环境对住宅风水影响很大，但是户型内部的门、房、灶三大要素以及朝向、层次、净空高度和形状也是不可忽视的。只有做到内外环境紧密配合，真正达到天人合一的要求，才能有利于人的身体健康，有利于子孙兴旺和事业发展。

从内部考察户型风水的优劣，主要依据以下几方面要素来考虑：

第一节　户型朝向

一、户型朝向吉凶断

户型的朝向，就是指户型主要采光、纳气的方向。户型的朝向对居住质量的影响很大，朝向的选择一般以满足采光、日照、通风以及纳气为原则。随着房地产业的火爆发展，很多人都想买到自己称心如意的房子，但一搬进新居后就会因朝向不佳发生令人烦恼的事情。

通过户型的朝向，可以明辨住宅是否乘时合运，是否有利丁财、运势和事业发展；也可以判断住宅与周围环境是否达到和谐统一的境界。门户向阳万事顺，门户朝阴事事难；门前有水财源旺，门路闭塞阻滞多。

中国的地域广阔，户型朝向的利与弊不能一概而论。就北方地区而言，户型朝向一般以朝南和东南为最佳，朝东次之。户型客厅大门以朝南或东南最为理想，因为客厅大门代表户型的纳气口，客厅朝南，在冬天不受北方寒冷气流的影响，夏天又有凉风吹到屋里，能够满足居住者的生理需求。北方地区已经形成了居住"坐北朝南"房子的生活习惯，因此向南和东南的房屋比其它朝向的房屋较为畅销。卧室也应以南向与东南向为佳。

南方地区比较炎热，户型的朝向应以三吉门为佳，户型朝向的优劣，按顺序大致为朝西北朝、东北、朝北，其次朝东方，朝西和西南不可取。但如果根据个人命局五行的喜忌选择户型的朝向，就会造成对朝向的认识不一致，有时还会产生很大的差异。不管各人的认识存在何种差异，都不能否定南向、东南向与西北向、东向和北向的优良格局。"南向振家声，东南旺财富，西北出贵人，朝东生武士，北向脑聪明，其它小心定。"

户型内的卧室和窗户朝向，可依客厅朝向定论。但厨房和卫生间的朝向次要一些，只要求采光和通风条件良好就可，厨房门不可朝南，卫生间门不可朝西。

二、户型朝向与生肖喜忌

亥卯未命，居住坐北向南户型大吉，坐东向西次吉，坐南向北可用；不宜居住坐西向东户型，因为西方是亥卯未年命的三煞方，犯坐煞大凶。

寅午戌命，居住坐东向西户型大吉，坐南向北次吉，坐西向东可用；不宜居住坐北向南户型，因为北方是寅午戌年命的三煞方，犯坐煞大凶。

巳酉丑命，居住坐南向北户型大吉，坐西向东次吉，坐北向南可用；不宜居住坐东向西户型，因为东方是巳酉丑年命的三煞方，犯坐煞大凶。

申子辰命，居住坐西向东户型大吉，坐北向南次吉，坐东向西可用；不宜居住坐南向北户型，因为南方是申子辰年命的三煞方，犯坐煞大凶。

各命是指宅主的出生年命。

三、户型不可立向的方位

选择户型，要特别注意兼向的程度。因为阳宅兼向的程度是有一定限制的，当兼向超过一定度数时便会出现大凶，而且是无法通过布局来调整和化解，选宅对此问题应慎之又慎。

有几种坐向的情况要特别引起注意，一旦定向的方位为下述四种情况时，可一律断凶，切不可选择来居住。

1. 一卦之内阴阳互兼

一卦之内的阴阳互兼，指在同一个卦山中，天元龙兼地元龙，或地元龙兼天元龙（天元龙与人元龙相兼属一卦之内同阴同阳相兼），如壬山兼子山，辰山兼巽山等，兼向度数不能超过坐向本山中心线偏左或偏右6°之外的距离。也可以这样来理解，二十四山每山共15°，下卦占9°，而兼卦在下卦左右两边各占3°。下卦一共是9°的范围，从坐向山最中间分左右，两边各占4.5°，而4.5°外3°的位置便是属于起星兼卦的范围，6°减去4.5°余1.5°，即以兼向所属的3°范围当中的1.5°为界限，户型坐向线度落在靠近下卦这边的1.5°时，此兼可用，房屋纳气还较纯；一旦坐向线落在靠外的1.5°的情况下，房屋所收的气场就比较驳杂，这种山向犯阴差阳错，所以此类户型就可以断定为凶，多主欲进不能欲退不行，权威不立，声名不振，虚费心力，发福短暂，旋之即败。

2. 一卦之内山向同阴同阳相兼

洛书九宫中每一卦宫之内有三山，山向为同阴同阳相兼，是指一卦内天元龙与人元龙相兼，如午山兼丁山，亥山兼乾山，相兼程度要视阳阴而分，同阴的山向相兼能兼到 6°，而同阳的山向相兼能兼到 7°。但若同阴或同阳山向相兼超过其相兼度数的范围时，除了丁财两败外，在克应性质上同阴山向不利女丁，同阳山向不利男丁，这是同阴同阳相兼过度产生的特殊的性质。

同阴的山向，如午山兼丁山，从一山中间往左或往右兼 6° 的范围，与阴阳互兼相同；同阳山向，可以从一山中间往左往右兼 7° 的范围。

3. 出卦相兼

出卦相兼是指相邻卦宫的两山相兼，如坎宫的壬山兼乾宫的亥山，坤宫的未山兼离宫的丁山等。根据玄空学替卦法则，凡出卦必定用替星来起飞星盘。出卦互兼不能超出 6°，方法与一卦之内阴阳互兼相同，亦属于阴差阳错之山向，但凶性的程度较一卦之内阴差阳错来得更大。比如立壬山兼亥山线度，坐向线落于 6° 外，即在靠亥山这边的 1.5° 之内时最为凶险，阳宅往住会出破大财、生大病等较严重的凶事。古书云：犯出卦相兼过度者多为进退维艰、不能有为、夫妇失欢、主从不洽、兄弟不和、神经错乱、官司是非冲突、恶疾等。

阴阳二宅若遇此种线度时，一般即叮断定为凶宅，这种坐向线的屋宅风水无法调整，大多主癌症或者丧丁。

4. 骑线空针

所谓骑线空针，就是指罗盘坐向线恰恰落在了两山之间的界限上，即不属左边山向，也不属右边山向。但坐向线落在两山界限上的房屋也是无法调整，应考虑搬迁。骑线空针分两种情况，一在卦宫内山与山之间的交界线，为小空亡；二在卦宫与卦宫之间的交界线，为大空亡。犯此二者主鬼神及凶事恶症，主丁财灭绝，大空亡发凶更甚、更快，房屋立向最忌讳立小空亡与大空亡线度。

凡户型坐向线属上述四种情况，即属无法调整的风水。病因出在建筑纳气不纯的问题上，因此最好的办法就是搬迁或不去购买。

第二节 户型的层次与形式

一、户型的层次

户型的层次是户型住宅所在楼层的高与低情况。对户型楼层的选择，一般要从采光、通风、生活便利、家庭成员的年龄和健康状况等因素来考虑。

选择底层户型。要注意考察排水设施以及通风、采光条件，要仔细检查防潮措施和下水道的安置方位是否合理。在通风方面，要注意考察房间是否有利于风的直线流动，夏季是否会形成"穿堂风"；在采光方面，要留意楼房与楼房之间的距离，楼房之间的距离不能太近，否则底层就会终年不见阳光；在防潮方面，室内地板面要高出屋外地面50公分以上，还要考察室内排水设施布置是否合理；下水道的安置方位要合理，不能安在西北位和东北位上。若楼上各层的下水管道和底层相连，则底层的下水管道应粗些，管口要大些。

选择顶层的户型，要特别注意防热和防漏条件。考察屋顶隔热时，要注意顶层是否设置隔热层，层顶露天处是否做了特殊处理；考察屋顶防漏时，要注意尽量避免选择容易发生结构变形而漏水的房间，如房间处于结构缝、伸缩缝的地方，是不宜长久居住的。还要查看防漏措施的施工质量，泛水的收口处是否结实和均匀。在防雨方面，应该注意考察窗户构架遮雨篷、遮阳板是否结实，玻璃安装是否牢固。

户型内的净空高度要合理，一般最低也要在2.8米左右。若净空高度过低，不仅让人产生压抑感，还会因此压缩了生活空间，对长久居住十分不利。特别是空间较阔的户型，其净空高度一定要有保证，否则对居住者的事业和运势十分不利。

二、户型的形式

户型的形式主要有平层、跃层、错层和复式层几种。平层户型也叫单平面层户型，是指户型的所有功能空间都位于同一平面上，是应用最广的户型；跃层户型是指户内空间跨越两层的户型；错层户型是指户内不同功能的空间不在同一个平面上，有些竖向错开一定高度，形成多个不同标高平面的户型；复式户型是指单元住宅的房间分布于两个或两个以上平面层上，户内拥有一个贯穿两层的通透空间。

第三节　户型的形状

住宅基地是一个具有独立性的小太极。在这个小太极内，要求八卦齐全，地基要方整，不能出现缺角或断边，这是最基本的要求；除了地基要方整外，还要求户型要方正，八个方位都不能缺角。但在城市建筑建设的规划中，由于受道路系统和地形差异的影响，往往很难达到八卦齐全的要求，户型中常常存在尖角而导致缺角的情况。

凡是户型中存在缺角的情况，都蕴藏着因太极八卦缺失而产生的凶应信息，这种凶应信息会反映到八卦方位所对应的家庭成员身上。例如，户型的艮位缺角，不利男孩的成长；乾位缺角，不利男主人；坤位缺角，不利女主人等等。

楼房中各个单元住宅空间要四方，不能带尖角。客厅四方，家庭和睦，男主人有能力，事业发达，小孩学习成绩也好；四方的客厅中间不宜有大梁压顶，否则男主人事业上的压力大，易犯小人，工作量增大但回报微薄，有压抑感；客厅的后墙靠山位置不能漏气，有窗有门都不行，后边一定要有一道坚实的墙壁，才能使福禄寿三山齐全。卧室和厨房都不能有横梁，否则运气受压制，严重影响身体健康。总之，户型中客厅、卧室和厨房都应呈四方状，绝对不宜是三角形，不能有横梁压顶，不宜有门窗相对的漏气情况，否则需要调理化解才能居住；若调理难度大，则可放弃不住，重新购房。

客厅不宜有横梁压顶

缺角分为楼房缺角、户型缺角、客厅和卧室等屋内空间缺角。无论是哪一种情况的缺角，都是不吉利的，会对人的事业、财运和身体健康构成不利的影响。这里主要讲述户型缺角的凶相。

西北方位缺角，说明家庭不和谐，家里的男主人没有能力，事业受阻滞，没有贵人扶持，容易患头痛和肺部疾病；在八卦中，由于西北方是阳刚之位，代表男人，西北方缺角必引起卦气缺失，会使家里的女孩子嫁不出去。即使嫁出去了，但是所嫁的老公也是不理想的。房子的西北方有卫生间或厨房，女同志很难找到满意的丈夫，若自身条件差，则很难嫁出去。

西南方位缺角的房子，男同志千万不能住，否则很难找到理想的老婆，因为西南方是阴位，代表女主人，房子缺了西南方就相当于这个房子中没有女主人的地位。即使男人的条件优越，找到了太太，但因西南方卦气缺失，太太不能得到天地正气的扶助，也会表现不好，容易闹离婚。

东南方位缺角，孩子不想学习，好玩，对小孩的学业相当不利。

东北方位缺角，家中的小孩容易生病。东北方缺角，不仅对男孩子不利，还会断了家里的财位，收入低，上班的人容易被单位辞退或被私人老板炒鱿鱼，最后断了财路。东方缺角，很难生得男孩。刚刚结婚的夫妇，绝对不能居住东方和东北方缺角的房子。东方和东北方安厕所的凶验与缺角同论，主要弊病是生不到男孩。

户型里的八个方位各有所主，无论是哪一个方位都同样重要，缺了哪一个方位都不好。不管户型面积的大小，其内部都有八个方位的功能和作用，就象古人说的"麻雀虽小，五脏俱全"，并不是说户型面积大，才有八个方位的能量。

户型决定了它的内部气流循环方式。气的流动方式对居住者会产生很大的影响，风水学把房屋比作人体，认为住宅内各个空间方位的气流状态，都可以反映出居住者身体各部位的健康状态或毛病症状。下面主要介绍平层户型的几种形状：

（1）三角形的房屋会影响气的能量分布

房屋或房间是气能的容器，不管设计得多么现代化，多么时髦，凡是三角形状的房屋，都会使内部的能量停滞，造成阴阳不平衡的现象，对居住者的日常生活和身心健康产生极为不利的影响。三角形的房屋或房间，其角度十分尖锐，容易造成主人的精神紧张，也会造成家庭成员情绪不稳和口角纷争，甚至会引发夫妇感情不和而离婚。

（2）形状不规划的房屋气场紊乱

房屋空间的内气，一般以上下左右均衡、循环流动最为理想，因为这种状态的内气，可以形成一个均衡的能量范围，即气场。形状不规则的房屋或房间，无法使气流循环，很难形成理想的气场，而是形成变形的紊乱气场，会对户主家人产生负面影响。例如，曲尺形状的房屋或房间，气的流动不畅顺，无法形成循环气场，对房主的事业会带来降级的影响，做生意的不想进取，当官的有回归田园之兆。

（3）四方形状且左右对称的户型最佳

正方形和长方形而且没有缺角的户型，是最为理想的户型。四方形状、左右对称的住宅或房间，能够产生均衡和循环流动的气场能量，让居住者感到爽快、舒适。

（4）"L"形户型

"L"形的房屋与前面讲的曲尺形房屋是相类似的户型，空间内的阴性和阳性能量分配不平衡。居住这种房屋，结果是主人的事业难于进展，生活上也会失去平衡，人与人之间的关系也会变得紧张起来，婚姻不顺，还会招来社会上的非议。另外，住宅大门和各个房门的位置关系，也会产生脱节或各种各样的问题。

（5）翼形户型

房屋大门线的一侧或两侧有凸出房间，使房子形成飞鸟的翼部形状，称为翼形户型。

这种户型的房子，活泼的阳气会集中分布于设在翼部位的房间内，而且会长期停滞于此。居住在翼部房间里的人，会受过于强烈的气流影响，以致情绪高涨，无法心平气和。如果在翼部设置卧房，那么很难得到甜甜的睡眠；如果在翼部设置餐厅，那么，吃饭时也不会感到悠闲自在，食欲也不好。

居住在翼形房屋中的人，会有意识地向外寻求能使自己身心获得安顿的空间，喜欢往外跑，结果使家庭里出现紧张的状态。总之，住宅大门线两侧有凸出的房间，具有野鸟展翅欲飞之象，会使居住者不安心，喜欢往外跑。

（6）鞋形户型

鞋型房屋就是指象皮鞋形状的房子，与前面而讲的"L"字形相似，可以说是"L"形的变形。鞋型房子中，不同的空间方位气流的分布也是不一样的，整体空间的阴阳不平衡。这种形状的房子，阳气很容易集中于"L"形的末端，形成的集气状态与翼型的房屋相同，若在这个部分设置卧房或餐厅，就无法使人的心情平静下来，在室内呆不住，喜欢往外跑。居住这种房屋，也会使人变得自高自大。

设置卧房或餐厅最理想的空间是"L"形的拐弯位置，因为这个拐弯位置的阳气分布很均衡，在整个房屋中此处的能量也较为安静。因此，把卧房设在这个位置，可以回避人生中的意外事件。

（7）牛刀形的户型

类似牛刀形状的房屋，也会产生与鞋形房屋气场相同的感应，原因是由于阳气集中于牛刀的"刀刃"部位。最好不要将卧房或餐厅设置在这个位置，否则会使人产生情绪不稳定或自高自大的情况。位于牛刀"刀柄"部分的位置，是设置卧房和餐厅的理想空间。

（8）凹形的户型

在房屋外墙凹入的位置设正门时，门外的形状就像两旁长出二个翼翅，很似野鸟展翅欲飞之状。这是房屋形状中比较典型的形态，容易使家庭中出现各种意想不到的不如人意的问题。另外，在房子外墙凹进去的方位开正门，房子前面的部分就与人体的头部相对应，暗示居住者常受慢性头痛的困扰。

如果房子的坎卦方位墙体有凹缺，住宅大门就开在这个凹缺的位置上，那么住户的工作方面常常遭到莫名的困扰或遭到无可奈何的损失和失败。坎卦代表曲折、不顺，若坎卦位置有缺凹，千万不可在缺凹位置开大门。

（9）凸形的户型

正门开在房屋外墙凸出的位置上，由于气口小，纳气不足，气流不容易进入住宅内部，致使居住者的健康方面容易出现问题。

在住宅风水上，气的能量主要表现为经济上的富裕。气无法从气口进来，就要扩张入口引进气场，把气请进来才会有很好的补救效果。若位于凸出部分的大门入口处，无法纳入足够的气流，就在位于入口的两侧设法引进自然气流。

（10）十字形和 H 形的户型

如果房屋的形状是十字形或 H 形时，房子内的气场会产生缺陷，气场缺陷就会影响居住者，容易使宅主的心理产生不平衡的情况。

（11）"T"字形的户型

"T"字形房屋的主干部分对人的影响力相当于八卦中的离卦，是与人的社会地位以及个人的名誉有密切关联的。如果"T"字的主干部分丰满，长度又不超过房屋的对角线长度，那么也算是理想的宅形，可使居住者取得相当的社会地位，具有获得人们欢迎的倾向。

（12）钻石型与椭圆形的户型

钻石和椭圆形的房屋，都是理想的住宅，但前提是正门不要开在倾斜面或曲面上。从八卦来论，震卦是管事业运，兑卦是管财运与家庭成员关系的，若这两个卦位不是处于倾斜面或曲面处，而是扩张至外侧，则暗示着事业兴旺发达，财运极好，亲子关系和谐，家庭生活幸福美满。

第二章　大小户型的装修风水

第一节　大户型的装修

大户型是指有四室一厅以上的套间单元住宅，面积在 150 ～ 300 平方米之间。大户型各个空间的装修，宜采取"以人为主，以家具收纳为辅"的轻装修方式。客厅空间的装修，其实用机能应以家具的配置为装修重点，至于天、地、墙的修饰应作为空间修饰的配角。厅里应摆放精巧的家具，不宜摆放体积太大而且重量也大的家具，因为家具越大，就会相对地缩小人的活动范围，灵活布置客厅的可能性就越小，美感也会相对差些。

对于大户型中小空间的装修，应注意小空间的布局，不能在空间较小的房间里过多地摆放家具。如果在小空间卧室里摆放电视和沙发等，就会造成挂衣服和放杯子的地方都没有了，人进入卧室时旋转其间，感到很不舒适。

第二节　小户型的装修

小户型是指二室一厅以下，面积在 60 ～ 90 平方米之间的住宅。小户型的面积有限，在装修时，如果采用繁复和多层次的装修方式，就会使室内空间显得狭窄。随着时间的推移，居住者还会在住宅中堆放一些杂物，使房子空间变得更加拥挤起来。

俗语说："麻雀虽小，五脏俱全"。虽然小户型的住宅面积狭小，但也有客厅、卧室、厨房、卫生间等不同功能的空间。为了避免因装修给户型住宅带来拥挤、闭塞的现象，必须极力简化厨房和卫生间这些辅助空间的功能，尽量把空间压缩到最小限度。可以在墙体内打出一小块空间，将煤气炉和抽油烟机等镶在里面，尽量把占用空间压缩到最小限度。

小户型使用的家具应尽量选取圆角款式，材料质感要轻柔、舒适。原因是小房子摆放圆角家具，方便人行走，不会产生触碰现象；质地轻柔的布料和木料，都能让人产生亲近和温馨感。家具的摆设决定了房间的方便性和实用性，若要充分利用房子里的空间，在购买家具时，不要选择大尺度的桌、椅和茶几，能满足要求即可以。家具的形式宜简单而精巧，质感轻，使居室内各功能区既有分隔又有内在联系，在空间相互渗透的基础上提升室内的层次感和装饰效果。

有一个不可忽视的装修细节，就是在不破坏房屋建筑结构的前提下，最大限度地利用墙体的面积。在客厅墙壁上设计一些壁龛，摆放装饰品，同时可达到放大空间的效果；卧房的电视柜也可以放到墙体内，尽量做到不占用狭窄卧室的有限空间。

如果房屋的高度够高，可利用多余的高度隔出天花板夹层；可以把复式或高架地板的阶梯处设计为抽屉和鞋柜等；可以将床的高度提高，在床下设计抽屉，使用抽屉床；在餐厅里，使用可拉式桌板、可拉式餐台。

在储存物品方面，可使用现在比较流行的整理箱。整理箱要独成体系，清洁卫生，防潮效果良好，而且还要轻便，可以随时搬移。

装修小户型住宅，最好结合宅主自己的爱好，在色彩设计上可选择冷色调，因为在视觉上，冷色调有扩散和后退的效果，能给居室者予清新开朗、明亮、宽敞的感受。但在同一空间里，不能过多地采用不同的材质及色彩，否则会给居住者造成视觉上的压迫感。灯光要柔和，应自下而上照射在房间的天花板上，不宜平直投射在房间里，否则灯光会照在人的脸上，会给人刺眼的感觉，甚至产生局促和压抑感。在墙面上相间的涂上两种暖色系的浅淡线条，线条要与墙体平面平行，这样能给人一种宽大、明快、延伸的感觉。

提醒大家注意：曾有很多人装修小户型住宅时，在正对入门的墙壁上挂一面大镜子，或在狭长的房间两侧装上玻璃，映照出整个客厅或房间的景象。从视觉上把客厅、房间放大了一倍，认为这种做法可以扩大空间，增强视觉效果。笔者认为这种做法是不可取的，把镜子或玻璃平面镜挂在客厅或房间里，都会给宅主带来很多不利因素。特别是挂在住宅的中堂位置上，容易使居宅之人情绪不稳定和患上咽喉炎、大脑神经病和慢性肠胃病，初时没有大碍，但三年后必验重症。

总之，要布置小户型的房间，营造大空间的气氛，就要巧妙地在房间中应用曲线，把天花板上的射灯做成曲线，令空间有延伸之感。从光源照射的角度讲，曲线形射灯有利于灯光照射到房间里的各个角落。对于小户型的装修，还应巧妙地运用隔断的方法，提高空间的利用率，实现各个空间的互动和交流。再使用轻薄的纱质窗帘，妙用光线制造幻象，还要注重墙灯和台灯的搭配运用。在客厅或卧室里贴挂一些能增添情趣的饰画，用以表现主人的个性和品位。

不要在有限的空间放置高大的家具，否则会使空间显得更小。房间内的摆设不能太多，力求简洁、大方和温馨为主。家具应以小件为主，最好把实用性和装饰性结合起来，这样不仅可以满足家庭的实际需要，又能增添居室中的情趣。厨卫要到位，但应避免厨卫装修豪华、便器过大，窗户要与外墙齐平且向外扩散，能在视觉上达到放大室内空间的效

小户型客厅

果。装修后，室内窗台可做装饰台，上面可以摆放工艺品，也可以种养植物。室内应尽量避免使用长而多褶的落地窗帘，否则会使房间显得拥挤。窗帘的大小应与窗户面积保持大体一致，不宜比窗户大出太多，窗帘的色彩应以淡色为主。

第三节　中等户型的装修

中等户型是指三室一厅、三室二厅、或二室二厅，而且面积在90～140平方米之间的户型。

在空间的运用上，大户型有很大的弹性，装修大户型住宅可以允许一定的设计误差。但对于中小户型来说，空间是寸土寸金的地方，室内要摆放什么东西，在装修开始时就必须要考虑清楚，不能有任何马虎，否则容易造成空间拥挤现象，使空间遭受更大的浪费。在一般情况下，人们对大户型的装修设计，普遍注重强调整体的奢华和昂贵。但随着生活质量的提高，人们装修中小户型已不象以往那样都是以简朴为主，也可以通过适当地运用特殊贵重的材料来点缀局部空间，尽量赶上大户型所强调的生活档次和质量。

无论是设计还是装修中等户型，居住功能是必须考虑的重点问题，其设计与装修的成败，在很大程度上取决于空间布局的把握是否精准，能不能体现出精彩的创意和亮点。

如果在设计中等户型时，能使用一些灵巧的创意和亮点，同样可以使中

中等户型客厅

小户型具备大户型的风格，因此中小户型的室内设计靠的不是繁杂的工艺，而是灵感与创意。

由于中等户型的空间面积有限，室内设计与装修的尺度必须有针对性地进行取舍，通过对设计细节的考虑和精确的空间推敲，使中等户型的室内设计更好地提升居住质量与舒适性。具体室内配饰的设计，可采用一些精巧的家居用品，使空间的巧妙收纳，室内多种用品的搭配可以与时尚潮流完美结合。选用小尺寸家具并不意味着损失品位和价值感，同样可以在室内设计与布局中大放异彩。在实施装修时，还可以通过储纳分类和随意组合等来构造不同功能的空间，增强家居空间分隔的灵活性。在选购家具时，要充分考虑到大小家具的包容性和混搭的完美效果，不要成套地购买大尺寸或小尺寸家具，因为整套家具会使空间显得局促，使原本就不够宽阔的空间变得更加紧张。中等户型的厨房和卫生间用品，也能为人们的生活带来一定的感受，在装修厨房和卫生间时，可根据实际情况，从实用性出发，去掉厨卫用品中那些不需要的东西，使局促有限的厨卫空间最大化。

大户型客厅

第三章 户型功能区的划分

一般户型住宅都具备客厅、卧室、厨房、卫生间、餐厅、书房和储藏室七大基本功能区。

住宅户型功能区的划分相当重要，它关系到宅主入住后是否感到舒适和方便，能否满足宅主丁财两旺和生活方式的心理需求。具体地说，户型功能区空间的划分和布置是否合理，主要体现在客厅与卧房、厨房、卫生间等空间的独立性是否互相干扰。如果布置不合理，私密性空间与公共空间就会互相干扰，从总体上不能满足住户的当代生活需要。

由于住宅里的各个功能区，都体现其明确的专门使用功能，在划分时应根据户型面积的大小进行合理的设计和划分。大面积的豪华型住宅，强调高质量的居住环境，其主人追求高质量的生活方式，布置时要注重细节，个性要突出；普通户型的住宅，主要强调功能空间的齐全和实用性，布置时应注重考虑使用的灵活性；小户型住宅，强调满足最基本的生活要求，因此在布置时不需要过多地考虑细节的完美和个性的突出。

户型功能区与六神：

按照道教的说法，人体上的肝、胆、心、脾、肺、肾都各有不同的神灵主宰，故称为六神。从住宅空间上来说，主卧室、次卧室和书房的气场主宰人的肝胆；太极位主宰人的心脏；厨房为宅中的阳煞，属燥火，主宰人的脾脏；整个户型的通风系统，主宰人的肺部，宅中气流应缓缓流动，不可太大，也不可太小；卫生间为阴煞，属浊水，主宰人的肾脏，应放在阳气最旺的地方，以达到阴阳平衡。

第一节　客厅划分的基本原则

客厅功能划分的三个基本原则是：一是客厅要具有独立性；二是客厅空间要具有较高的使用效率；三是客厅空间要比住宅内任何空间都大。

客厅是室内最大的空间，是客人和家人日常生活的主要活动场所，它汇聚闲聊、会客、娱乐等多种功能，并且客厅与卧房、餐厅、厨房、书房、卫生间和阳台都存在着必然的联系，客厅面积的大小，对居住主人的运势和日常生活影响非常大。选择户型时，应把客厅的面积放在考虑之首。客厅的面积不是越大越好，应与户型住宅的总体面积成比例，如果客厅太大，就会给人以"酒店大堂"的清凉感觉，让居住者感到冷清而心虚；如果客厅太小，就会给人以局促的感觉，让居住者感到没有施展才华的空间。一般地说，90-150平方米的房子，客厅的使用面积应在15-30平方米之间，最大也不宜超过40平方米，即使是别墅，也应依据此限论定；客厅的面宽至少不能小于4.2米，面长应取面宽的适当倍数而定，但面长不宜超过面宽的三倍。

独立性客厅

考察户型客厅时，要注重考虑客厅四面的墙壁上开门、开窗是否恰当，是否对客厅的独立性构成了不良影响。客厅内部的布置以及装修风格，不仅可以体现住户的生活情趣，还能体现宅主的文化品位和修养，因此合理设计客厅内部墙壁上的门窗和摆放家具物品是十分重要的。消费者在考察户型客厅功能区域时，应当注重考虑客厅墙壁上的房门或窗户的布置，免得日后改动布局增加费用而带来烦恼。

近年来，以客厅为中心的户型已悄然兴起，消费者对客厅与卧房相对独立的户型很感兴趣，因此客厅的面积与长宽度比例，是一个关键的考虑因素。面宽太小会给居住者带来极大的不便，但若受户型面积的限制，客厅的面宽至少也应有 3.6 米以上较为适宜。只有面宽设计合理了，面长就不会失去它的合理度。客厅的面宽和面长设计合理了，就可以有效地让厅与卧房分开，厅与卧房的使用功能就不会互相干扰，可使卧房的私密性得到保证，能够满足居住者各方面的需求。

客厅是客人和家人共同活动的地方，它的独立性是不可忽视的。如果没有任何房门对着客厅中心区域，就可以使客厅少受干扰，空间也就显得十分开阔。小客厅是很难达到这种境界的，只有挑选大面积而又气派的客厅，才能通过它的高度与长宽度的比例进行合理的设计。如果客厅左右或三面墙都有通往卧房、卫生间、厨房的门，那么这样的客厅是没有独立性的，家人出入卧房都必须经过客厅，有客人来访时，实在是更不方便的。客人去客厅，首先要经过卧房才能到达的，卧房就没有丝毫的私密性了。卫生间居中，门开在客厅的墙壁上，会污染客厅，其浊气散发于客厅中会影响整个住宅的各个空间。

第二节 卧房划分的基本原则

关于卧房的划分，可参考以下三点法则：

一、八卦划分空间法则

一般地说，户型住宅大太极的西北方和西南方卧房，最合适成人居住。这两个方位能够提升人的责任感和成熟度，无论是在工作或是生活中，都能得到他人的尊重。位于住宅北方的卧房性质比较平静，适宜经常失眠者居住。位于住宅西方的卧房，对夫妇间的感情生活特别有利，适合作夫妻卧房。位于住宅的东方和东南方的卧房，具有大自然赋予的充足的阳气，其朝气逢勃的性质对刚刚步入社会的年轻人有益，非常适合年轻人居住。住宅的南方是火旺之地，具有热情奔放的特性，适宜那些阳气不足而意志消沉的男士居住。住宅的东北方具有寒冷、安静的性质，适合脾气暴躁而又容易与别人发生口角的人居住。

二、东西四卦划分空间法则

八宅派风水理论，最讲究宅命相配，把八卦的方位划分为东四卦与西四卦，把住宅划分为东四宅与西四宅，同时又把人的命划分为东四命和西四命。认为东四命人适合居住东四宅，西四命人适宜居住西四宅。在风水实践中证实，这种简单地把住宅的方位和户主的出生年联系在一起，只用命卦去判断人与住宅相配的吉凶效应，不能准确地掌握好住宅风水布局。提醒购房消费者注意，不要死板地依照这种做法去选购户型住宅，否则会因判断误差而导致失去良好的机会。

三、结合命局五行喜忌划分空间的法则

人的四柱命局五行气场，最能体现自己的生命特征。由于人的出生年月日时各不相同，决定了不同的人所吸纳大自然中的金、水、木、火、土的五行气场也不同。一般而言，生于春季的人木旺而金衰，生于夏季的人火旺而水衰，生于秋季的人金旺而木衰，生于冬季的人水旺而火衰。这种普通的理论提醒人们，每个人命中所需要的五行能量是各不相同的。如果再经过细致的八字批算，那么还会发现命中微妙的玄机，各人命局中所需要的五行能量是不同的。根据命局五行喜忌选择住房的方法是：卧房所处方位五行应生旺命局喜用神五行。

作为普通人士，一般都不知道自己四柱命局的喜用神，无法事先选择适合自己居住的房子和方位。这里，笔者告诉大家一种有效可行的方法，希望各位能从实际生活中去领会。如果是居住在房子的北方位置，生活中常常遇到许多不顺与麻烦，北方五行属水，那么可以判断你命中的忌神是水；如果你居住在房子的西方或西北方位置，生活中经常会遇到不顺与麻烦，因西方和西北方的五行均属金，那么可以初步判断自己命中的忌神是金；如果你居住在房子的西南方或东北方位置，会经常地出现不顺或身体生病等现象，那么可以判断你命中的忌神是土，因为西南与东北的土气对自己产生了负面效应。其它方位，可依此类推。

四、卧房的面积

卧房面积大小，应根据户型住宅的总面积决定。一般情况下，90-150平方米的户型住宅，主卧房的面积应有20平方米左右，20-30平方米之间可算为正常；主卧房的宽度不要小于4.2米；次卧房的面积应在12-18平方米之间，其宽度不应小于3米，最好是在

3.3 米以上。

主卧室是夫妻休息的地方，要和谐、安静、喜气。《黄帝宅经》告诉我们："人因宅而立，宅因人得存，人宅相扶，感通天地"。人靠住宅安身，住宅靠人保存，人和宅相互依靠，感应通天地。

主卧室面积以 20 ㎡ 以内为佳，若超过 20 ㎡ 以上，则应以悬挂灯笼来增强阳气，因为灯笼代表人才旺盛。

五、卧房应有独立性

卧房是主人休息的场所，安静是首要考虑的因素。若要保证卧房的安静和舒适，避免外界的干扰，就要把卧房从公共的起居空间中独立出来，这样既可以提高卧房的私密性，又能提高主人居住的安全感和睡眠质量。

独立性卧房

要使卧房具有独立性，就应做到如下几点：

（1）不可在卧房里设置浴室；

（2）不要在卧房里附加设置书房；

（3）卧房门不能对着卫生间的门；

（4）卧房门不能对着厨房的门。

但是，在当代社会里，卧房的设计都因个人而异，随着人们个性发展而不断变化。例如，爱美的人士，在卧房里设置较大的衣帽间，用以收藏自己华丽的衣服，有的还设置化妆间，存放化妆品与首饰等用品；好学的人士，都会在卧房内开辟书房空间，闲时静心读书看报；有的人，还喜欢把电视摆放在卧房内，全家大小老幼都到卧房里收看电视节目。这些卧房已经没有相对的独立性，因为房内摆放的附加设备和附设空间，大都属于家庭成员共享的，从根本上破坏了卧房的隐私性。

六、卧房摆设杂论

卧室门不宜双开，否则夫妻不和，易分离。

床位的摆放：床位应南北摆放，才符合地球磁场，有利于睡眠，当然东西向也可以，但床头不宜向西。地球磁场方向对人和住宅会产生巨大的影响力，人的床位设置和睡觉时头部的方位，也会受到地球磁场引力的影响，北半球的人应当头朝北睡，可得安定、舒适的感觉，因为北极磁场会对人的大脑产生安定的调节作用，使人在睡眠时感到安稳，大脑能得到充分休息；南半球的人睡觉时以头朝南方最佳，原因是南极磁场能起到正面作用。

如果床位东西摆放，人的头朝东或朝西睡，那么睡眠质量就会较差，一方面是由于南北极磁场作用力不同步，另一方面与地球自转磁场引力不协调。但是，如果床位摆放位置的磁场作用力的特殊改变，那么有时头朝东西睡，也可以适应南北极磁场引力。

如果床位与地球磁场引力方向不对应，那么就会对人的身心健康和家庭关系造成不良的影响。

床位反向，夫妻反感。床位放反就是指床头无靠、床头靠窗或床头靠卫生间。

床头柜要摆一对，不宜只摆一边，否则会影响夫妻感情。

床头不宜无靠

第三节　书房空间划分的基本原则

户型住宅中，书房的吉利方位是比较难于确定的，因为房产开发商在设计户型功能空间的时候，已经把各类功能房间的位置规划好了，一般情况下都比较难改变。如果宅主一家人数少，而购置的户型房间多，就可以挑选一间称心如意的房子做书房；如果宅主一家人口多，按人口分配后没有剩余的房间，那么只能考虑在卧室里摆放书桌作为学习和工作的地方了。

书房的方位，应该在建筑房屋之前先设计好，需要考虑的因素不仅是书房的八卦方位，还要结合书房使用者个人的文昌气场加以考虑。

下面，给大家介绍几种比较容易操作而又灵验见效的做法：

一、结合个人命局的文昌星确定书房方位

每个人出生的具体时间是不同的，各人命中的文昌星因人而异。如果找出宅主命中的文昌星，就在文昌星所在的方位设置书房或摆放学习桌，可使人的头脑灵敏，记忆力增强，读书聪明。判断个人四柱命局文昌位的方法，可以依据古人留给我们的诗诀而取定。

书房

文昌诗诀曰：

甲乙巳午报君知。丙戊申宫丁己鸡。

庚猪辛鼠壬逢虎。癸人见兔入云梯。

此诀是以日干为主，查找文昌星的位置。如果命局中日主是甲木或乙木，那么文昌星分别是巳火或午火，甲木宅主可以把书房设在东南方巳位，乙木宅主可以把书房设在南方午位；如果命局中日主是丙火或戊土，那么丙火和戊土宅主可以把书房设在西南方的申位，丁火和己土宅主可以把书房设在西方的酉位；日主为庚金的宅主，可以在西北方的亥位上设书房；日主为辛金的宅主，可以在正北方的子位上设书房；日主为壬水的宅主，可以在东北方的寅位上设书房；日主为癸水的人，可以在正东方的卯（兔）位上设书房。

二、结合个人四柱命局的印星确定书房方位

每个人四柱命局中都有十神所主，其中正印代表文书、文明、文化和发明的趋向。正印为喜用神时，人必聪明，嗜好读书，知识渊博，学历较高。在喜用神印星方位设置书房，可以提高人的聪明度，对读书增智和事业发展十分有利。如某人

书房

命局中，金为喜用神，就选择正西方和西北方的房间做书房。

中国古代的五行学说，把宇宙中的一切事物，归类为金、水、木、火、土五种基本属性。罗盘上的"子、午、卯、酉"，即代表东、南、西、北4个方向的正中位置，是控制人类的四大气场。在二十四山中，这四个方向的气场能量最强，任何东西都阻挡不了这四个方位的气场能量。自古以来，皇帝的宫殿都是建在子午线上；还有家中供奉正神摆设的方向，一定是子山午向，因为正神吸纳是正极的磁场，不能偏左或偏右；如果把庙宇建成癸山丁向，那么癸位坐山的

庙宇是无法招来正神，只能招来阴神，原因是子山与癸山同属北方坎卦，坐向同样是坐北向南，但子山与癸山所产生的吉凶气场是有显著区别的。任何房屋都受子午卯酉这四种气场的影响，每一个人要根据自己命局五行的喜忌，选择适合自己命中五行的山向。同样道理，户型住宅确定后，住宅内部从大门以至卧房、书房、厨房、卫生间等空间，都受到子午卯酉这四个方位气场的影响。因此，根据命局的印星所在方位，在子午卯酉这四个强大气场中，选择恰当的位置布局书房，一定会对主人产生满意的补益作用。

罗盘上的五行，是与人四柱八字的五行相通的，因为风水与八字都源于五行学问。若明白了八卦五行，那么可以根据八卦五行与八字五行共通性质，对家居住宅进行合理的测算和布局，一定能够达到雪中送炭，锦上添花的效果。

三、根据八卦选定书房方位

在八大自然方位中，各个方位都具有五行属性，对人间的气运都有各不相同的影响。其中，东南方是文昌位，主管人的读书运，可以在户型住宅的东南方设置书房；北方是水旺之地，又是北斗七星的星主文曲星所在地，水代表聪明、智慧和思维。北方主管人的读书运，可令人中年发达，因此中年人在北方设置书房属于明智之举；西北方是天门之位，蕴藏着强大的智慧能量，但西北方是成熟位，只可以设置成年人书房，若把儿童或青年人的书房设置在住宅的西北方，那么就会使年轻人变得任性或固执。

最不利做书房的方位

书房

是住宅的中宫、西南方和东北方，因为这三个方位土气旺盛，容易使人变得愚钝，会压制人的聪明才智。如果在住宅的西南方设置书房，那么即使是聪明的人在此学习也会感到压力很大；如果因住宅格局已定，只好在东北方房间设置书房，那么最好选择在靠近北方的丑位处；如果书房在住宅的中宫位置，那么这是一件十分倒霉的事了，因为中宫是八卦九宫中土气特别强旺的宫位，这里的土气能使人头脑愚笨，反应迟纯，还会降低人的智力。即使在处于中宫位置的书房里，运用文昌塔或文昌笔来调理文昌气场，也绝不会收到好的效果，相反地会使全家人犯桃花。

第四节　餐厅空间划分的基本原则

关于餐厅的位置，笔者已在《周易·家居风水与人生》一书中做了论述，在此不再做详细的介绍。

总的来说，餐厅的位置最好在以下几个方位：住宅的东方、东南方、南方与北方。但如果客厅和卧室已经设置在以上四个方位，那么餐厅就不必要去跟客厅和卧室争地盘了，最好设置成客厅连餐厅的格局，只在客厅与餐厅之间适当的位置设置屏风隔开即可。

自古以来，风水家著书立说，都强调说明住宅的东方、东南方和南方阳气充足、光线好，能够营造出温馨的氛围，对人的健康十分有益，主张在这些方位上置设客厅、卧室、书房和餐厅。但是，在现实生活中，家居住宅的东方、东南方和南方的面积都是有限的，很难把客厅、卧室、书房和餐厅都设在这些有利的方位上。笔者在此提醒大家，客厅和主卧房是住宅中的主要功能空间，应当设置在东方、东南方等较好的位置上，次卧房等其它功能空间，可以通过自身的门向收纳客厅的吉祥气场，也能营造出良好的氛围。

第五节 厨房空间划分的基本原则

一、厨房面积

厨房是集储藏、备餐、烹调、配餐和清洗等功能于一体的综合性服务空间,里面使用的各种设备需要足够的面积。户型住宅的厨房面积,应当根据住宅的总体面积来定,一般要求厨房不要小于 8 平方米,可操作面的

餐厅

净宽不小于 2.1 米,净长不要小于 3 米;厨房面积最小也不应小于 6 平方米,可操作面净宽不要小于 1.8 米,净长不要小于 2.8 米。

二、厨房方位

依凡间最流行的八宅风水理论,厨房应当安置于住宅大太极的生气、天医、延年三吉位。但在风水学中,厨房的五行属火,八大方位各具有五行性质,对于住宅中的这三个吉位来说,安置厨房也有吉凶之分。现将厨

厨房

房与八大方位的吉凶关系列出,以供读者参考:

1. 位于户型住宅东方和东南方的厨房最吉

在八卦五行中，东方和东南方五行均属木，把五行属火的厨房设在这两个方位，可取木火通明之象。而且太阳出于东方，厨房容易得到阳光照射，使厨房保持干燥，对宅主家人的健康有利。

从环境和卫生角度而言，东南方安置厨房最为理想，因为一年四季都有充足的阳光照射，炎热的夏季气温不会太高，冬季也不会太寒冷，食物可以保持新鲜，不易腐烂变质。但是，自古以来，作为地户的东南方都被认为是文昌旺地，大都用于做书房或卧房，厨房的定位一般在于东北方和东方之间的甲寅位置。对于当代的楼房户型住宅来说，厨房在住宅中的定位不是宅主能随心所欲的，一般都是在设计楼房时就已经定好了。如果能把厨房安置在甲寅位置，就把东南方的空间做书房或卧房使用，这是十分妥当的布局方法。

2. 位于南方和北方的厨房为凶断

南方是火地；厨房是用火煮食的地方，五行属火。若把厨房设置在住宅的南方，那么就相当于火上加火，会使厨房中的温度增高，导致住宅磁场不稳，影响人的身体健康。也不利于厨房中食物的保鲜。

北方是水地，若把厨房设置在住宅的北方，就会形成水火冲克之象，对家人的身体健康造成不利的影响。笔者在勘察风水中，常常见到坐北向南的三户二厅户型住宅，因东方和东南这两个方位已经设计成客厅或卧房，就在住宅后的北方阳台处设厨房，厨房得不到太阳光的照射，厨房里长期潮湿，对宅主一家人的身体健康十分不利。

3. 位于西北方和西南方的厨房为凶

西北方是家长位和贵人位，五行属金，代表人的头部和肺部，是一个家庭的司令部，不宜把厨房安在住宅的西北方，否则会对家长的身体、事业和财运带来不利的影响。

西南方位是"里鬼门"，不宜把厨房安置住宅的西南方位。具体的不利因素，笔者已在《周易·家居风水与人生》一书中做了介绍。

4. 位于东北方和西方的厨房为凶

东北方是"外鬼门"，再者东北方背阳，长期藏有湿气，又有寒冷的东北风吹袭，是一个十分不利的方位。特别是东北方的丑艮二位，最不宜安厨房的。但厨房安在寅位跨东方的甲位之处可当吉论，因为寅位通东方木气，甲寅相伴可使木气生发。

西方是四正方位之一。在八卦中，西方是金气最旺盛的方位，不宜把五行属火的厨房设置在西方，否则将遭受败财和口舌的厄运。

第六节　卫生间安置的基本原则

卫生间包括厕所、浴室和洗手间三个部分。

卫生间的门，一般要求与其它房门错开，不宜相对。但要注意，不能把卫生间的门设在户型的中心位置。现在常见到一些大户型中，卫生间设计在全屋的中心位置，这是不吉之象，会对全家人的运气造成不利的影响。

从卫生间的数量来说，有单卫户型和双卫户型，还有多卫户型。

单卫户型中，卫生间应设在公共使用方便的位置，但不宜对着住宅中其它空间的门；双卫的户型，第二个卫生间都是设在主卧房里的，而且大多数卫生间的

带浴缸的卫生间

门是向着主卧房里的床位，应将其改向为宜。如果卫生间的门不朝主卧房里的床位，那么可以认为这种设计较为理想。

从面积角度来看，带浴缸的卫生间，其净宽度不应小于 1.8 米；带浴缸又安便器的卫生间，净宽度不应小于 2 米，而便器不宜坐子向午或坐午向子，不宜座落在大太极的子午线上；不带浴缸而带便器的卫生间，其净宽度至少要 1.3 米以上。

第七节　储藏室空间划分的基本原则

随着社会的进步和发展，人们的物质生活水平越来越高，家庭中购置的物品也越来越多。为了能在一定程度上解决日用物品的存放问题，家庭中出现了储藏室这个新的功能区域。储藏室一般用于存放日用品、衣物、棉被、箱子与杂物等物品。

在当代户型住宅中，储藏室是一个独立的空间，其面积较小，在房屋规划时往往不会引起足够的重视，甚至会被忽视。其实，在家庭日常的生活中，储藏室的格局、和设置是十分重要的，它能影响到整个住宅的环境，因此重视储藏室并加以充分利用，可以使住宅的整体功能更加完善。

在户型的最初设计中，储藏室的格局与方位就已经被固定下来了，因此只有在装修和装饰时，合理地摆放储藏室中的家具，才能收到较好的效果。储藏室中最重要的家具是储物柜，储物柜的设计应该依托房间的格局，尤其是在凹角的地方或者不规则的角落，采取"量身订做"储物柜的方法，弥补储藏室不规整形状带来的不足，使整个储藏室发挥它最大的功能。储藏室的面积一般在 3-5 平方米之间比较合适。为了增加储藏室的储藏量，可将储物柜摆放成"U"形或"L"形。

储藏室的采光和通风是非常重要的，如果采光和通风条件很差，那么在潮湿的季节里，存放在储藏室中的物品很容易出现虫蛀和发霉现象。储藏室里最好设置一扇窗，这样不仅可以让光线照进房间，还有利于房间的通风。如果储藏室里没有窗户，最好安装一个排气扇，

储藏室

改善房间的通风状况；如果储藏室里的自然采光条件不很理想，那么需要安装一盏明亮的日光灯照明，以弥补室内光线的不足。

为了保持储藏室的干爽和洁净，墙壁和地面都应做适当的处理，最好选用防潮性优良的材料。墙面可以铺设瓷砖，地面则铺设木地板或地毯。这样布置后，地面和墙面不易起灰尘，房间也易于清扫。

第四章　户型内部装修与风水布局

环境布局操作中，内环境、外环境及人的生命气场都要分析。外环境属大自然环境，是内环境生存的条件，在良好的外环境气场作用下，内环境才能具备生存能力。

若外环境吉，内环境布局也吉，此属于大吉的居住环境；若外环境凶，内环境也凶，属于大凶的居住环境。若外环境凶，而内环境吉，此属于凶中藏吉，是小吉的居住环境；若外环境吉，内环境凶，此属于吉中藏凶，是小凶的居住环境。人的生命气场与环境气场平衡则吉，失衡则凶。

室内装修、装饰和摆设布局，是住宅环境风水中相当重要的内容。若户型住宅本身存在不足之处，就要运用装修、装饰和室内摆设风水布局的技巧，在格局设计上下功夫，完美地塑造室内环境吉祥气场，助旺宅主的运势。

选择的户型住宅，除了位置和朝向外，还要格局四正，采光与通风良好，搭配合理且视野开阔，这样的住宅才充满生气和活力。如果住宅的外部犯了严重的煞气，最好不要购买。

住宅的本意是"静默养气，安身立命"的场所，人们都是在自己的房子里面挥霍着时光，购房者总是千方百计通过选择理想的户型来改变自己的生活方式，提升生活档次，但最后大多数人都未能如愿以偿。究其原因，大多数购房者，根本不知道能使住宅风生水起的基本条件是什么，连户型的位置、朝向、格局、采光和通风条件的善恶都不会分辨。从古代传统的住宅文化中，我们可以悟出住宅的位置和格局最能显示人类的智慧，也就清楚地明白了一些房屋能够使居住者感到神清气爽，如沐春风；而有些房屋则令人感到压抑沉闷与坐立不安的根本原因了。

随着人们生活水平的提高和审美意识的增强，当代家庭住宅的装修、装饰也向着高档次、高格调发展。居室功能空间装修、装饰的档次和格调，要依据各人的身份、需求和审美观来决定，高档和豪华并不意味着合理，应以对称、和谐和朴素形式为主。

家居住宅的装修要体现住户的地位，从风格上来说，对客厅、主卧房、书房、餐厅要求豪华一些，而客房和储藏间要简单一些；至于厨房、卫生间，主要以简洁为宜，生活设施要齐全。总之，家居住宅的装修、装饰要尽量做到重点突出，主次分明。各家庭成员各自使用的独立空间，可以按个人的喜好布置各自的房间。家庭成员共同使用的功能空间，应根据全家人的意见，综合各人命局的喜好来决定设计方式和安排布局。

室内各个细节部分的装修布局十分重要，若想打造真正的富贵家居，就必须对室内的布局做一番精心的设计。只有明白了室内点与面的装修效果在整体住宅风水中的作用，才能打造好室内的完美布局。

下面通过介绍点面结合的装修方法，说明家居住宅各功能空间布局的合理性：

第一节　大门的装修与布局

门是住宅的口，代表整个家庭的颜面。豪宅之所以受宠，是因为它有一个整洁气派的大门；户主所以受到外界的尊重，是因为家宅独特的大门体现了主人的身份。

一、大门朝向

在风水学中，门的重要性所占的地位很高，它好比是一个人的口，是家居住宅纳气利弊的象征。无论从传统式住宅，还是从当代建筑形式的住宅而言，作为一所阳宅的气口——大门，都是阳宅吸纳外气的主要渠道。如果大门开在住宅的吉方，就能吸纳吉气，自然会对宅内人产生吉利的影响。城市公寓式大厦楼下的大门是大气口，住于大厦上层的户型住宅的门是小气口；农村三合院、四合院中，设在室外围墙上或厢房处的大门是大气口，院里主屋的门是小气口。无论是大气口还是小气口，门口外面和内面的地势、空间与景观形势都同等重要，均对住宅风水的吉凶起着决定性影响。如果由于特殊的地理要素或人为的因素，大门外面已经形成特别的格局，对住宅风水构成了不利的影响，那么必须通过调理化解的手段，消除门外的不利因素，以提高大门的纳气质量。

大门忌被尖角冲射。如果住宅大门被附近尖锐的墙角或屋檐冲射，就容易使主人遭受外伤、生病和破财。（如下图）

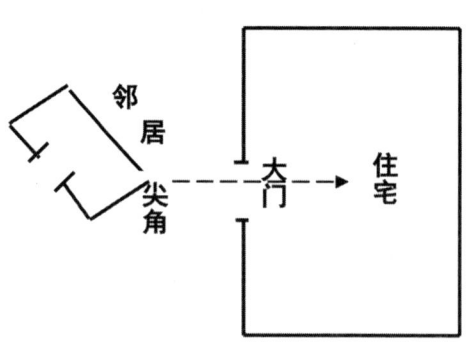

大门忌被尖角冲射

房屋大门忌向着斜坡尽头处。如果大门面对斜坡，形势十分险恶，就容易招来灾祸，如摔伤、车祸、被打伤等都难以避免。（如下图）

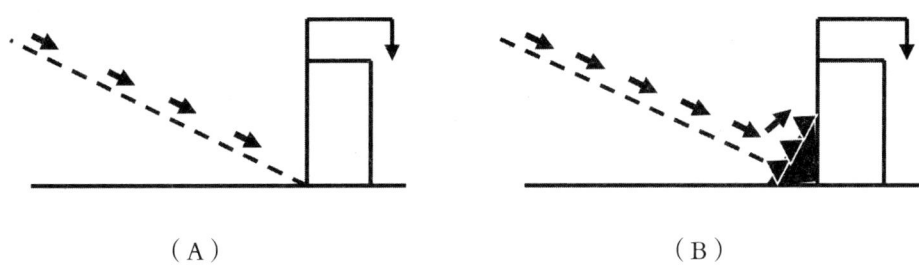

（A）　　　　　　　　　　　　（B）

　　大门的朝向与住宅主人的职业、财运、官运以及人丁的兴衰，都存在着密切的联系。从大自然方位来说，按普通之法取弃，住宅大门的朝向以东向、东南向和南向为上佳。

二、大门方位

（1）鬼门方位

　　东北方和西南方都是"鬼门"方位，在通常情况下，住宅不宜开东北门和西南门。若住宅大门位于东北方或西南方，而且刚好位于东北方中心十五度范围的艮字或西南方中心十五度范围的坤字，那么这种情况属于真正的鬼门方位，会把从大门而入的气流转化为"妖气"，此为大凶之象。当大门犯了这两个方位时，最佳的方法是改造房子，重新修建大门。若无法重新修建大门，就要设法改变人门的方向。在当令得运时，这二个方位是可以开门的，但应事先考虑好失运后的调理与化解方法，否则会给后世子孙带来厄运。

（2）四灵兽方位

　　从传统的四灵兽方位来说，大门应当开在一栋房子正前方的中间位置（朱雀位），这是正常现象；也可以开在房子正前方的左边（青龙位）。

（3）民间流行的大门方位

　　①《八宅明镜》开门法，大门宜开在本命的四吉方，不宜开在本命的四凶方。四吉方与四凶方，是依据东四命和西四命的四吉四凶方

位论定的。具体定位方法，可参考《周易·家居风水指南》里"八宅风水"的论述。

②《阳宅三要》开门法，大门宜开在生气方、延年方或天医方。

③《紫白飞星》开门法，大门应开在生气方或旺气方，不宜开在衰气方或煞气方。如，住宅坐巽向乾，巽为四绿木星，以四绿木星入中宫，代表住宅，生住宅者为生气，与住宅比和者为旺气。三碧飞临东南方，与中宫的四绿木星性质相同，故以东南方为旺气方；一白水星飞临西南，生中宫的四绿木星，因此东南方和西南方为住宅的生旺之方，最适合开门。

④《玄空飞星》开门法，大门应开在旺气方或生气方。当运之星飞临的方位为旺气方，下运之星飞临的方位为生气方。

例如：一运中，以一白水星为旺气，以二黑土星为生气；

二运中，以二黑土星为旺气，以三碧木星为生气；

三运中，以三碧木星为旺气，以四绿木星为生气；

四运中，以四绿木星为旺气，以五黄土星为生气；

五运中，以五黄土星为旺气，以六白金星为生气；

六运中，以六白金星为旺气，以七赤金星为生气；

七运中，以七赤金星为旺气，以八白土星为生气；

八运中，以八白土星为旺气，以九紫火星为生气；

九运中，以九紫火星为旺气，以一白水星为生气。

⑤以宅主八字喜用神方位定门的方法：八字命局喜水者，门宜开在北方；命局喜木者，门宜开在东方等等。

三、门位必须与地势配合

住宅的坐向是根据基地形势来定的。当坐向确定后，究竟应该把门开在哪一个方位上，即是开中门（朱雀门），还是开左门（青龙门）或右门（白虎门），这取决于住宅前面水的方位和流向。

开中门（朱雀门）的条件：

若房子的正前方是湖泊、池塘、海等聚水地，而且聚水地的四周附近又没有高低起伏的情形，那么选择房子的正前方开中门最佳。

开左门（青龙门）的条件：

若房子的前方是江、河、沟、溪等有水流动的形势，而水是由虎边流向龙边，那么这种地理形势最适合开龙门。

风水学里以路为虚水，地气从高的一方向低的地方流。如果大门前方有街道或走廊，右方路或廊较长为来水，左方路或廊短为去水，那么宜开左门来牵引和收藏地气。

开右门（白虎门）的条件：

若房子的前方是江、河、沟、渠、溪等有水流动的形势，而水是由龙边流向虎边，水流或地面气流是从左边向右边流动，那么这种地理形势的房子最适宜开虎门。

如果大门前方有街道或走廊，左方路或廊道较长为来水，右方路或廊道较短为去水，那么住宅宜开右门来牵引和收藏地气。

四、大门装修的颜色

门是一家人每天进出住宅的要道，也是住宅纳气的气口，是家庭颜面兴衰的象征。装修好住宅的大门，可以引进大自然的能量，有利于居住者的身体健康、事业和财运。如果装修大门选用的颜色不当，就会排斥大自然的能量，给居住者产生各种不利影响。

大门的颜色不能一概而论，而是根据宅主的喜好来决定的，但当代风水学对大门的颜色已提出了新的观点。一般地说，大门应采用中和色彩，中和色彩显得清洁光亮，如乳白色、象牙色、银色或木本色。大门的色彩最好不要使用纯蓝色、纯黑色等深暗的颜色，因为从色调上来看，纯蓝色与纯黑色过于阴暗，会给人抑郁和阴沉的感觉，对主人或来访的客人会带来不好的心情。红色具有热烈和喜庆的性质，红色大门既能使人兴奋，又能给人喜庆之感，家庭住宅大门可以使用枣红色。

笔者在多年在风水实践中，认真分析和总结了色彩在家居住宅运用上的利与弊，认为大门的色彩最好与宅主八字命局五行喜用相匹配，还要结合大门的朝向和方位做取弃，才能给宅主营造一个和谐、宁静的居住氛围。例如，宅主命局以水为喜用神，而把向北开的大门漆成红色，从科学的观点来看，坐南朝北的房子，大门气口收纳的是北方寒冷的气流，北风本来就很干燥，大门使用热烈而亢奋的红色，便会破坏北方大门的气场，对人的情绪产生负面影响。黑色和蓝色的五行属水，如果宅主八字命局中以火为喜用神，那么对黑色与蓝色的使用就应该注意，千万不能把南方的大门漆成黑色和蓝色，否则色彩浓重的水气会压制南方大门的火气场，给宅主带来不顺。其它色彩和方位、宅主命局五行喜忌，可依此类推。

大门所选用的色彩，既要与宅主命局喜用神五行相符合，又要与大门的朝向与方位相生，这样就不会给装修大门选用色彩带来很大的麻烦。

五、大门装饰的忌讳

当代家居的大门要提倡新颖款式的气派，大门的门板上不能用狮子铜环做装饰。因为狮子门环是古代押管犯人的监狱和官府衙门使用的，是一种带有震慑作用的饰品，造型是狮子张开大口，獠牙在左右两边，是用来震慑犯人的铜质浮雕。狮子口象征监狱大门，不宜用于装饰当代住宅大门。

狮子门扣

六、大门的尺寸

家居住宅的大门，是家庭与外界的分界线，就象太极图中的阴阳鱼。住宅大门与屋内房间门的装修，一定要考虑住宅的尺寸大小来定，太大或太小都是不理想的。

住宅门的长宽尺寸，主要是根据住宅的大小下定论，宅大则开大门，宅小则开小门。另外，门与门墙要协调，才能给人以平衡的感觉。

面积小的住宅，不能开太大的门。如果住宅小，而门太大，过于华丽，看起来头重脚轻，就会使住宅相形失色，损害整个住宅的美观，还会让人觉得可笑。按照古代的习俗，门墙的大小代表着主人的身份与地位，不可以建造超越自己身份与地位的门墙，如果违背了这个清规戒律，就会招致无端的祸患。虽然当代社会已经没有了这些清规戒律，但把大门装修得太豪华、奢侈，也会引起人们的反感，招致人们的非议。屋小门大，谓之泄气、退财，容易导致宅运衰败。

面积大的住宅，就不应该开太小的门。如果宅大而门小，就会使气场不顺畅，导致住宅换气不及时，郁积废气，容易使人生病，这就是风水学上所说的"屋大门小，谓之闭气主病。"住宅太大而宅门矮小，就会显得臃肿、闭塞，不能发挥其作用，旺气不能进来，废气排不出，百事不顺，还会影响美观。

综上所述，宅门的大小尺寸是非常重要的，一般要求大小适中。大小适中的意思是，大房间应开大门，小房间应开小门。客厅和卧房是户型中的大房间，门要大，不能太小；厨房和卫生间，储藏室等次要空间面积很小，不能开太大的门。如果大房间开小门，而小房间开大门，那么就犯阴阳颠倒了。

七、大门的门槛

门槛就是设在门脚下面的横木，人们迈步进出大门时，都要跨过门槛。门槛可以起到缓冲步伐、阻挡外来煞气及防止尘土、爬虫、污水进入屋内的作用。中国传统住宅的大门必有门槛，因为古代是以门槛的高度来显耀贵富的，越贵富的人家门槛就越高，如衙门和官位高的户主，财气大，来往的人也很多，房屋的门槛都设得很高。根据震卦原理，门槛的主要作用是将住宅与外界隔开，把房间与走廊分开，同时又具有稳住房屋磁场、防止财气外泄的作用，对住宅风水有不少好处。因此，当代住宅设计，最好在门脚下安装木制或石制的扁平式门槛，高三寸至五寸即可，太高会造成进出不方便。

八、大门的纳气

大门是住宅的气口，气口不可太窄。如果住宅大门太窄了，难以吸纳生气，就会使人产生压迫感。大门是左右一家人运气的方位，大门气口是否吉相，将左右全家人的运气，大门一般不能设置在住宅阴气旺盛的方位，一旦处于此位，自然就会进来对人不利的阴气，这样就会削弱住宅的生旺阳气。

住宅的前后门不能正对，这也是风水学上的一个重要法则，住宅的前后门正对，使天地之生气（生旺的气是吉气的一种）散失。能聚气的住宅，则养人、发达。如果住宅有后门，一定和正门互相错开，让气出入沿太极图所示的"S"形运动，这样就可以聚气。前后门之间的道如果是直的，前后门正对开着时，就会因"气"的直冲，容易把人吹得嘴歪眼斜，或者身体麻木。要使门呈现吉气象，非下一番工夫不可。民间认为门是房屋的脸面，在整个房子中是至关重要的。其方向、格局、大小的宜忌与吉凶息息相关。

九、门前煞气与化解

房门又忌比窗户低，俗称"门"为"眉"，称"窗"为"眼"，一般应是"眉高眼低"，否则便不吉利。古时民间还认为门不能做得比窗小，俗语"眼不能比嘴大"，否则违背情理。日后肯定不顺当。

住宅内部的房门与房门不宜相对，门对门是口对口，有相骂之象。若大门和小门相对，则称为门户相冲，会使主人生病，还会对人的品性造成不良的影响。若户型原局出现此象，则可以在装修时做适当的变动，以错开为好；如果住宅的大门与户外别家的大门相对，而且两家大门的大小不一致，就会形成"大门吃小门"的不吉之象，暗示着门小的住家运势逐渐变差，应尽量避免。

住宅的大门不可太高，否则就监狱大门一样，不吉利。外大门的高度要以主房门的高度来定，一般都比主房门高大。主房门比人稍高即可。

第二节　客厅的装修与布局

万事万物皆有气，无论是自然环境还是人文环境，都是既定形成的一种气场环境。一栋楼盘有它特定的大气场，一所住宅有一所住宅特定的气场，每个房间也都有它的小气场；环境气场是由阴阳五行组成，人的生命气场由阴阳五行组成，两种气场相互作用和演化，左右着人的生命现象。

住宅内部装饰布局的作用，就是通过改造和调整家宅小环境的气场，助起内部生气，避开外来煞气。同时，使家宅内部气场与居宅主人的生命气场相互适应，演化阴阳平衡的吉象。家宅环境布局的主要目的，就是要加强这种阴阳平衡的力度，使家宅内部布局的方位、格调、样式、色泽等都能满足居住者生命气场的需要。家庭日常用品的布局装饰，要整齐、完好，不可零乱、破碎，既要满足使用上的方便，又要符合家宅环境风水布局的要求。家庭日常装饰用品，是每个房间小气场形成的重要依据，选用家庭装饰用品时，一定要全方位考虑所选用饰品的材质、色泽、大小、格调和摆放方位，都使家庭内部气场与居宅主人的生命气场相适应，以能满足居住者生命气场的需要为原则。

一、旺宅布局的基本原则

在住宅风水布局的操作中，要灵活运用住宅中各个方位的能量场和吉祥物品，不能把方位和吉祥物孤单、机械地分割开来调理，因为居室环境风水布局是一个有机的整体，各个方位之间都有一定的信息纽带联系着。旺宅布局也要讲究天时、地利、人和的缘起，这是事物演化的自然规律，也就是富贵之人多数是住豪华贵气的宅第，贫苦之人居住的多数是灾气旺盛的宅第。布局操作时，应劝人为善，适当使用化煞用品，应顺天命避灾，不可逆天命而强为。在风水布局设计时，不可与恶人共谋，治害他人；帮恶人作恶必受恶报，灾祸不断；不可贪敛钱财，应根据需要摆设风水用品；摆放风水用品，应根据具体的人和方位设置，扶起有利因素，压制不利因素，以达到趋吉避凶的目的；旺宅布局的目的是抑恶而扬善，应劝宅主行善积德，以修德、守诚、守信、尊道而避凶，顺应自然规律而谋生存。

二、客厅位置的特殊性

客厅具有沟通卧室、书房、餐厅、厨房、卫生间和阳台的功能和作用，它是全家人的活动中心，因此客厅应设在房子的中间最好。如果从向阳和采光角度来考虑，那么客厅设在住宅的东方、东南方或南方最好。

客厅的位置和住宅大门（厅门）方位是紧密相连的，进入大门后的第一个空间就是客厅，但客厅偏于大门的左边还是右边，都会使厅里阴阳气的分布失去平衡，导致家中男女权力不均。若客厅的大部分空间处于大门的左边，那么暗示着家庭里是男人掌权当家的；若客厅的大部分空间处于大门的右边，那么暗示着女人掌权当家的，往往会出现妻夺夫权的不良现象。

客厅的西北方位对男主人影响很大，西南方位对女主人影响很大。一个家庭中，如果是男主人掌家，那么在装修客厅时，一定要重视西

客厅在进门的左边

北方的布置；如果是女主人掌家的，那么在装修客厅时，一定要重视客厅西南方布置，应尽量突出女主人的地位。

三、客厅方位风水的重要性

客厅是家庭住宅中最为重要的空间，是一个家庭中最大的财位，不仅制约着宅主的财官运事业、婚姻和社会关系，还能体现宅主的品位和生活情趣。卧室和书房等功能空间都是靠吸纳客厅生旺之气而受惠的，因此客厅风水在整体住宅风水中具有决定性的影响力。

客厅风水对家庭中各个成员都存在不容忽视的影响力，主要体现在客厅的八大方位上。察看客厅的乾位和坤位，就可知道客厅风水对家里男主人和女主人的吉凶影响力；察看客厅的震位和巽位，就可以知道客厅风水对家中长男和长女的吉凶影响力；察看客厅的坎位和离位，就可知道客厅风水对家中次男和中女的吉凶影响力；察看客厅的艮位和兑位，就可知道客厅风水对家中的少男和少女的吉凶影响力。

四、客厅的格局

户型中客厅的格局是相当重要的，因为它对住宅风水的吉凶影响很大，是宅子的大脑。在装修客厅时，应尽量避免在客厅坐山上安卧

房门、厨房门或厕所门；客厅中的走道，不能直向或横向贯穿全厅，否则气流在厅内的流动速度过大，会影响客厅的聚气。

客厅的形状以方正为佳，因为方正不仅符合"天圆地方"的传统观念，又能满足人们求财求官的心理需求。正方形的客厅属土形，其方正的形状有四平八稳、堂堂正正的气势，有利于提升宅主的官运；长方形的客厅属木形，具有条达生发、不偏不倚的气势，对提升宅主的财运十分有利。居住在方形住宅里大吉大利，方形的住宅不单是从房屋的外部看其方正即可，还要求客厅、卧房等功能空间方正，当然院子也要方正才以大吉论断，狭长或不规则形的住宅不吉。特别是房屋的外观以及客厅、房间、庭院等空间最忌棺材形状，主要原因是棺材形状易聚阴气，破坏阳宅的阴阳平衡，会使丁气衰败。

五、客厅楼梯的设计

从住宅的纳气角度来说，楼梯是重要气口。在复式型别墅住宅中，底层的客厅里都设置有楼梯，必须设计于旺方。比如在八运里，八白是旺星，九紫是生气星，楼梯的下半段最好位于玄空星盘中向盘八白或九紫星位置处。楼梯不宜设置在住宅的中央。

假如楼梯口安在不利方位，就会给宅主带来诸多不利因素，必须通过调理来扭转气场氛围，才能营造吉祥、和谐的家居环境。

楼梯应安于住宅的前方，不宜安在住宅的后方，而且从楼梯上楼时的行走方向应当与宇宙螺旋场运行的方向相一致，以顺时针方向为宜；楼梯口及楼梯角不可正对卧房或厨房门，特别是不宜选门口正对着楼梯口或

复式型别墅楼梯

楼梯角的房间做新婚夫妇的卧房；楼梯的转台或最后一级，不能压在房屋的几何中心点；楼梯宜隐蔽，不宜一进门就看见楼梯脚。

六、客厅中的玄关

玄关原指住宅门内进出家宅的主要通道，后来把在玄关处设置的照壁墙称为玄关。玄关最大的风水作用是用来化解屋外直冲门户的煞气。这里所说的煞气，并不是指凶神鬼怪之类灵性的东西，而是指险恶的形状产生

客厅中的玄关

的煞气。住宅主人总是希望看到舒适养眼的形物，而不愿意看见令人感觉压抑的恶形别扭的东西。玄关处为长形过道时，其净宽至少要有1.2米。玄关的宜设置在门内距离门框约二米远的地方，促使直冲门户的外气转向和防止屋内旺气外泄。玄关的尺寸指标要求在3-5平方米，顶部不宜与天花板相连，一般高度在2米—2.6米之间。玄关前左右二旁，可摆放两盆生旺植物，发财树、金钱树比较好。玄关是从屋外进入住宅的过渡性小空间，必须阳气充足，切忌阴气充盈；若玄关位置太阴暗，则必须安装照明灯，并让它长期亮着，以增旺阳气。玄关的阳气旺盛，家人的心情就会愉快，玄关的光线阴暗，阴气浓重，会使家人的心情不好。

七、客厅装修颜色

装修客厅选用的色彩，并不是风水布置的主要因素，重要的是格局和五行的生克所达成的能量平衡。但是，根据客厅的方位来选择适当的颜色，能更好地提升其生旺效果。

（1）位于正北方的客厅

北方五行属水，吉用色彩是蓝色或黑色，因为蓝色与黑色的五行属水，与方位五行比和，有生旺方位的效果。但是黑色有阴森、寒冷性质，易使人消沉、惧怕，还会给人以悲哀的感觉，最好不要用在客厅装饰中。金能生水，可以用五行属金的白色或金黄色搭配来

黑色风格客厅

装饰北方客厅，这样不仅实用、美观，还生旺了掌管着人的读书运的北方气能，对提高人的智慧大有帮助。水能生木，木会盗泄水气，若用五行属木的绿色装饰北方客厅，那么北方的水能量就会在一定程度上转化为木的能量，无形中再造了木的气场。

在风水理气上，山或水的物质以及色彩，都具有扭转和再造气场的能量。如果对山水物质和色彩运用适当，就能给宅主增益；如果运用不当，那么就会给宅主带来损害。在北方位置的客厅里设养鱼缸、摆放风水车或挂山水画，或摆放铜制的金属饰品，对提高居住者的智慧和事业运一定会有帮助。

（2）位于正南方的客厅

正南方五行属火，喜用红色和紫色，因为红色和紫色的五行均属火，与南方五行比和，有生旺方位的作用。因此，装修南方客厅，可以运用红色和紫色混合搭配，以提高掌管着人的名声运的南方气能，给家庭增强社会知名度和威信。也可以运用五行属木的绿色。

火能生土，土能盗泄火气，若用五行属土的黄色装饰南方客厅，那么南方的火能量就会被盗泄而转化为土的能量，无形中再造了土的气场。如果想增强宅主的名声运，那么应在装修南方客厅时尽量使用

淡红色或紫色装饰材料，避免大量使用黄色材料或摆放黄色饰品。在客厅中，悬挂凤凰、火鹤或日出东方的图画，以及铺红色地毯和安装紫红色的照明灯，均可增强宅主的名声运。

红色风格客厅

值得读者注意的是：南方不仅管人的名声运，还掌管桃花运。如果位于南方的客厅装修和装饰不合理，那么就会给宅主带来负面影响，不仅会损害人的名声，还会使家人犯桃花。如果在客厅里摆放鲜花盆栽或挂鲜花图画，那么最容易使家中的中女犯桃花，因为南方是中女的主位。特别是不能随便在南方客厅里摆放鼠、马、兔、鸡的生肖外应动物，否则容易中女犯桃花。如果家里的中女姻缘极差，那么可以在客厅中悬挂牡丹花图画和摆放生肖动物老鼠，用来强化中女的婚姻情缘。

（3）位于正东方的客厅

正东方五行属木，喜用绿色和青色，因为绿色和青色五行属木，与东方五行比和，有生旺方位的作用。装修东方客厅，可以混合使用绿色和青色搭配，提高掌管着人的事业运和子孙运的东方气能，也可以运用五行属水的蓝色来助旺东方的木气。

木能生火，火能盗泄木气。若用五行属火的红色或紫色物料装饰东方客厅，那么东方的木气就会大量地被盗泄而转化

绿色风格客厅

为火的能量，对宅主的事业和子孙的身体健康会造成不利影响。

如果想增强宅主的事业运和子孙运，那么在装修东方客厅时，应尽量使用绿色、青色和天蓝色的物料互相搭配，不要单独使用五行属金的白色或金黄色的物料或饰品。

位于东方的客厅，最适宜摆放植物盆栽和悬挂山水画，若挂牡丹花图画，则可以增添家庭中的贵气。无论男女，均可受益。

（4）位于东南方的客厅

东南方五行属木，喜用绿色和青色，因为五行属木的绿色和青色，与方位的五行比和，有助旺东南木气场的作用。

装修东南方客厅，最宜使用绿色，也可以使用蓝色来助旺东南方的木气。东南方掌管着人的读书运，是家庭中最大的文昌位，加上绿色

天蓝色风格客厅

在东南方代表着一个家庭的财运，在客厅中摆放圆叶的绿色植物盆栽，不仅可以提高人的文昌运，还能给宅主带来好的财运。

客厅设在住宅的东南方，对家中的孩子读书非常有利，特别对家中的长女和长媳更有利，但是如果装修布置不当，就会相应地对他们产生负面影响。装修东南客厅，最忌单独使用五行属金的白色和过多地使用五行属火的红色、紫色，因为这些颜色会耗损木的能量。

（5）位于西北方的客厅

西北方五行属金，喜用白色和金黄色，因为五行属金的白色与方位的五行比和，有助旺西北方金气场的作用；黄色五行属土，可以生旺西北方金气。

西北方掌管着一个家庭的贵人运和事业运，特别对家中的男主人

影响很大，若想增强宅主的贵人运和事业运，那么在装修客厅时可以使用白色、金黄色和黄色混合搭配，不能单独使用五行属火的红色或紫色的物料，也不宜过多地使用五行属水的蓝色或黑色的物料。用红绳串六个古钱

白色、黄色混搭风格客厅

（乾隆古币最好）或悬挂六柱中空的金属风铃，也可提升贵人运。

（6）位于西南方的客厅

西南方五行属土，喜用黄色或红色、紫色，因为黄色五行属土，与方位五行比和，红色和紫色五行属火，可生旺西南方土的气场。

西南方掌管一个家庭主人的桃花运。如果想增进主人婚姻运势，那么西南方客

红、紫色混搭风格客厅

厅的装修颜色与布置是非常重要的。在客厅中放置黄色、红色或紫色天然水晶，可以增强夫妻之间凝聚力。若在厅中放置红色光彩的台灯，黄色、红色混搭客厅也可以收到较好的效果。若想增强全家人的和睦力度，那么可以在西南客厅里的乾位或坤位上贴挂全家福照片。若夫妻间感情淡薄或丈夫有外遇，那么把夫妻俩当年的结婚照贴挂在西南方客厅的坤位，可以很快地扭转婚姻危机。

西南方不仅代表桃花运势，还掌管着一个家庭的财运。如果能妥当地装修和布置西南方客厅，那么对提升家庭的财运会有很大的帮助，特别是对家里女主人的财运能起到更好的催化作用。

（7）位于东北方的客厅

东北方五行属土，喜用黄色、红色和紫色。因为黄色与方位五行比和，红色与紫色可以生旺方位五行，均能增强东北方五行的能量。

东北方掌管着财运、子孙运、信念运和祖居运，对家庭中的综合运势影响较大，因此装修位于东北方位的客厅不仅要合理地选择物料的颜色，还要合理地布置好家具的摆设。

在客厅摆放陶瓷花瓶和天然水晶，可以增强东北方的能量。

（8）位于西方的客厅

西方五行属金，喜用白色、金色和黄色。因为白色、金色与方位五行比和，黄色能生旺方位五行，均可以增强西方金五行的能量。

西方掌管着财运和家庭成员关系的运势，若能合理布置西方的客厅，又能运用好装饰的色彩，那么不仅可以强旺家庭的财运，还能调节好家庭成员之间的和谐关系。装

白色花瓶

修客厅时，最好使用白色和黄色的物料混合搭配，以白色为主增强厅中的阳气，避免位于西方阴卦的客厅给人带来阴沉和冷淡的感觉。在客厅中摆放金属雕刻品、铜制六柱中空风铃、白色花瓶或白色、黄色天然水晶，均可以增强西方金的能量。

八、客厅饰品的布置

客厅的布置主要由家具和饰品两个部分构成。

（1）家具

家具是客厅中所占空间最大的物品，它的造型和色彩对居室的整

体风格产生很大的影响，家具的风格应与室内的整体风格统一，色调亦要和谐，才能为表现家庭装修确定的主题服务；家具的作用不仅是装饰，它还能够满足人的视觉感受，又能划分空间、界定空间，在客厅中的不同方位放置不同属性的家具，能使它形成不同属性机能的空间，是空间分隔的重要手段。

（2）饰品

饰品具有各不相同的象征意义，如果能在客厅中合理地摆放饰品，就能为宅主带来好的运势。

铜制饰品

龟与龙、麒麟均是风水中具有代表性的灵兽，在道教和佛教的寺院中都能看到龟的雕刻物。龟是长寿、吉祥的象征，在客厅中摆放龟，能给家庭带来吉祥和幸福。龟甲上呈凸面镜状的弧线，可以弹击且化解煞气、邪气；龟的动作缓慢，象征着恒心、毅力、勇往直前和不屈不挠的精神，因此对提高事业运、职场晋升运和扩大营销运等方面大有好处。陶瓷制的龟容易破碎，会导致事业基础不稳，不宜使用；金属制的龟饰品效果较好，特别是铜制龟，可以用来化解来自室外所有种类的邪气，能起到稳定气场的作用。铜龟不仅具有弹击和打散房屋中滋生的不吉之气的能量，还可以化解屋外的"天斩煞"，如果阳台或窗户犯着"天斩煞气"就在阳台或窗户上摆放一对铜龟化煞转运。邻家使用的开运饰物气场能量很强，自家感觉受到不良气场或邪气的影响，就可以在自家和邻家之间摆放一只或几只铜龟，龟就会吸收邪气并使之转化成为吉气，有效地缓解与邻家附近气场的冲突。

活龟与铜龟具有相当强的化煞和避邪作用，摆放在家庭里的西方、西北方、阳台和卫生间都能起到化煞作用。龟是四灵中唯一存在的动物，也是所有动物中寿命最长的寿星，它具有预知未来的灵性，古代的人们常在府第、庙宇、宫殿等建筑物前摆放石龟，作为祈求长寿的象征。

马是象征生命力旺盛的动物，既可以招财，又能提高事业运。用马来提高财运，应把马摆放在十二支的"午"位，即正南位置（放于房间的正南午位最利财运）。由于马曾是主要的交通和搬运工具，象征变动和转移，在风水效应上所发挥的主要功效有迁移、变动职务等，摆放在客厅或房间的"驿马位"上。最重要的是马头的朝向，如果想达到迁移或出国留学的目的，就要将马头指向目的地方位；若方位不清楚，则马头的朝向就不重要了。若想在短期内对事业及财运有帮助，就把马摆放于房屋的财位上，"财富马车"象征财运与财富，装满金银财宝的马车能为人们运财送福；"马到成功"象征吉祥如意、事事顺利；两匹奔跑的骏马，表示奋斗和奋进的斗志。虽然马有生旺的功效，但对生肖属鼠的人有冲克，故生肖属鼠的人不宜在房屋内摆放马塑像或悬挂马的图画。

公鸡善斗，能驱凶，也能招吉，能避邪，是风水上常用的吉祥物。房屋外有形如百虫状或蜈蚣形的事物，对着阳台、窗户或睡床时，可以用公鸡化解。用公鸡化解房屋外部类似毛虫或蜈蚣的物体煞气时，必须把鸡嘴对着这些形煞物体才能有效。在风水布局上，铜鸡是可以针对偏桃花的，如果人（特别是少女）遭到令自己讨厌的性骚扰时，就将公鸡摆放于大门的对冲之处，鸡嘴要向着大门；如果配偶有婚外情，就将公鸡摆放在配偶的衣柜内的暗角处，用时提一对，左右各放一只。一般地说，生肖属兔的人不宜在客厅或房间里摆放公鸡，特殊的布局除外。

钟是每个家庭的必备之物，除了用来计时外，还可以把钟当作室内的装饰物。钟是动的，有反复走动的效应，也有去旧迎新的功能，客厅里的挂钟只需一个。客厅里宜挂方形钟，尽量避免用圆形、三角形、六角形或八角形的挂钟，因为方形钟能使人安祥，圆钟会使人不安于室，其余形状的钟容易引起是非。客厅里挂钟，宜挂在青龙吉方，向白虎凶方。

镜子具有反射气流的功能，易将人体的能量反射出去，同时可给人空间增大的感觉。但有一种特殊的平面镜——山海镇平面镜，具有提升运气的象征意义，将此镜装饰在客厅中，可以提升宅主的运气。山海镇平面镜，聚集了所有开运的要素：招财进宝、福禄寿、镇宅、明光、日月、财神、贵人等。山海镇平面镜，有调整风水、平衡财运、营造人气、驱除邪气、镇宅气和平衡阴阳的功能。另外，还有一种龙凤镜是针对夫妻感情而专门设计的吉祥物系列法器，但此镜只适合于悬挂在主卧室床头，不宜挂在客厅中。龙凤镜，直径30厘米，纯桃木，可防止夫妻感情危机，远离婚外情，确保家庭和睦，不被第三者干扰，能维持夫妻感情始终如初。

九、客厅犯忌化解法

进门见厕，不吉祥，为退运宅，容易影响主人的身体健康。可用蓝色和葫芦化解，蓝色主水能养肾，葫芦可收煞气。

进门见镜，不吉祥，属惊虚宅，长久居住会使主人精神状况不好，容易患大脑神经衰弱，咽喉炎和出现惊虑之事。可用八宝化解。

进门见厨，不吉祥，为退运宅，对主人身体健康不利，容易患胃病。可以用黄色和葫芦化解，黄色主土可以补胃，葫芦能收煞气。

进门见窗，不吉祥，为漏财宅。一推开门就可以直视到窗户，为漏气，居家财来财去，难于聚集。可摆放貔貅和挂灯笼化解。传说貔貅能腾云驾雾，号令雷霆，有避邪挡煞的功效和招财的功能，有镇宅护院之威力；灯笼可增强阳气，喜庆，也能招财。

十、客厅生财之道

（1）生财吉祥物

生财吉祥物有：貔貅能招偏财，麒麟招正财，咬钱金蟾可招正财，一串古铜钱能招正财，文财神可招文财，武财神赵公明和武圣关公（也称忠义财神）既能招财又可保平安。

（2）养鱼催财法

养金鱼的最好方位是东方、东南方和北方。鱼缸可以用于旺财，也可以用来化煞。利用鱼缸来化解外煞的巧妙方法是"拨水入零堂"的原则，"零堂"是指失运的衰位，其意是把水引入失运的方位，就可以转祸为祥、逢凶化吉。八运失运的衰位是西南方。

鱼缸水位不宜高过家宅主人的身高，否则会犯"没顶水"或称为"淋头水"的煞气，使一家人的运势受到压抑。也不能把金鱼缸放在地板上，否则会犯"割脚水"的忌讳，不仅会阻挡贵人上门，还会造成财运反复不顺。

鱼缸不能摆设在厨房内或厕所内，否则容易招致口舌是非或眼疾；也不能摆放在房屋的最后端或中堂处，否则为漏财水或破财水。主卧室内更忌摆放金鱼缸，原因是容易招来怪病或暗病。

金鱼缸最好摆放在客厅或书房里，放在客厅里可做为家宅的明堂水，放在书房和个人单间办公室里书桌的前面可视为明堂水。

鱼缸呈圆形或椭圆形均为大吉，四方

客厅里摆放鱼缸催财

形次之。三角形鱼缸最凶，容易犯口舌是非且有血光之灾；其它五角形、六角形及八角形鱼缸也凶，不宜使用。

养鱼数目可根据宅主命相，按生肖五行所属取数。鼠与猪的五行属水，而1与6数的五行也属水，故鼠、猪之人可养鱼尾数为1条或6条；虎与兔五行属木，而3与8数的五行属木，故虎、兔之人可养鱼数为3或8条；蛇与马的五行属火，而2数和7数的五行也属火，故蛇、马人养鱼尾数为2条或7条；猴与鸡的五行属金，而4数和9数的五行也属金，故猴、鸡之人养鱼尾数为4条或9条；龙、狗、牛、羊的五行属土，而5数和10数的五行也属土，故生肖属龙、狗、牛、羊的人养鱼尾数为5条或10条。如果不讲究生肖宜忌，就取1.4.6.8.9条。

金黄色鱼最能招财，但其魅力不如龙鱼和罗汉鱼。黑色的金鱼带煞气，容易招小人，出现是非，不利于招财，一般人不宜在家里饲养。有特殊职业的人，如军人、学者或作家可饲养黑色金鱼。

（3）进屋见画，财源旺盛

一开门进屋时，就看见家宅中堂处挂五路财神的图画最好。

五路财神是指赵公明及其四位义部将，即中路为武财神赵公明，东路财神为招宝天尊萧升，西路财神为纳珍天尊曹宝，南路财神为招财使者陈九公，北路财神为利市仙官姚少司。中国人受了五行观念的影响，把广阔天地间的财宝也分区域处理，产生了文、武、义、富、偏五路财神的说法。拜五路财神，可收尽东、南、西、北、中五方的财富。

（4）开门见红，精神振奋

家居的客厅布局适宜三见，即是开门见红、开门见绿和开门见画。其中，开门见红是最为重要的，也叫"开门见喜"，即是指一开门就见到红色的墙壁或装饰品，入屋时扑面而来，使人有喜气腾腾之感，精神振奋，心情舒畅。

（5）门旁摆水，财运大旺

山主人丁水主财禄，大门方位掌管着财运的命脉，若能利用好大门的功能，就可为家中催财，最简单的方法就是在客厅的门旁摆水，便能发挥催财的作用，若在水里插水种植物，则催财效果更佳。

（6）仙客来可增加喜气，带来财气

从花名来看，仙客来寓意迎接贵客、祈求好运降临的吉祥意义。仙客来的花朵长于高挺的花茎上，其高低错落的景致很似展翅飞来的鸟群，能激起人们联想到仙人乘风踏云而来的风采。

（7）富贵竹能增添生气，带来财气

富贵竹为常绿细小乔木，茎干挺拔直立，叶片浓绿，四季常青。无论是家庭水瓶插种或盆栽护养，还是修剪枝茎加工成"开运竹"，都显得高洁纤秀，柔态优雅，生机勃勃，可给室内平添生气，带来财气。

（8）家中摆大圣，可保事业顺利

孙悟空，法号为行者，是唐僧的大徒弟，有七十二种神通变化，能腾云驾雾。孙悟空有一双金睛火眼，能辨认妖魔鬼怪；一个筋斗能翻十万八千里；他使用的兵器金箍棒，可随心变化，能大能小，小到看不见，大到能顶天立地，向上可伸到三十三重天，向下可捅入十八层地狱；他占花果山为王，号称齐天大圣；他曾搅乱王母娘娘的蟠桃盛会，偷吃太上老君的万年金丹，打败十万天兵天将，又与如来佛祖斗法，被压在五行山下五百年。后来经观世音菩萨点化，保护唐僧去西天取经。一路上除妖降魔，历经九九八十一难，最后取回真经终成正果。

家中摆孙悟空塑像，可辟邪、除妖和护财，可保家人身体健康、事业顺利。家中摆放铜孙悟空，对癫痫病有一定的疗效。

（9）金钱保险柜上放金蟾，可旺财气

金蟾有特殊的形态，尤其是三脚蟾，突出的大眼、满身鳞片，大

嘴里咬着金钱。金蟾是仙宫灵物，可镇宅驱邪，还可以吐宝招财，使主人生意兴隆、财源广进。在金钱保险柜上摆放一只嘴里咬钱或刘海戏金蟾，可保财源兴隆，生活幸福美好。

（10）客厅摆紫竹，寓意紫气东来

紫竹代表紫气东来、节节高升之意。

紫竹是园林观赏的吉祥竹种，其材质较坚韧，适宜作钓鱼竿、手杖等工艺品，以及制作箫、笛、胡琴等乐器用品。办公室及家庭客厅里栽种紫竹，可催化人的高尚品德，还可促使人走和气生财的路子。

（11）家中神位有灵气，摆放方位要稳当

不论神、佛是否存在，都应重视神位的摆放位置。"吉凶悔吝生乎动"，香火是动气的一种，每当早晚敬香时，香的烟雾都会向上升带动气流，产生动机气场，而且这个动机气场容易与人体发生感应，导致吉凶的产生。

神位应当配合居室的环境布局，一定要把神位安放于家宅的吉利方位上。神位的背后要靠墙壁，不宜背后空旷；神位应摆放稳当、固定的位置上，不可经常移动或变换方位。神位供奉一段时间后，该方位便有了一种特定气场（灵气），切不可随意移动；神位要远离厨房、厕所、电视机、音响等不利地点；神位的前后左右不宜有冲煞物件；神位可以放在特制的神龛里，神龛可视为神佛自己的房间。

十一、客厅中堂物品摆放

客厅中堂位置上可以摆放"福、禄、寿"三星。"福星"手抱小儿，象征家中有子有孙的福气，民间传说他能给人们带来幸福和希望。家里摆放福星，可招来福气满堂。"禄星"是主管功名利禄的官星，它与天官福星一样，也是由一颗星辰演化而来的。禄星身穿华贵朝服，手抱玉如意，象征加官进爵，增财添禄。"寿星"是指容貌慈祥的南极仙翁，手里捧着寿桃、拄着拐杖，面露幸福祥和的笑容，

象征安康长寿。道教创立福、禄、寿三星的形象，迎合了人们"三星拱照"的心愿，人们常常用"福如东海水长流，寿比南山松不老"的寿联祝愿长辈幸福、平安、吉祥、长寿。福禄寿三星中，只有禄星是财神，但由于福禄

福禄寿三星塑像

寿三星为三位一体，因此福、寿二星也被人们视为财神供奉。

　　住宅客厅里摆放宗教神佛像及其它有代表意义的物品，可以增强家庭成员精神上的能量，尤其是把宗教物品摆放在客厅的中堂位置，更能够抵挡宅外负面能量入侵宅内，有效地发挥保护家宅平安的作用。宗教物品释放的能量会干扰人的睡眠，不宜摆放在卧室里，尤其不宜摆放在床头柜上。这里所说的宗教物品是指佛教的菩萨像、道教的神仙像、基督教的十字架、伊斯兰教的念珠、犹太教的安家符、印度教的涅婆神像、日本神道教的大黑神像等等。宗教中的神佛像及其象征意义物品，不宜摆放在厕所和厨房里面，否则厕所中的负面能量和厨房中的火气会与宗教对象的正面精神能量抗衡，给家人带来不利的影响。中国人心目中的灶王爷，每年的年底都会返回天庭报告人间的大小事务，各家各户都应敬拜灶王爷。灶王爷像可以放在厨房里，不宜摆放在客厅里。

　　貔貅是一种具有灵性的动物，是能辟邪的瑞兽。在家中摆放貔貅，可令运道转旺、驱除邪气，它又有超强的催财力，可用于招财（吸财）、旺财。宜摆放于家中的神位或财位上。

　　聚宝盆是财神的财物法宝。财神是中国民间普遍供奉的善神之一，是掌管人间财富的神氏。民间供奉的财神很多，主要有武财神赵

公明、文财神比干、忠义武财神关公、五路
财神、利市仙官偏财神与撒钱济贫的准财神
刘海戏金蟾。各路财神保佑的财路各不相同，
但是他们都拥有财物法宝——聚宝盆。在家
中摆放财神与聚宝盆组合，可以在聚宝盆里
放入水晶珠、珍珠、金银和钱币等宝物。担
任文职工作及受雇打工的，均可以供奉文财
神；经商的人或从事武职的人，均可以供奉
武财神。

灶王爷

十二、客厅里家具物品的摆设

客厅里家具、器物、花草树木饰品等摆放，要考虑磁场对人体的
影响，还要考虑放置方位五行喜忌，才能使住宅整体和谐。

家具的五行属性，应根据家具的材质认定。家具的材质有木质
的、塑料的、金属的、玉石的和水晶的，木质家具五行属木，塑料家
具五行属火，金属家具五行属金，石制家具五行属土，水晶家具含有
火土二种五行（以土行为重）。

家里使用纯天然木质家具最好，因为天然木材没有磁场干扰；塑
料家具是由合成的高能量分子组成，含有大量的化学元素，具有不稳
定性和放射性，会对人体产生不良的影响；金属家具是由金属制成
的，而金属有吸收热量和传导热量的作用，容易对人造成不良影响，
特别容易对老人和儿童造成伤害，因此家里最好不要摆放金属家具；
玉石家具是由大理石或玉石制成的，大理石和玉石都有很强的磁
场，会吸收和释放能量；水晶家具是由水晶制作的，有强大的能
量场，能吸收和释放能量。

命局喜木火五行的人，最好较多地摆放木质家具或饰品；忌摆放
五行属金的家具；命局喜土金五行的人，最好较多地摆放石质家具、

器物或饰品；命局喜金水五行的人，最好较多地摆放金属家具、器物或饰品。

具有木火五行的家具、器物和饰品，应摆放于客厅的东方、东南方或南方；具有土金五行的家具、器物和饰品，应摆放于客厅的东北方、西南方、西方或西北方；具有金水五行的家具、器物和饰品，应摆放于客厅的西方、西北方或北方。

地毯铺设也有讲究的，从命局五行喜忌而论，命局五行喜水木的人，最宜铺设蓝色、青色和绿色地毯；命局五行喜木火的人，最宜铺设绿色、青色和红色、紫色地毯；命局五行喜火土的人，最宜铺设红色、紫色和黄色地毯；命局五行喜土金的人，最宜铺设黄土色和黄金色地毯；命局五行喜金水的人，最宜铺设黄金色和蓝色地毯。一般情况下，居宅里铺设地毯不需要分析宅主命局喜忌五行，均以红色毯为上佳，因为红色代表喜庆和吉祥，又能驱除邪气及营造住宅的美好氛围。

电器摆放的方位也很重要，家用电器五行属火，其电磁波具有放射性。电视和空调摆放在四正方位时，东方要避开卯位，向南稍偏较好，乙位为佳；西方要避开酉位，稍偏南方较好，庚位为佳；北方要避开子位，稍偏东方较好，癸位为佳；南方要避开午位，稍偏西方较好，丁位为佳。灯具五行属火，具有电磁能量，其光谱有广泛分布的辐射性，可以利用灯具光谱的五行性质调节人命局的五行气场。饮水机五行属水，一般摆放于东方、东南方、西方或北方比较好。客厅中的饰品应以吉祥喜庆的物品为主，不宜摆放带暴力性质的物品。吉祥喜庆的物品有：麒麟、貔貅、财神、大肚佛、牡丹花、山水画、刘海戏金蟾、五路财神、龙龟、金龙等，吉祥物摆放于家中哪个方位就对该方位所代表的人丁非常有利；客厅中不宜摆放的像片和饰物有：不宜挂开膛破肚或断头流血的人物像片，不宜贴挂具有暴力、淫秽性质或鬼怪的图片，也不宜摆放兽骨、牛头、羊头或从外面拾来的怪物模具，否则将会对摆放方位所代表的家庭成员造成不良影响。

客厅中摆放的花草植物，应以喜庆和生机为原则，如兰花是能带来喜庆气氛的鲜花；铁树、橡皮树、富贵竹和发财树等均可带来无限的生机，使居室清雅洁净，吉祥如意。

客厅里挂钟，最好是挂带钟摆的大闹钟。带钟摆的大闹钟，一年当中每时每刻都在摆动，能够使屋内的气能活跃起来，使原来静止状态的房屋呈现生机与活力。客厅的中堂位置不宜挂吊钟，最宜挂在客厅的左边青龙位或日出的东方位置。

电脑五行属火，最忌讳放置在住宅的西北方和西方。废旧坏掉的电脑绝不适宜保留在家中，因为坏电脑会放射不良的磁场，干扰人体磁场，对家人的身体健康构成伤害。电脑的荧屏会产生溴化二苯并呋喃的致癌物质，放置电脑的房间最好安装换气扇。电脑是火物，在电脑桌旁边摆放 8 个黄色水晶球或挂一幅海洋画或养一缸鱼，或放八块黄色磁砖，或八块灰色磁砖，可减轻电脑火性对人的身体影响。

十三、十二生肖摆设风水

（1）子（鼠）年生人

申子辰三合，子丑合，而申为猴、丑为牛，辰为龙。家里可摆放龙、登山龙、猴、登山猴、牛、登山牛，也可摆放象征五谷丰登的风水法器。忌摆放刑、冲、克、害的生肖物品。

（2）丑（牛）年生人

巳酉丑三合，子丑合，而巳为蛇，酉为鸡，子为鼠。家里可摆放鼠、金钱袋鼠、蛇、蛇岛塑品和鸡。

（3）寅（虎）年生人

寅午戌三合，寅亥合，而午为马，戌为狗，亥为猪。家里可摆放猪、马和狗的塑像。

（4）卯（兔）年生人

亥卯未三合，卯戌合，而亥为猪，未为羊，戌为狗。家里可摆放猪、羊、狗及三羊开泰等物品。忌摆放相刑、相冲、相克、相害的生肖物品。

（5）辰（龙）年生人

申子辰三合，辰酉合，而申为猴，子为鼠，酉为鸡。家里可摆放鸡、鼠、猴、孙悟空、金钱袋鼠和登山猴，也可摆马或马上封侯。忌摆放相刑、相冲、相克和相害的生肖物品。

（6）巳（蛇）年生人

巳酉丑三合，巳申合，而酉为鸡，丑为牛，申为猴。家里可摆放猴、孙悟空、登山猴、鸡、牛、登山牛。

（7）午（马）年生人

寅午戌三合，午未合，而寅为虎，戌为狗，未为羊。家里可摆放虎、狗、猫、羊及三羊开泰、马上封猴、登山猴。

（8）未（羊）年生人

亥卯未三合，未午合，而亥为猪，卯为兔、午为马。家里可摆放猪、兔、马、金钱猪、金钱兔、马上封猴。

（9）申（猴）年生人

申子辰三合，申巳合，而子为鼠，辰为龙，巳为蛇。家里可摆放鼠、龙、蛇的生肖物品。

（10）酉（鸡）年生人

巳酉丑三合，酉辰合，而巳为蛇。丑为牛，辰为龙。家里可摆放蛇、牛、龙的生肖物品。

（11）戌（狗）年生人

寅午戌三合，戌卯合，而寅为虎，午为马，卯为兔。家里可摆放虎、猫、马、马上封猴、兔的塑像。

（12）亥（猪）年生人

亥卯未三合，亥寅合，而卯为兔，未为羊，寅为虎。家里可摆放兔、羊、三羊开泰、虎、猫的塑像。

十四、客厅桃花位布局法

爱情的力量可以将一对男女组合到一起，男人为阳，女人为阴，只有住宅中的阴阳气场平衡时，才造就男女平衡心态，培养他们纯真的爱情，促使恋爱成功。独居的未婚男女，要特别注意房间内的风水布局，千万不能阴气太旺或者是阳气太盛。阴阳调和的住宅，可使情场得意；阴阳失调的住宅，会使人情绪波动，恋情不稳定，不是被人骗，就是被人甩，爱情难得美满。

在风水学中，住宅的子、午、卯、酉四正方位是桃花方位，若子、午、卯、酉这四个方位上有水，就可以判断这间房屋容易出桃花。任何一间住宅都有子、午、卯、酉四个正气桃花位，只要利用适当的方法，在属于自己的桃花位上摆放一些有刺激性的桃花用品，就可以使人行桃花运。

利用桃花位催动桃花，仅适用于未婚人士找对象或单身贵族找情人，可使甜蜜的恋情顺利发展，而对已婚人士则不利，容易令原有婚姻破裂。已婚的男士或女士利用桃花位催桃花是不可取的，否则会因小而失大，最终害人又害己，百害而无一利，后果不堪设想。

下面介绍二种能够发挥桃花力量的桃花位：

（1）个人所属生肖的桃花位

每一生肖都属于一个地支、如鼠属子、牛属丑、虎属寅、兔属卯、龙属辰、蛇属巳、马属午、羊属未，猴属申、鸡属酉、狗属戌、猪属亥。

"申子辰，鸡叫乱人伦"，鸡属西方的酉位。凡生肖属鼠、龙或猴的人士，其桃花位在西方的酉位。

"寅午戌，兔从茅里出"，兔属东方的卯位。凡生肖属马、狗或虎的人士，其桃花位在东方的卯位。

"巳酉丑，跃马南方走"，马属南方的午位。凡生肖属鸡、牛或蛇的人士，其桃花位在南方的午位。

"亥卯未，鼠子当头忌"，鼠属北方的子位。凡生肖属兔、羊或猪的人士，其桃花位在北方的子位。

旺桃花时，可先找出自己所属生肖的桃花位，然后在桃花位上摆放能够催动桃花力量的风水法器，通常在三个月后就会发生较强的磁场效应。

（2）阴阳桃花位

无论人的命卦、生肖或四柱命局的喜忌是何物，都可以利用这种方法催动桃花。

凡是客厅或卧室里面，都有左方和右方。左手方为阳方，右手方为阴方，这两个位置都是桃花位。男人为阳，右方适合男士使用；女人为阴，左方适合女士使用。

男士在右方催动桃花，可使女性喜爱有加；女士在左方催动桃花，会赢得男性的关爱和亲近。

男士用左边青龙位催桃花，女士用右边白虎位催桃花，纯阴纯阳，容易招来同性恋。笔者劝已婚人士不要催桃花，是为了避免引起婚外情，但运用阴阳位催桃花，不仅不会使已婚人士原有的婚姻破裂，还会使婚姻生活更加甜蜜，二人之间如鱼得水。能催动桃花的工具有：睡床、花瓶、金鱼缸等等。用睡床招桃花的方法很简单，只要将自己的睡床安置在桃花位上，并且自己每天晚上都在这张床上睡觉，不要让桃花位上的睡床空着，就会受到桃花的影响，比如生肖属龙的人士，其桃花位在家宅的西方酉位，就可以在酉位铺床睡觉，催起桃花运。用花瓶招桃花，就是在桃花位上摆放一个瓶子上面绘有鲜花的花瓶，然后在花瓶里罐入清水，再在花瓶里插鲜艳的花枝，便可以催动桃花运。用鲜花催桃花，可以招来真诚、健康、能干的异性，但鲜花寿命不长，一般六天左右就会凋谢枯萎，必须在其凋谢枯萎之前更换，否则不会很好。最好用十二生肖动物招桃花。

在桃花位摆放鱼缸也利于催动桃花，但鱼缸内一定要饲养色彩鲜艳的金黄色金鱼或红色、紫色金鱼。用鱼缸催动桃花，鱼缸里不宜饲养鲤鱼，因为鲤鱼是催财运和旺事业的，对桃花运毫无助力；也不宜饲养龙吐珠鱼类，因为龙吐珠鱼的煞气太重，容易产生桃花劫；更不宜饲养黑色鱼类。

十五、客厅屏风

屏风具有改变门向与门位、分隔空间和保持稳私的功能。屏风具有占地面积小、容易移动的优越特点。根据制作材料的性质，屏风可以分为书画屏风、玻璃屏风和雕镂屏风等种类。

在通常情况下，可以运用屏风来改变门向、门位，起到化煞的作用。住宅大门正对着升降电梯口，由于电梯门经常开闭，容易产生煞气，因此一定要在门内设置屏风。住宅大门对楼梯不吉，一般有二种情况：住宅大门向着往上逐级升高的脚踏台阶楼梯，财气不会外流，在门内二旁摆放金钱树或发财树等生旺植物盆栽，还可以招财进屋，不需要在门内设置屏风；住宅大门向着往下逐级降低的脚踏台阶楼梯，由于气流是从高处向低处流动，楼梯间向下流动的气流容易把住宅内部的生气牵引出去，导致家庭财运走下滑坡，一定要在门内安装屏风阻止宅内气流外漏。住宅大门正对着通道或走廊，好像一把利剑直穿人的心脏一样，这种格局犯了穿心煞气，不仅宅主财运不好，还很容易患上心脏病。如果通道或走廊的长度比住宅内部的深度还要长，那么宅主遭受的祸害就会更大。大门正对着笔直冲来的大路对宅主十分不利，破财、败官难免，还会发生重大的车祸等意外之伤灾，最好在大门前面种植一片环形的花草树木作为屏障，化解直冲而来的外部煞气；另有一种化解方法，就是在住宅大门内面距离门框约 2 米远的地方设置玄关，化解直冲的外力。具体高度应视房子高度而定，一般高度约为 2.4 米左右。

十六、客厅窗户犯煞化解法

客厅的窗户不宜对着屋外的电线杆或烟囱，否则会对主人产生十分不利的影响。若客厅窗外有电线杆或烟囱对着，可用厚布制作的窗帘遮挡化解。

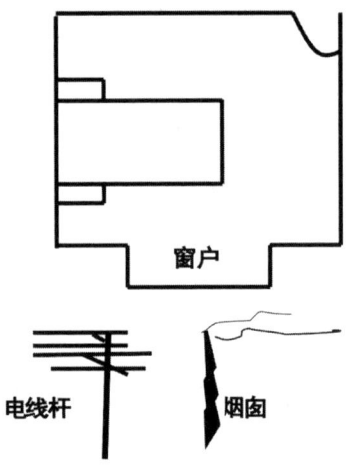

第三节　主卧室的装修与布置

卧室是住宅中极为重要的空间，在风水布局方面，除了卧室不能大于客厅外，还有很多方面的讲究。装修住宅，一定要认真考察卧室风水，因为卧室是家庭成员休息和睡眠的地方，房间内部的气场会对居住者产生直接的作用，卧室气场的好坏会直接影响人的身心健康。

若从家庭成员年龄和辈份来分房，那么有夫妻主卧室、老人卧室与儿童卧室三种。对于这三种卧室的装修、装饰，无论是从方位、色调、光线和选材上来考虑，还是从性格类型、生活习惯和审美效果上考虑，其布置方法和风格都是千差万别的。下面将这三种不同的卧室装修、装饰的格调与要求介绍如下：

主卧室，即指夫妻卧房。在住宅中，主卧室的方位、平面装修布局和色彩搭配是与客厅同等主要的，除了应遵守一般要求外，还必须保证其私密性，避免外界干扰。特别是运用的色彩能符合夫妻双方的性格类型、生活习惯和审美情趣，又能创造宁静、柔和的气氛。

一、主卧室方位的优劣

大体上来说，主卧室的位置处于东方或东南方为大吉，因为这两个方位每天都迎着朝阳，能使人精神振奋。西北方位属于贵人位，与宅主的事业成败存在着密切的关系，如果从事业角度来考虑，那么把主卧室安置在住宅的西北位置是明智之举。若因格局的限制，住宅的东方、东南方和西北方都不能设置主卧室，那么西南方应是优先考虑的方位了。西南坤卦是女主人的位置，其能量可以造就家庭主妇的身体健康、能力和优良品质，同时西南方又能催化一个家庭的财运。若把主卧室设在住宅的西南方，那么不仅可以提高家庭主妇的威信和社会知名度，也能给家庭带来好的财运。但西南方卧室是阴气浓重的地方，其能量会化泄男人的阳刚之气，若男主人长期居住西南方卧室，则男人就会被女性化。

至于其它方位既有利也有弊。西方能提高夫妻的性和谐，但因夕阳照射留下热气，对人的身体健康不利；南方的火热之气太旺，会降低人的睡眠质量。特别是四柱命局中忌火的人，更容易失眠，甚至情绪反复无常；北方和东北方的卧室，会较多地吸纳来自北方的寒冷之气，若家庭的防寒设备不好，则会对人的身体健康造成十分不利的影响。

二、主卧室的平面装修与布局

主卧室的平面装修与布局，主要应从卧室的形状和睡床、家具的摆放方面去考虑。主人卧房的形状与客厅形状的要求是同理的，应以长方形为最佳选择，并且长度和宽度的差距愈小愈好，最忌讳的是长度的尺寸超过宽度的二倍以上。不能将主卧房的平面设计成圆形，因为圆形的空间会使人产生不踏实的感觉，容易出现精神不振、睡眠不足和眩晕等症状。其它的形状也是不可取的，比如三角形、五角形、六角形、八角形、半圆形等形状，都会对人的身体健康构成不利的影响。

主卧房内部的装修、装饰材料种类的选择有较大余地，一般不要过于拘泥，最好应以满足夫妻双方性格和审美的需求为标准，在各种材料运用的数量上做出合理的限制和科学的搭配。面积较大的卧室，可以偏重于选用墙布，织物壁毯、木材料等沉静而且手感舒适的软质材料；地面宜铺设地毯或木地板，这些材料的质感与卧室的休息功能相符，并具有吸音和防潮的特性；若想使卧室拥有安静的环境，就要尽量避免大量地使用玻璃、大理石和金属等硬质材料，因为这些硬质材料的吸音性能较差。对于面积较小的卧室，在装修装饰和布置上，不能过于复杂，特别是在色彩的运用上要把握好分寸，才能创造一个安静、温馨、舒适的居室环境。

三、主卧室内床位与灯具的布置

在主卧室里，主人睡床的摆放位置和床头方向，与灯具的设置存在着密切的关系。首先，应根据主卧室空间的形状、大小和门位，确定睡床摆放的最佳位置，然后结合主人的喜好，合理地选择灯具的款式、颜色和亮度，最后决定灯具布置的方位和高度。卧房门里，门顶上不能安装照明灯具，睡床中央和床头的上方不能安装悬挂式照明电灯。如果在卧房门里面的门顶处安电灯，那么主人就会产生一种恐惧心理，出门时会感觉外面有不利于自己的情况即将发生，同时对人的财运和社会人际关系都会带来不良的影响；如果在睡床中央的上方安电灯，那么对睡在床上的人身体健康会造

床的正上方不宜安吊灯

成不利的影响，容易患上心脏病，并且暗示着将来必定做一次大型心脏手术；如果在床头的上方安电灯，那么灯光照射头部，会产生很强的辐射作用，使主人长期睡眠不足，容易引发神经衰弱等不良症状。

四、主卧室里饰品的摆设

主卧室的空间面积相当有限，不宜在卧室里面摆放无关紧要的杂物。特别不宜在睡房内种植盆栽、养鱼或养猫狗之类的动物，否则会严重危害主人的身体健康。

花是令人喜欢的，但花会增强桃花运，夫妻主卧房内不宜摆放鲜花。在所有颜色的花中，以红花最为霸道，若在夫妻卧室里摆放一盆开红花的植物盆栽，或摆放一瓶红色的鲜花，那么容易使一方犯桃花，导致夫妻感情不和。

虽然卧室是家庭中的小环境，但它对主人的财运、婚姻、身体和人际关系等都能产生很大的影响。布置主卧室时，不可随意把十二生肖饰物摆放在主卧室里，因为十二生肖动物各具五行属性，而每个人的命局都有五行喜忌。如果只从个人的喜好出发，不结合主人命局中的五行喜忌去考虑，随意地把生肖动物摆放在卧室中，那么就会产生两种可能的结局：一种是对主人命局阴阳五行趋于平衡起补益作用；

另一种是使主人命局阴阳五行的能量严重失衡，导致破财和病伤灾难的发生。比如，一个人生于秋季金旺时节，丙火为日主，日主偏弱，四柱中财（金）官（水）两旺为忌，应以印绶与比劫为喜用神。但日主之人一生喜欢鸡猴鼠猪生肖动物，在卧室里摆放这种动物的铜制饰品，因鸡猴为金，鼠与猪均为水，无意中把命局的忌神五行物品放在卧室中，这给命主带来灾难的严重性是可想而知的。特别提醒读者注意，在十二生肖动物中，子（鼠）、午（马）、卯（兔）、酉（鸡）是桃花，若不是宅主命中的喜用神，那么不可随便摆放在家中。

五、床头柜

床头柜要成双摆放，不可取单，否则夫妻感情不和睦。若原来夫妻床头柜只摆放一个，则赶紧配对成双。

床头向西，阳气衰弱，意志消沉，这是床位中最差的取向。可用葫芦装入朱砂摆放于床头柜上，化解因日落西山带来的下沉之气，提

床头柜的摆放

起阳气。朱砂有养精神，安魂魄和益气，明目的功效。

六、主卧室里的挂画

主卧室里的挂画，应以和谐、和睦和喜气为原则，千万不能乱挂。挂夫妻合影为主；可以添挂喜鹊图，喜鹊喜双不喜单，一只孤独，两只和睦，三只易有第三者插足。喜鹊是深受人类喜爱的鸟类，是好运与福气的象征，喜鹊登梅是中国画中常见的题材，乡村小伙子举行婚礼时，最乐于用"喜鹊登枝头"的剪贴来装饰新房。

七、主卧室里门忌对镜子

在风水学上，镜子主要是用来照射直冲而来的凶煞，把煞气反照回去，避免受到凶煞的损害。最忌讳的是镜子正对着房门，因为镜子正对房门，会使主人情绪不稳，易发脾气，散财，易患胃病和咽炎。（如右图）

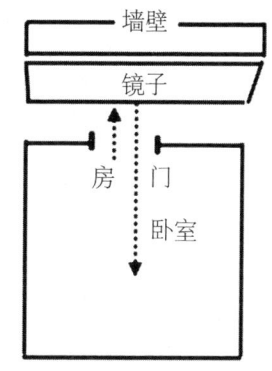

八、家里摆设的神位不宜正对着卧房门

寺庙里的神像都是面朝着庙外面的。同样道理，家里请神灵镇邪治煞，摆放神像也应面向户外，而不可面朝屋内，更不宜面向卧室门，否则心境不安定，易做恶梦。（如右图）

九、主卧房门不宜与厨房门相对

厨房门忌与卧房门相对，特别是厨房门、灶台和床位同处于一条直线上时，厨房里的燥热和油烟会污染卧房里的气场，使房中的人容易生病。（如下图）

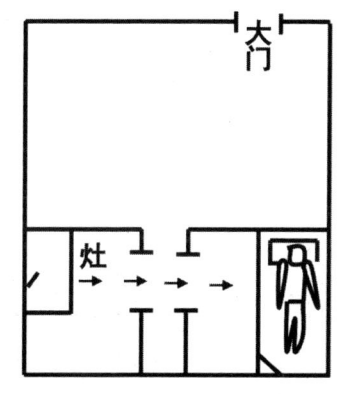

第四节　老人房的装修与布置

若一个家庭中有三代人同堂，老人又能够颐养天年，则说明这个家庭的福泽深厚。家中的老人有着丰富的人生经验，这是全家的无价之宝，俗话说："家有一老，如有一宝"。由于老人的年纪高，社会活动能力低，很少到外面活动，待在家里的时间很长，应选择日光充足的位置做老人房，并在装修老人房间时，注意防寒、防暑、通风等，合理设计，适当使用好颜色和摆设好房间内的家具。

一、老人房的方位

老人的机体比较衰弱，每天都长时间守在住宅内，若日光照射不充足和空气流通不畅，就会给老人的身体健康造成不利的影响。因此老人房间应该设置在日光照射强，采光较好，空气清新的东南方或南方位置上。从八卦论，每个方位都代表不同的家庭成员，乾位代表家中的老父，坤位代表家中的老母，家庭中公婆双全时，可以把乾坤二方位的其中一位设置成老人房间；若是家有单身老父，则可居住乾位卧室；若是家有单身老母，则可居位坤位卧室。

根据中医和气功理论，白天人体内部能量和外部空间能量存在一个交换过程，人体通过呼吸来吸收空气中的养分，同时还通过饮食和晒太阳来吸收外部能量，随时补充因运动与脑力工作后所消耗的能量。但在夜间，人体进入睡眠状态，只能通过呼吸摄入外部能量，不过夜间睡眠后没有体力活动和脑力工作，人体中消耗的能量较小，因此夜间不需要吸收很多的能量，最好给老人选择较小的房间做卧室；白天时人体消耗的能量比夜间多，最好让老人在户内客厅里吸纳、补充一些新鲜的外部能量。如果能把老人房间设置在住宅的西北方或西南方，而将东南方或南方设置为客厅，那么可称为有利于老人最恰当的配置了。

二、老人房的颜色

老人房适宜营造沉静、暖和、轻松的气氛，在装修老人房时应选用可令老人心情平静和感觉舒适的颜色。

红色代表热烈和喜庆的气氛。鲜艳的红色容易使人精神亢奋，导致心情烦闷，而老年人晚年时都希望过上平静的生活，因此装饰老人房间不宜使用红色，否则会刺激老人的神经，损害身体健康。老人房的装饰色调应以淡雅为首选，因为房间的淡雅色调能够营造安静的环境，正符合他们的心理和生理的需要。

虽然老人喜欢安静的环境，但是使用过于阴冷的颜色装饰老人房也是不适合的，主要理由是阴冷的色调会加深老人心中的孤独感，导致产生抑郁的心理状态。老人房的方位与适合的颜色对应如下：

东方——喜用绿色、蓝色和鲜红色、紫色。

南方——喜用淡紫色、乳黄色、米黄色。

西方——喜用白色、米黄色、金黄色、灰色及蓝色、黑色。

北方——喜用银白色、天蓝色、海蓝色、灰色。

东南——喜用绿色、蓝色和鲜红色、紫色。

西北——喜用灰色、蓝色、白色、粉红色、黄色、棕色

西南——喜用黄色、棕色、白色、金黄色。

东北——喜用金黄色、白色。

三、老人房的摆设

一般来说，老年人的睡眠质量不高。为了能够有效地提高家中老人的睡眠质量，应当把睡床作为重点来摆设。床头朝向应根据房间的实际情况而定，床头上方和中间绝对不宜安电灯。不能让室外的灯光照射着老人床。

若老人房内设置衣柜，则最好不要把衣柜摆放在床头，更不宜将衣柜紧挨着床头，否则会给老人造成压迫感，影响睡眠。老人房里不宜放置太多的金属类物品，因为金属物品普遍带有较强的磁场，特别是铜质物品的磁场能量更强，而且色调较冷，容易造成房间里的阴阳失调，破坏房间里的和谐气场。

为了方便老人日常读书、看报的需要，可以在老人房里摆放一张大小适中的写字台，并且将写字台与床头摆放在同一方向，但写字台上不可设置超过两层高的书架，否则会不可避免地给老人构成压迫感。

除了以上几种家具物品外，不需要有太多的摆放要求，绝对不能把老人房间堆得满满的，否则会使房间显得拥挤，影响老人房温馨的氛围。

四、老人房吉祥物品摆设

老人房间是老人休养生息的地方，摆设应以健康长寿为主。老人房间要有寿星，老人天天看到寿星，就会健康长寿。南极仙翁是寿星公，它是一个慈祥老翁，一手持着拐杖，一手托着仙桃，面露笑容，胡须白长，头额顶凸出一个大脑门，是长寿之神仙，福、禄、寿三星中的寿星就是它。南极仙翁可摆放在住宅中堂和老人睡床的床头上。

老人房间里还可以摆放灵芝和仙鹤。自古以来，灵芝被认为是吉祥、富贵、美好和长寿的象征，灵芝有"仙草"之称，是滋补强壮、固本扶正的珍贵中草药，具有起死回生、长生不老的功效。中国吉祥文化中，仙鹤是高雅、长寿的

南极仙翁

象征。在老人房间里摆放灵芝和仙鹤，老人可以天天看到具有长寿象征意义的灵芝和仙鹤，也能起到延年益寿的功效。

百寿图也有延年益寿的功效，此图是用书法写出一百个寿字构成的，挂在老人房间里，能让老人很高兴。

灵芝

仙鹤

第五节　儿童房的装修与布置

天下每个当父母的，都希望自己的儿女健康活泼、聪明灵巧。"望子成龙，望女成凤"是天下父母的共同心愿，为了给子女营造一个舒适、良好的空间，在儿童房的装饰和布置上，都要费一番心思。

一、儿童房的方位

儿子的房间，最适宜设于住宅的北方、东方或东北方，因为在八卦中，北方东方与东北方均属于阳卦，具有培育儿子的能量。女儿的房间，适宜设于住宅的西方、南方和东南方。

住宅的中宫位置、西北方和西南方，都不宜设置儿童房间。特别是中宫位置，属于住宅的心脏部位，只适宜用作客厅，若用于设置儿童房间，则会对宅运造成不利的影响；另外，中宫位置的土气旺盛，会使人理智不清、头脑愚笨、反应迟钝。

西北方和西南方均属于成熟位，适宜家庭中的长辈居住，不宜设置儿童房。若把儿童房设置于西北方位，那么西北方的阳刚之性，容易使儿童性格变得任性、孤独和成熟；若把儿童房设置在西南方，那么西南方的阴柔之性，容易使儿童性格变得软弱、冷落和孤僻。这两个方位都不宜设置儿童房，但有一种情况可以利用西北方或西南方调节父母子女间的关系，比如子女不听父母的管教，贪玩不肯做作业，会经常与父母顶嘴，可以把子女的照片放大后贴挂于西北方或西南方。

二、儿童房的色彩

儿童房内部的色彩，对小孩子的情绪和心态都会产生很大的影响。主要原因是色彩具有极强的五行能量，经过搭配组合后，能扭转和再造气场的状态，因此装修儿童房选用的色彩既要符合小孩的心理需求，又能营造活泼和愉快的气氛，如红色、橙色、鲜黄色、奶白色、粉蓝色和苹果绿等，是比较理想的主色彩。如果用灰色、深蓝色、黑色、咖啡色等颜色做为儿童房间的装饰

儿童房

主色彩，房间里的气氛就会显得深沉而严肃，致使儿童的情绪受影响，出现忧郁、呆滞的不良状况。

装饰儿童房间使用的颜色，应根据儿童命局的五行喜忌来决定，不能一概而论。下面列表说明五行喜忌不同的儿童各自适宜的颜色：

儿童喜用五行	金	水	木	火	土
主色彩	乳白色	浅蓝色	浅绿色	橙红色	鲜黄色
生旺色彩	鲜黄色	乳白色	浅蓝色	浅绿色	橙红色

上表中，主色彩和生旺色彩是指房间颜色配置的主要色彩。房间中配置的主色彩的比例，应占所有色彩的 65％，其余用于搭配衬托的色彩所占比例不能超过 35％，比如五行喜木的儿童，可以选用浅绿色或浅蓝色作为装饰房间的主色，就是说房间使用的色彩中，浅绿色或浅蓝色所占的比例应是 65％，其余用来衬托的色彩只占总色彩比例的 35％。如果儿童房墙壁采用墙纸装饰，那么就应考虑墙纸油漆颜色的合适度。墙纸上除了应有缤纷艳丽的色彩外，上面还要印一些新鲜、绚丽的图案，如自然景物、卡通或童话故事中的人物形象等，这样不仅对儿童有吸引力，还可以诱发他们的想象力。但有一点应该引起注意：墙纸的色彩较多，应尽量做到主次分明，主色彩应与儿童的五行相配合为宜。

三、儿童房的照明

儿童房的照明最好使用柔和的壁灯。若孩子胆小怕黑，夜间难于入眠，那么可以在儿童房里较高墙壁上装一盏小灯，用于改善小孩怕黑的心理状态。柜灯，台灯和落地灯的电线散乱，会对安全意识薄弱的孩子构成危险，应加以避免。

四、儿童房间的布置

儿童房内不宜摆放植物盆景，因为儿童是正在成长中的幼苗，需要充足的氧气。若把植物摆放在儿童房内，则植物就会与他们争抢空气中的氧气，对成长中的儿童十分不利；另一方面，植物开花时，花粉会刺激儿童细嫩的皮肤和呼吸系统，随时都会发生过敏反应；再者，植物盆栽中的泥土及枝叶，容易滋生蚊虫，对孩子的身体健康会构成不利影响，特别是仙人掌、玫瑰等有刺的植物，是绝对不能摆放在儿童房中的。

儿童房内不宜安装大面镜子，也不能悬挂风铃，更不宜摆放古董物件，也不宜摆放成人睡床，特别是不宜用成人床代替儿童床。

晚上睡眠时，儿童房的门要保持关闭状态。窗户一定要装上窗帘，白天将窗帘卷起，使窗户外的新鲜空气和阳光能够自然地进出房间；晚上要拉上窗帘，阻隔外界事物对房间的影响，使孩子能较好地安静入睡。

五、儿童房地板

儿童房不宜用石材铺地板，因为有一些石材含有放射性元素，不利孩子健康成长，所以需要经过有关的权威部门认证的石材方可使用。

儿童房也不适合铺设地毯，因为地毯虽然具有安全性的防滑功能，能防止小孩摔伤，但是地毯容易沾染灰尘，长期使用会使儿童患呼吸道疾病，特别是易患支气管炎。

儿童房里最适合铺设天然木地板，主要是天然木地板既安全、又清洁。

第六节　餐厅的格局与装修

一、餐厅的格局

住宅中的餐厅，是一家人用于就餐、补充体能的地方，与户主存在着十分密切的关系。格局好的餐厅具有愉悦的气氛，让用餐者精神松弛，还有益于家庭成员之间的交流及和睦相处。

餐厅的格局和客厅、卧房一样，以方正形状为佳，不可有缺角或突角的情况。长方形或正方形的餐厅，能让用餐者身心放松，感到舒适和愉快。

餐桌象征着家庭的财富，餐厅的门不能正对着住宅的大门，否则客人一进门，就会看见餐桌，财富泄露，意味着不聚财。餐厅的门也不宜对着厨房门或卫生间的门，否则家人用餐时容易出现情绪不稳的现象，受卫生间异味的影响，也不符合卫生要求。如果餐厅处于住宅左右两个房门之间，那么情况更为糟糕，属于大破财的格局，应制做屏风遮挡化解。

二、餐厅的装饰

（1）墙壁颜色的选择

餐厅墙壁的颜色最好采用灰色和白色，使用的涂料与油漆不宜反光刺眼，这样才能有效地衬托食物的美感，能增强用餐者的食欲。

餐厅的墙壁装饰，最忌使用红色和黑色的涂料或油漆。因为红色容易使人兴奋和情绪高涨，缩减食欲；黑色属于阴沉的色彩，容易使人精神不振，味觉失常，甚至会在鱼肉面前出现反胃的不良现象。

（2）餐厅整体色彩的搭配

餐厅的整体色彩一般都是随着客厅的色彩来搭配的，因为大多数家庭的餐厅和客厅都是相通的。从空间的整体统一角度来考虑，餐厅与客厅的色彩宜采用暖色系，主要原因是暖色系有利于促进和增强食欲。

在设计整体色彩的搭配时，要注意地面、墙面和天花板色调的区别。通常的色调布置应该是：地面的色调宜浓重而深沉，天花板的色调宜浅淡而轻浮，墙面的色调可以用中间色调，以达到天轻地沉的稳重效果。

色彩具有扭转和再造气场的能量，在住宅装修中，若能合理地综合运用色彩，那么也可以有效地改善家庭的运气。餐厅内若能够合理地运用色彩，不仅可以给家庭开运，还可增强人的食欲。

在不同的季节或心理状态下，人对色彩的感受也是不同的。若感觉到餐厅内的家具颜色较深或装饰的颜色过于深沉时，就可以利用灯光来调节室内的色彩，也可以运用蓝白、绿白，或红白色彩的搭配来衬托餐厅的气氛，达到消除乏味和增强食欲的目的。

（3）餐厅的挂画与饰品

在餐厅里最宜挂一至二幅背景和谐的图画，如赏心悦目的食品写生、欢宴场景或意境悠闲的风景画均可。其中的食品写生图画，最好是鲜翠欲滴的水果画面。

餐厅里要求保持空气流畅、环境整洁大方，不可摆设太多的装饰品。通常情况下，一般都不主张在家庭里摆放镜子，但在餐厅里布置一面大小适中的镜子是较为理想的配置。若在餐厅里布置镜子，最好把镜子镶嵌在墙壁上或餐具柜上，并且让镜子能够映照出餐桌和食物，这样不仅可以拓展空间的立体视觉感，还可以收到增强能量的效果。

（4）餐厅的照明

餐厅里使用的灯具最好以白炽灯为主。如果使用能够调节亮度的白炽灯，让灯光保持弹性，那么吃饭时使用低度灯光，其它时间使用高度灯光。这样既能使餐厅的灯光具有柔和的效果，增强用餐时的温馨气氛，又可强化家庭成员之间的感情交流。

三、餐厅的绿化植物

餐厅里进行适当的绿化和点缀是非常重要的，不仅可以给餐厅注入生命的活力，增添欢快的气氛，还可以使家人用餐时胃口大开。

餐厅里的绿化植物，可以摆放在木制的分隔柜上，用于划分餐厅与其它功能空间，也可以在餐厅的一个角落或窗台上适当摆放几盆生长状况良好、枝叶繁茂的绿色植物，以增强生机盎然的效果。

为了保持用餐区域的清洁，餐厅里不宜摆放用泥土种植的植物。若摆放用泥土种植的植物，则必须选用无菌的土质方可。通常摆放水种植物效果较好。

如果家庭中的餐桌是固定的，而就餐人数少，那么可以在桌面的中间摆放一盆或一瓶绿色赏叶类或观茎类水种植物，但不宜摆放开谢频繁的花类植物，更不可摆放气味过于浓烈的刺鼻植物。

第七节　厨房的装修与布置

厨房可比喻为人体的血液，也可比喻为全家人的财库，代表着家中女人，是女人活动的一片天地。男人若把厨房处理好了，不仅可以增强财运，还能娶到一位漂亮贤慧的太太。同时，厨房还会影响子孙后代，因此把厨房装修和布置好了，家中的太太就会体贴丈夫，还可以生育优秀的儿女。

一、厨房的方位与形状

厨房是用于煮食的地方，五行属火。东方和东南方这两个方位的五行属木。如果把厨房设置在住宅的东方或东南方，那么就是木火通明的格局，意味着家人常得贵人扶持。从自然环境学方面的立场而言，太阳升于东方，东方和东南方一年四季光线充足，春秋两季温暖、凉爽；夏季有东南风吹拂，也不会过于炎热；冬天虽然早晨气温较低，但时间短促，中午时分可享受阳光的照射，气温升高，可转寒冷成为阴凉。因此，住宅的东方和东南方是安置厨房的最佳方位。

厨房在住宅的北方，因北方的五行属水，故为水火相克之象，主家庭人口不安。厨房在住宅的西方和西北方，因西方和西北方这两个方位五行均属金，故为火金相克之象，大凶。

厨房在住宅的东北方或西南方，因东北和西南这两个方位五行均属土，虽然火土相生，但因气流难于融和，容易伤及脾胃，属于不利方位。

厨房在住宅的南方，因南方五行属火，而且火气太旺，故可作小吉论之。

住宅的空间形状以长方形和正方形最吉，三角形状最凶，其它不规则形状均不可取。无论是住宅的外部形状，还是内部空间的形状，都以取四方形状最好。如果户型设计时，已将厨房的形状设计成三角形或其它不规则的形状，那么应当运用隔墙或隔柜将它分割成四方形，然后把厨房中的常用的米油盐酱醋以及锅碗瓢盆等分别置于恰当的位置。

二、厨房的装修色彩

自然界中，每一种色彩都具有其特定的气场能量，不同的色彩会给人以不同的心理感受和视觉效果，或清凉雅致，或温暖如春。如果厨房里的色彩运用妥当了，就象中国菜肴的色、香、味的调配艺术一样，能够强烈地唤起人们的食欲。

不管主人如何考虑厨房色彩的特色，都不能脱离整体居室的美感、柔和和洁净的装修色调，才能使人感到心情舒畅。如果厨房的色彩是根据个人的兴趣和爱好来定的，那么可以用浅淡而明亮的色彩使狭小的厨房显得宽敞起来，或用浓度较低偏于暖色系的色彩，使厨房的空间显得温馨、活泼和热情。

朝北的厨房凉意很重，可以采用暖色系的色彩提高室内的温和度；朝南或东南的厨房，阳光十分充足，热气较旺，可以采用冷色系的色彩达到降温的效果。

　　厨房的天花板和墙壁上部，要使用轻淡而又明亮的色彩；地板面要使用深沉而浓重的色彩。这就是装修房屋"天轻地重，天清地浊"的风水搭配原则。

三、炉灶

1. 灶台不宜冲厨房门

　　灶台冲厨房门，主家里财气不聚，家人易患脾胃病，特别会影响家庭主妇的运气。（如图一）

2. 灶台、大门与厨房门不宜三者相对

　　住宅大门、厨房门和灶台三者正对着，炉灶被门路引进来的外气直接冲射，主家中财气损耗，家人心乱如麻，情绪不稳。（如图二）

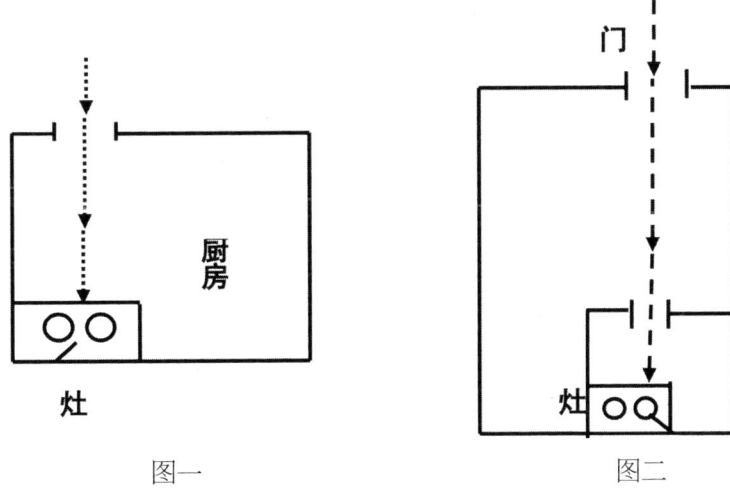

图一　　　　　　　　　　　　　图二

3. 炉灶不宜被尖角冲射

　　炉灶忌被尖角冲射，否则会损害家人的身体健康。（如图三）

4. 厨房里忌两水夹一火（灶台）

　　厨房里忌两水夹一火。灶炉的左右两边忌摆设洗衣机和洗碗盆，

使炉灶处于二者之间，这样会使主人长期心情不好，易生暗病，还会败财。（如图四）

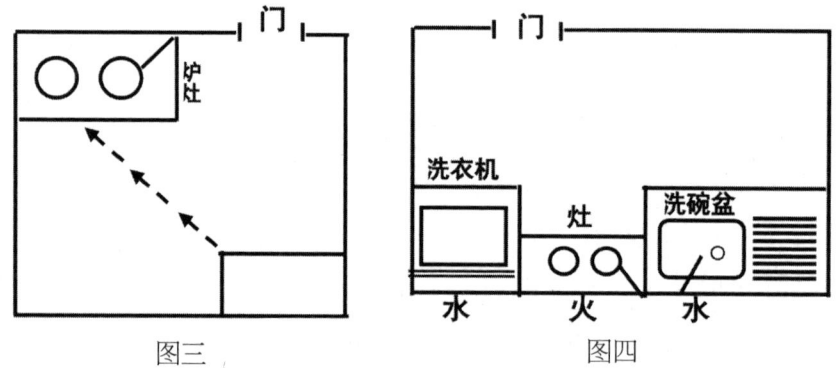

图三　　　　　　　　　　图四

5. 炉灶忌横梁压顶

炉灶忌横梁压顶，否则会影响主人的运气，特别对财运不利。（如图五）

6. 灶台不宜与厨房门、厕所门相对

灶台不宜与厨房门、厕所门相对，特别是厨房门、厕所门、灶台和坐便器四者，更不能处于同一直线上，否则容易损害家人的身体健康，会生暗病。（如图六）

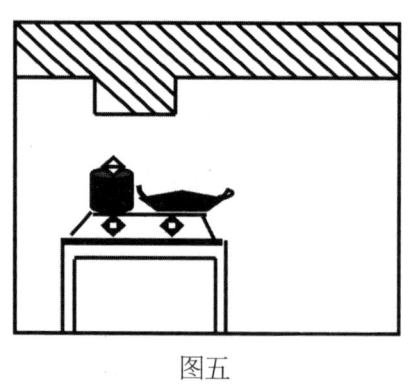
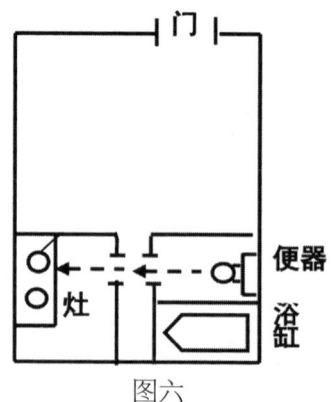

图五　　　　　　　　　　图六

7. 灶台不宜安在大门右边

灶台安在大门的右边，会使主人常遭口舌，易患肺部毛病、咳

嗽、支气管炎和血症。（如图七）

8. 灶台不宜安在午方

灶台安于午方，主火灾，家人易患目疾和心脏病。（如图八）

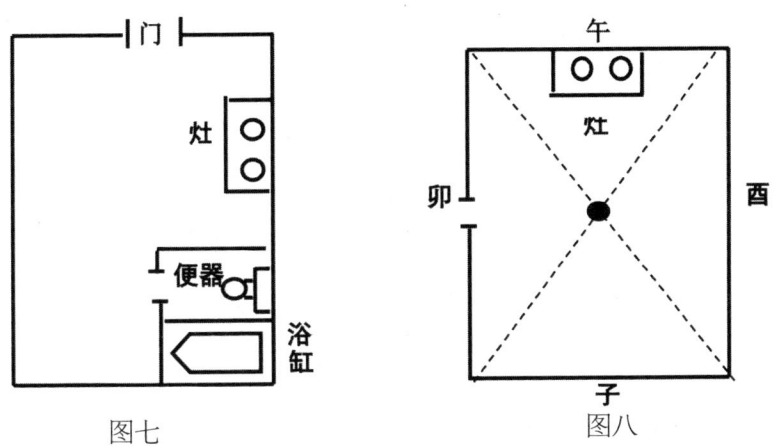

图七　　　　　　　　图八

9. 灶台左右不宜有门冲

灶台左右两侧有门冲，会使主人常遭口舌，容易破财。（如图九）

10. 灶口不宜向着水缸、洗菜盆和水龙头

灶口向着水缸、洗菜盆或水龙头，主人易招口舌是非，家中姑媳反目，妇女暗病常有，小口多病。地面一层住宅，灶井同处一廊且灶口正对着水井同论。（如图十）

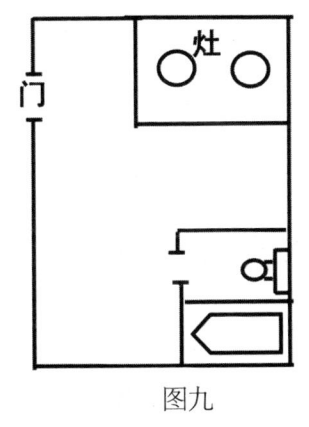

图九

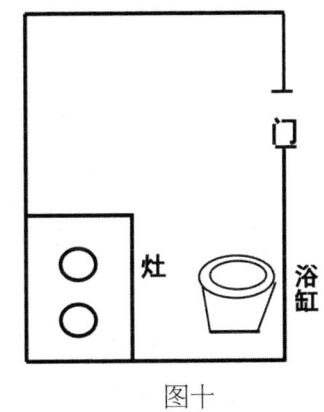

图十

四、厨房犯忌化解法

厨房五行属火，与五行为土的脾胃相互感应，千万不可让厨房受到污染。厨房的装饰颜色要求与胃融洽，墙壁颜色和橱柜最好使用能够协调胃气的色彩。

厨灶五行属火，不宜安置在自来水管道上面，否则水火相克，容易造成夫妻吵架，脾胃消化功能下降。灶口不能背宅反向，否则财气往外流、家人背离，特别是容易使家人一到吃饭时间就容易打架。若遇灶口背宅反向，则可通过转换灶口方向化解。

厨房与卫生间相向，属于洁净与污秽相对，会对主人身体健康造成不利影响。

五、厨房的照明

厨房是用于煮食的地方，应该保持明亮、清洁和干燥。如果常年有天然光线照射厨房，每天只有一段时间，那么也可以使空气保持清新，具有消毒除菌的功效；如果由于格局设计上存在问题，使厨房显得黑暗，那么最好在灶台上方配备一盏照明灯具，用以壮旺厨房的能量。

在通常情况下，一个家庭厨房除了基本照明外，还应设计局部照明，使用的灯具应以小型荧光管灯或白炽灯泡为主，灯具的瓦数应方便看清物品为主。

第八节　卫生间的装修与布置

自古至今，大多数人只重视吃喝，轻视排泄。往往只注重餐厅和厨房的安置，很少去考虑卫生间的处置是否合理的问题。其实，卫生间是住宅的重要组成部分，布置得好坏会直接影响住户的身体健康和财运，因此希望广大读者在装修自己的住宅时，应对卫生间风水予以特别的关注。

一、卫生间马桶的位置

罗盘上的"子午卯酉"这四个方向的磁场能量极强，自然界中没有东西能阻挡这四个方向气场能量的。古代皇帝的宫殿和庙宇都是建在子午位上，神位的摆设方向也都是子山午向，吸纳着正极的强大磁场。

任何一间房屋都受子午卯酉这四种气场的影响，主要表现为房屋的大门、卧房、卫生间等都受这四大气场的干扰。但大门、卧房里的睡床位于四正方时（即向四正方），若屋内布局合理，则可以使家道兴旺发达。但卫生间内的马桶（坐便器）位于子午卯酉四正位上时，就会给宅主的运势带来不顺，特别身体健康会出现严重问题，容易患上糖尿病、肾衰竭、前列腺炎、心脏病和脾胃病。因此，提醒大家，在装修住宅时务必引起高度注意，千万不要在住宅大太极的子午卯酉位上安马桶，否则均属大凶之象，非经化解调理不宜长期居住。

二、卫生间的装修颜色

卫生间的整体颜色应保持一致，不宜使用太多种颜色装饰卫生间。最好使用淡绿色、淡黄色或淡蓝色等清新的颜色，因为用这几种颜色可以使卫生间显得宽敞，能给人以舒服的感觉。装修卫生间选用的颜色还应根据方位来决定，不宜主观地单纯按照个人的喜好给卫生间搭配颜色，以免造成方位磁场不稳，给宅主一家带来不利的影响。

卫生间的方位，一般以西方和北方两大方位比较稳妥，但若由于设计原因已经形成无法改变的格局，那么应当通过装修和布置来缓解方位和水气之间的矛盾。

卫生间的装修风格，不要求与住宅整体空间相一致，应根据卫生间所在的方位来考虑选用墙砖、地砖和天花顶材料的色彩。比如，建在西方或西北方的卫生间，应采用绿色墙砖和地砖，再摆放五盆大小适中的仙人球，化泄卫生间里强旺的水气场，使西方或西北方磁场趋于平稳状态；建在东北方或西南方的卫生间，应采用白色墙砖和地砖，再在卫生间里摆设三盆植物，以避免方位的土气和水气矛盾激化而造成不良的影响；建在北方的卫生间，虽然在水位上置水不乱大伦，但是北方本是水的旺地，卫生间大量的水会增旺水气场，会使北方磁场不稳而产生煞气，对人体健康构成不利的影响。因此应使用能压制和耗泄水气的磁砖装饰卫生间的墙壁和地板面，使北方磁场趋于平稳。

三、卫生间的照明

一般情况下，设置窗户的卫生间，白天的自然光是能够满足基本照明要求的，安装照明灯具主要是为了满足夜晚的照明。卫生间的整体照明宜选择日光灯，而且应选择防水性与安全性可靠的玻璃或塑料密封的灯具。

四、卫生间的合理布置

卫生间地面装修的最基本要求是排水畅通，下层不能渗漏。因此在铺设地砖和墙壁之前，应做好防水层，避免水渍现象的发生。卫生间里的进出水管道和卫生器具，要安装平衡，不宜出现渗漏或堵塞现象。地漏设计应以上下水管道为基础，表面应略低于地板面。

卫生间里使用的地砖，应具有耐脏及防滑的特性，而且地砖、墙砖及天花板材料三者之间应协调，否则会使人有"头重脚轻"的感觉。

卫生间里必须设置窗户，保持空气流通，而且还要安装排气扇，将卫生间里的浊气及时排出屋外，保持空气新鲜。

卫生间里使用的电器，应选用防水性能优良的产品。电器的外壳应选用防腐材料，而且要带有防水电源开关、电缆和插头，避免通电使用时被水淋、水溅引发漏电事故。

坐便器、浴缸和肥皂盒都应安放在靠墙的地方，不宜靠近卫生间的中心位置。若家里有老人，坐便器附近应安装不锈钢助力扶杆，以方便老人站起；浴缸的理想高度为40厘米，不管是普通的带裙板的浴缸，还是冲浪按摩浴缸，其高度都不应该超过45厘米的高度。

五、上下层楼都设卫生间的方位不宜做卧室

在城市楼宇中的单元住宅，不宜把卫生间改作卧室，否则上层楼和下层楼的卫生间就把卧室夹在中间，容易使主人身体生暗病，也不利事业和财运。（如右图）

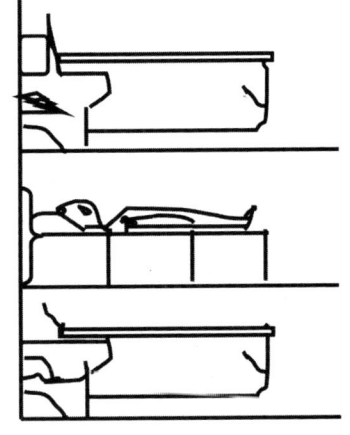

六、卫生间门不宜正对住宅大门

卫生间门不宜正对住宅的大门。卫生间是家中肮脏和隐私的地方，若卫生间门与住宅大门正对着，两者处于一条直线上，一方面不雅观，另一方面会使家人易患疾病。疾病的性质与卫生间所在的八卦方位五行有关。（如下图）

七、卫生间犯忌化解法

卫生间里一定要保持干净和良好的通风，不能存在污染源，否则夫妻之间会有烦心的事情缠身，双方难以和谐相处。

卫生间可比喻为人体上的肾脏，夫妻肾脏健康，直接影响夫妻感

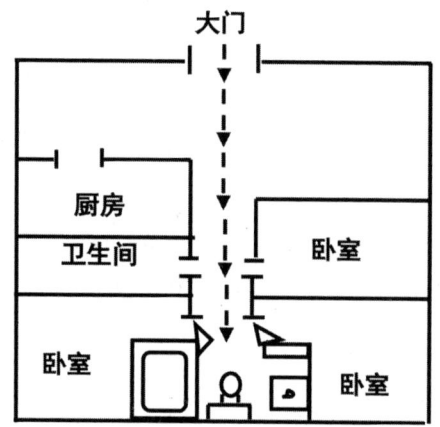

情生活，肾的五行属水，卫生间里使用的颜色喜蓝色，蓝色五行属水，可滋润人的肾脏。红色五行属火，卫生间里不宜使用大红色来布局，否则水火相克，不利肾脏，影响夫妻感情。

卫生间四面都是窗户，风水信息全面向外开放，夫妻之间会产生开放的心理，容易出现外遇情况。

卫生间与厨房门相对，则男主人易有外遇。卫生间不宜正对厨房，否则吉气与浊气相混，家人容易患脾胃病。厨卫相对，可以在卫生间里铺绿色瓷砖化解。

卫生间若无法改动，可用色彩、光谱来淡化水气，达到中和的状态，以满足宅主生命气场的需要。

第九节　书房的装修与布置

一、书房的重要性

城市里的家庭不仅有客厅、卧房、厨房，还有书房。书房是人的灵魂所在地，能体现人的知识水平的高低和能力的强弱。居宅之人有没有知识水平，有没有智慧，有没有经济管理能力，进书房一看就知道了。

无论是男士还是女士，就书房来说，都属于一个桃花重地。在书房里不宜摆放鲜花，因为鲜花是最容易招致桃花的东西，会无意中增强桃花气场，人就会患桃花病，整日迷迷糊糊地思恋异性朋友，饱尝失恋之苦。

二、书房的格局与布置

书房一般都设置有写字台、计算机操作台、书柜和座椅等，内部空间主要有收藏区、读书区与休息区。收藏区宜靠墙布置，读书区宜靠窗布置，剩余的空间可做休息区。

书房的面积大多在 8-15 平方米之间，实际面积的大小应根据整套住房的面积大小而定。

书桌应当放置于窗前，这样才能保证白天看书或写作时有足够的光线；书桌上应摆放一盏台灯，台灯要具有相当的灵活度，可以调节光线的角度和亮度，以保证夜晚看书学习时有足够的光线。

书房的窗帘应该选择既可遮挡光线又有通透感的浅色纱布帘，或选用高级柔和的百叶帘。

在书房里布局，必须要有山高水低的组合形式。高者是山，低者是水，有高有低、有山有水才能产生风水效应。

三、书桌方位

书房布置着重强调书桌的摆放，书桌的方位是书房布置的重点。这里所说的方位，包括方向和位置两个概念。

①书桌要向门口，能让主人头脑清醒；书桌不可背着书房门，此为缺失靠山之局，小孩用之得不到老师的宠爱，在单位上班的人士用之，很难得到上司的赏识与提携。

②书桌不宜被门冲：如被门冲，读书、学习等就易受到干扰，不易集中精神，效率降低，容易犯错。

③坐位宜背后有靠：背后以实墙为靠山，象征主人能得贵人赏识与

坐位不宜背向玻璃窗

提携，儿童用之可得老师宠爱。但坐位切忌不可背靠玻璃墙，否则财运及事业运都会受损。

④书桌前面的空间要宽广，人的头脑才敏捷、前途宽敞，又能激发人的创造力，能成大器。

也可面窗而坐，以窗外宽阔的空间为明堂，既能够观赏外部景观，又可收到较好学习和工作效果。

⑤书桌不宜摆放在横梁压顶处。也忌类似横梁的空调、吊灯等物件压顶。

坐位不宜吊灯压顶

⑥书桌不能摆放在房间正中央。这是四方无靠、孤立无援的格局，前后左右均无依无靠，象征主人学业、事业都孤独，难以得到发展。

四、书房的颜色

书房的颜色，应该按照个人的四柱八字命局的五行喜忌和方位具体搭配，但应当以浅绿色和浅蓝色做为主要色彩。因为书房的寓意是文昌星，而文昌星（也称文曲星）的五行属木，绿色五行属木，蓝色

五行属水，故使五行属木的绿色和五行属水的蓝色装修书房，能够生旺文昌星的气场。另外，绿色具有缓解眼睛疲劳和保护视力的作用，也有利于使人心情平静，集中精神阅读与思考问题。

浅绿色和浅蓝色主要用于装修墙面和天花板，墙面最好选用浅绿色的壁纸和木板等吸音性能较好的材料，天花板最宜选用浅蓝色的涂料或油漆。地面应选用木地板或地毯等材料。

总之，书房的颜色要柔和，能让人心情平静，尽量避免使用跳跃和对比的颜色。

五、书房的采光与通风

书房是供人读书学习的地方，而读书是怡情养性的事情，要体现书房的功能，营造书香与艺术的氛围，就应在设计装修时合理地划分书房的功能区，使书房有良好的通风与采光。

长时间的读书学习，需要保持头脑的清醒，清爽与新鲜的空气是十分重要的。因此应选择通风透气的房间做书房，而且要经常打开门窗，通风换气。

如果书房的通风不畅，那么对房间内使用的计算机等学习办公设备的散热不利，导致这些设备产生的热量和辐射污染室内空气，危害人的身体健康。

六、书房的照明设计

书房的照明必须能满足阅读、学习和写作的需要，以局部灯光照明为主。一般地说，书桌上的台灯宜选用白炽灯为佳，瓦数在60W左右最合适，因为瓦数太小，灯光就会太暗，会损害眼睛的健康；瓦数太大，灯光就会太亮，会刺激人的眼睛。在书房里工作时，不能为了节省电只开书桌上的台灯，天花板或墙壁上的灯也应该同时开着，尽量使书房保持明亮。

七、书房物品的摆放

书房是学习的地方，其中布局的主题思想十分重要，应以个人的文化底蕴确定儒、道、佛三家之一。好的书房能使人静下心来，专心地学习，观察世事的变化。

文房四宝

书房中应当摆放书架，至少有上中下三层，书的摆法与人的成败密切相关，一般上层摆放思想类的书籍，中层摆放文化类的书籍，下层摆放技术类的书籍。

书房里必须摆放文房四宝以增加文气，又能修身养性。笔、砚、纸、墨为文房四宝。书房里必须挂一些书法字画，以增加文气，书法字画是陶冶情操之物。

书房或孩子房间里宜挂孔子像和摆放文昌塔，增强孩子的学习氛围，引导孩子学习进步。孔子是春秋末期的思想家、政治家、教育家，是儒家学派的代表人物，为历代的统治阶级、学府和知识分子所膜拜；文昌星是指民间认为天上专门掌管人间读书运、考试和功名利禄的星宿。

孔子像和文昌塔应摆放在文昌位上。

八、文昌位

文昌位是每个人的文化能量方位，确定文昌位的办法有：

（1）以个人的四柱八字中的年干或日干为主，从四柱地支中找文昌位。

口诀：甲乙巳午报君知，丙戊申宫丁己鸡；

庚猪辛鼠壬逢虎，癸人见兔入云梯。

如"甲乙巳午报君知"一句，即年干或日干为"甲"，则以"巳"为文昌位；年干或日干为"乙"，则以"午"为文昌位。

（2）根据人的出生年份尾数确定文昌位：

1940、1950、1960、1970、1980、1990、2000、2010（0尾年份）出生的人，文昌位在西北方；

1941.1951.1961.1971.1981.1991.2001.2011（1尾年份）出生的人，文昌位在正北方；

1942.1952.1962.1972.1982.1992.2002.2012（2尾年份）出生的人，文昌位在东北方；

1943.1953.1963.1973.1983.1993.2003.2013（3尾年份）出生的人，文昌位在正东方；

1944.1954.1964.1974.1984.1994.2004.2014（4尾年份）出生的人，文昌位在东南方；

1945.1955.1965.1975.1985.1995.2005.2015（5尾年份）出生的人，文昌位在正南方；

1946.1948.1956.1958.1966.1968.1976.1978.1986.1988.1996.1998.2006.2008.2016（6与8尾年份）出生的人，文昌位在西南方；

1947.1949.1957.1959.1967.1969.1977.1979.1987.1989.1997.1999.2007.2009.2017（7与9尾年份）出生的人，文昌位在正西方。

文昌塔又称文笔塔或文峰塔，是最常用的旺文运、启迪智慧、调学业的风水法器，在个人命局文昌位上摆放文昌塔，有利于小孩读书、考试升学以及功名、事业。在书房里的书桌

文昌塔模型

上摆放文昌塔，有利文思敏捷、思维发达，可使业绩提升、效率高涨，学生、学者和文职人员摆放文昌塔，更有利于提高学习成绩和发展事业。在古代凡是建有文昌塔的城市和乡村，都出过文人墨客。

第十节　储藏室的装修与布置

随着人们生活水平的提高，物质生活日益富裕，家庭中的物品越来越多，因此出现了储藏室这个新的功能区域。在当代社会的户型住宅中，储藏室是一个独立的房间，其主要用途是用于储藏日用品、衣物、棉被、箱子或杂物等物品。

储藏室的面积比较小，一般户型住宅中的储藏室面积只在4-6平方米之间，其格局和方位很少得到重视。其实，储藏室的格局和设置都是十分重要的，它会影响整个住宅的环境。当代户型住宅的设计中，储藏室的格局与方位已经被固定下来了，因此只要在原有的格局和方位基础上，合理地设计储藏室和妥当地安排物品的摆放方式，对改善家居风水也能收到很好的效果。

储藏室房间里的采光和通风条件非常重要，在储藏室里最好设置一扇窗户，白天可让光线照进房间，同时也有利于房间的通风。在潮湿的季节里，也可避免存放在储藏室里的物品出现虫蛀和发霉现象。如果储藏室的自然采光条件很不理想，那就最好安一盏明亮的日光灯作为补充照明。

储藏室里要保持高度的干爽洁净，墙面最好铺设瓷砖，而地面可以铺设地板和地毯，以避免地面和墙面起灰尘，使房间易于清扫和处理。

为了便于查找储藏的物品，最好设置储物架对储藏的物品进行分类摆放。

第十一节　住宅庭院的布置

从风水学的角度来说，庭院的功能和作用十分重要，把庭院设计好了，不仅能美化住宅环境，还能为住宅创造一个上佳的风水气场，给居住者带来好运势。

一、庭院的方位选择

庭院相当于住宅的明堂，明堂是位于住宅的前面，因此庭院应设置在住宅的前面才算合理。提醒读者注意，住宅后面的庭院不聚财，所以必须把庭院设置在住宅的前面。

南方、东南方和东方的日照光线充足，能使人心旷神怡，最适宜设置庭院。坐北朝南的房屋，宜在住宅的前面南方设置庭院；坐西北朝东南的房屋，宜在住宅的前面东南方设置庭院；坐西朝东的房屋，宜在住宅的前面东方设置庭院。

北方和西北方两个方位，虽然受太阳光照射的强度不如东方、东南方和南方，但是这两个方位前面有一定面积的空地，也是设置庭院的理想位置。北方庭院的设计应以树木配以山石为主体。

二、庭院里山景与水体的布置

1. 山景

自古以来，住宅靠山而居属于大吉之相，但是随着社会的发展，人口越来越多，可以利用的空间越来越小，靠山而居的住宅环境已很难找到，因此在庭院中设置假山成了住宅设计的常用手法。

庭院中布置山石，能使整个住宅平稳又充满自然之气，但是山石的摆放方位要得当，否则容易给宅主带来无穷的祸患。在西北方设置假山为大吉，因为西北方是家长位和尊贵位，假山能够增强西北方的能量，会给家庭带来稳定感，具有不屈不挠的象征意义。但是千万不要忘记风水学上的一句行话：山水相配方为宜，有山无水是凶山。因此，西北方摆放假山还必须配有树木，其东南方位必须设置水池，才能有效地提升家庭的运势。北方和东北

庭院山景

方设置假山，也是非常吉利的，如果再适当地种植一些树作衬托，就会显得更加美观。若在北方设置假山，则可以在其对宫南方设置水体相映照；若在东北方设置假山，则可以在其对宫西南方设置水体相映照，也可以在假山上造喷水景。若在东方设置假山，再配以水景和树木，对提升事业运相当有利，因为东方为青龙位，见山又见水为大吉之象。西方设置假山，也是很不错的设计，但若能配以树木防止太阳西晒，再在假山上设置向东流的水体，则属于最佳的配置。

这里提醒读者，通常情况下，最好于庭院的左边青龙方设置假山以旺人丁，在庭院的右边白虎方设置水体以旺财禄。

2. 水景

在庭院中适当设置一些水体景色，不仅可以达到美化环境的目的，还可以滋养生命，启迪智慧，又能起到招引财气的作用。

当代家居庭院水体的主要形式有池塘、泳池和喷泉等人造水景。

在庭院里设置池塘饲养观赏鱼类、青蛙和水生植物，可以维持良好的生态平衡，给庭院注入新的活力，达到改善住宅生存环境的目的。池塘的形状最好是半圆形的，水要洁静而清澈，会对家居的宅运大有补益。

游泳是一项较好的健身运动项目，在庭院里设置游泳池，能使

庭院里的鱼塘

人经常与水亲密接触，能给人的身心注入水的特性，有利于提高思维的柔韧性。在庭院里设置泳池，最佳方位是庭院的东部和东南部。为了防止潮湿的气流进入住宅，泳池最好不要太靠近大门。泳池的形状应以圆形和曲线形为佳，其它不规则形也可，但不宜带有尖角。

三、庭院里的石块

在庭院中，可以摆放各种石头美化和点缀环境，也可以铺设石子路方便行走。但从风水学的角度来讲，庭院里摆放或铺设过多的石块容易招致阴气，导致泥土气息消失，使阳气受损，无形中破坏了住宅环境的风水。

石头的热容量很大，白天能吸收大量的热气，夜晚周围环境变凉时，它会开始慢慢地散热，使白天闷热了一天的环境到了晚上仍得不到清凉。特别是在夏季，石头在炎热日光下会吸收相当大的热量，如果地面铺满石子，白天时离地面 1 米高处地面的温度将接近 50℃，夜晚又炙热异常，辐射到屋中，会对人的居住环境产生极为不利的影响。在冬天，由于石头能吸收热量，因此会造成白天的温度更低。在雨天，石块会阻碍水分

庭院里的石头

的蒸发，加重住宅环境的阴湿之气，因此对居住者产生很大的不良影响。

如果想通过铺设石块来点缀和美化庭院，可以将石块设计成人工的硬质景观，如雕塑、石刻、石盆景和假山等，再搭配以树木和水体，就可体现庭院景观的文化内涵。

四、庭院的绿化

在庭院中，用山、水、石、鱼、鸟等点缀，不仅可以美化环境，还能增添生活情趣，特别是用优美造型的名花和树木布置庭院，既可以净化空气、抑制噪音，又可以陶冶人的情操，怡养人的心性。

1. 适宜在小庭院种植的花卉

梅　花：傲雪怒放，是群芳的领袖。代表情操高尚、坚贞不屈。

牡丹花：花中之王，国色天香。代表富贵荣华、吉祥如意。

菊　花：花开深秋，千姿百态。代表超凡脱俗、高风亮节。

兰　花：花中君子，幽香清远。代表质量高洁、清雅佳人。

杜鹃花：花大色艳，五彩夺目。代表锦绣河山、前程万里。

茶　花：树形美观，姿色佳丽。代表英雄本质、健康长生。

桂　花：芬芳扑鼻，香气袭人。代表香飘九里、荣华富贵。

水仙花：水波仙子，冰清洁静。代表金盏银台、幸福吉祥。

月季花：色彩艳丽，芳香馥郁。代表四季平安、运气火红。

美化庭院是居家美化的重要组成部分。如果庭院面积宽阔，可以种植绿

庭院的绿化

树和鲜花，也可挖水池蓄清水，这样不仅可以减少空气污染和噪音污染，还能增添生活乐趣。

宽敞的庭院里可以建一些小型花坛，坛内栽种奇花异草，坛外可种植美人蕉、鸡冠花、金银花、八月菊、蔷薇和串红等，形成前低后高或中高边矮的局势。也可以在庭院中设置小型的假山和水池，周围配置独立的花坛，坛内栽种杜鹃花、报春花、牡丹花、迎春花和月季花等，使整个庭院形成一幅山水兼备、百花争艳、满园芳香的立体画面。庭院的墙壁下，可设置长条式花坛，种植爬山虎、紫藤、牵牛花等藤绿植物。

面积较小的庭院，可在墙隅下栽种花黄似金或长红如霞的花朵，再在靠近建筑物的墙下种植攀橼植物，如爬山虎、常春藤、丝瓜或梅豆等。院中栽种月季、夜丁香、含笑、米兰或金橘等盆花。这样庭院布置，浓密的枝叶和绚丽的鲜花可使院内一年四季芳香袭人，整个宅院呈现出独特的自然景色。

2. 适宜在大庭院种植的树木

人有人相，物有物相，树有树相。在风水上，树相是判断吉凶的重要依据。

树木的生长形态对人的运势有着无形的牵连，家宅与树木的关系犹如人体与衣服的关系，树木茂盛则宅气兴旺，树木枯萎则宅气衰败。经考察风水验证，家宅中个人的所作所为，都会应验于住宅周围的树木。若树木长得高壮整齐，对住宅风水有利；若树木长得弯曲畸形，则

庭院里的树木

会对住宅风水构成不利的影响。

树木的生长气势过于旺盛也不是件好事，因为树木太茂盛会阻挡阳光，使住宅积聚太重的湿气，对人的身体健康不利。另外，树木过于茂盛，也会遮挡阳气进入住宅，使阴气无法散发和消除，对住宅不利。凡是树阴蔽天的房屋，或是藤蔓遍布的庭院，表面似乎苍翠茂盛，其实不利住宅风水。

庭院里种植树木绿化，应该注重考虑有利与不利的方位。东方种植树木是吉相；东南方种植树木是吉相；北方种植树木是上佳的吉相；西北方种植低矮的树木是吉利的，对提升宅主的运气有利；西南与西方是白虎方，西南方和西方种植树木，会对住宅风水构成不利影响，特别是西南方位有高大的树木时，必会给宅主带来凶祸和病伤之灾；东北方有树木半吉半凶，树木越高大，气运就越差，应该将树木拔除，保留平坦宽阔的土地。

适宜在大庭院里种植的树木有：大王棕、柴檀树、大叶榕、小叶榕、三角梅（黄金梅）、九里香、铁树、红杉树、葵扇、旅人蕉、罗汉竹、鸡蛋花、龙血树、石榴树等等。

五、庭院内车库的布置

车库应该设在庭院的青龙方，不宜设在白虎方。西南方坤位绝对不能设置车库，否则为大凶之象，必有车祸伤灾发生。东方和东南方是设置车库的最佳方位，其它方位也无妨。

六、庭院围墙的作用与高度

围墙的功能与作用，主要是减少噪音的影响和尘埃的进入，防止盗贼入侵和遮挡外来视线。围墙过高或过低都不好，其高度应与住宅相应，从外面远眺房屋时可隐约看见住宅房舍的门窗即可。

第五章　私人小别墅风水

　　从当代生态学的角度看，人类生存发展的最基本条件是阴阳调和的自然环境。人长期生活于一个阴阳调和的优雅环境中，其心气必定平顺、精神爽快，无论做什么事情，都会得心应手，生活、学习、工作、事业都会达到称心如意的境界。在古代，中国人就非常讲究"天时、地利、人和"，直至今天，仍然认为三者不可缺一，对居住环境的选择一直遵循"顺应自然，天人合一"的法则，力求选择和创造阴阳调和的，适合于人们身心健康的最佳居住环境。

　　从中国历代建筑的地理选址和住宅布局的艺术中，可以深深地了解到环境对人的生活、生存和发展影响很大，因此建筑造址和住宅格局是风水操作中两个同等重要的内容。我们定基建房时，不仅要重视自然环境的选择，还要对住宅的款式进行合理选择和设计，力求使住宅的构筑形式和自然环境达到和谐的境界，使住宅内部形成一个有益于人们身心健康的风水磁场。

　　小别墅能给人带来宁静和放松的生活，很受当代人的欢迎。随着社会的进步和物质生活水平的提高，人们对居住环境的选择越来越重视，大多数的有钱人家都希望选择吉地建造私人小别墅，让全家人在

小别墅

里面过着宁静、祥和、放松的幸福生活。

小别墅风水与双拼别墅、联体别墅、重叠别墅及其他传统的普通住宅风水不同，一方面小别墅的选址、开门和室内布局、装饰等都比较自由，不会较多地受到外来的不利条件和人为因素的限制，容易创造一个较好的风水磁场，让人与自然和谐共处，达到"天人合一"的最佳境界；另一方面，小别墅比城市及农村集中住宿区的房子的外部空间比较优越，左右一般都设有阻隔障碍物，空气流通顺畅，空间很宽敞、明亮，采光很好。可以说，在所有的住宅建筑形式中，小别墅最能帮助人们利用大地的自然能量，促进人的身心健康、学业进步和事业的顺利发展，它是人类社会比较高级的住宅款式，也是景观评价系统中最为吉祥的建筑物。特别是建在山间的小别墅，既没有高楼大厦的挤压，又没有街道巷路的冲射，居住在里面的人比较大气、有架势，容易兴旺发达。山间小别墅，只要山水协调，就能使人感到生活舒适、平安，做起事来专心细致、干劲十足。

第一节　小别墅要与周边环境相协调

自然环境的气场与人的生存、生活存在着直接的关系，其作用力不仅对居住于特定环境里的人的家庭生活、工作、事业有着深远的影响，还对人的身体健康、人口的兴衰等方面产生很大的影响。

有钱有势的达官贵人，可在山间野地里的青山秀山之处，或到平洋地区的江河汇聚之处，寻找一块山水汇聚的风水宝地建造别墅，吸大地山川之灵气，怡养身体以安度天年。在偏僻的山地里或在平川之地山水大汇聚的地方，高价购买环境优雅、山水宜人的风水宝地建造别墅，这是当代富有的人最为理想的创举，因为居住于地灵人杰的风水宝地，一方面能维持自己目前富贵荣华的社会地位和生活状况，另一方面对子孙后代的人丁兴旺、生活富裕，也能起到增吉作用。

小别墅是当代住宅中的新颖款式，最适宜建在山青水秀、山环水抱的地方。山青水秀、山环水抱的地方，其间的气、光、山、水等最重要的自然因素齐备，符合吉祥阴阳风水的宏观地理条件。别墅有山为靠，则内气安稳，人丁兴旺；有水流动，则生气盎然，财源通达四面八方。若山水优美且合局，则主人文武双全，荣华富贵。

下面对建造小别墅的地理位置、地势、地形与山水状况的利与弊，做一些简单的阐释。

一、建造小别墅地理位置的利与弊

1. 不利的基地

（1）在山端与平地相交接的崖下，不宜建造小别墅。

（2）在两座山围成的扇状地面上，不宜建造小别墅。

（3）已经发生过洪水或山体崩坍的地方，不宜建造小别墅。

（4）在滨海地区，海潮涨落非常明显的地方，会使住宅磁场失去平衡，对人容易造成安全隐患，不宜在这种地方建造小别墅。

（5）在下坡斜度很陡的地方，不宜建造小别墅。

（6）在四周山峰高耸入云或山石林立的地方，不宜建造小别墅。

（7）火山口附近，不宜建造小别墅。

（8）曾经发生过战役的地方，不宜建造小别墅。

（9）在做过行刑场的地方，不宜建造小别墅。

（10）在接近坟场的地方，不宜建造小别墅。

（11）在隧道附近，不宜建造小别墅。

（12）悬崖绝壁边上，不宜建造小别墅。别墅建在山边或者海边的悬崖上，凭海临风，平添了几分诗意，是许多人的购房选择。但是由于我们潜意识中有"不稳固"的感觉，长期居住，就会精神紧张，容易患上精神方面的疾病。这类地点，一般建为寺庙或者观光饭店。

如果长期居住，也是大凶。

（13）半山坡（半山腰）上，不宜建筑小别墅。

（14）四周都高的盆地状基地，不宜建造小别墅。

（15）在恶山恶石包围的地方，不宜建造小别墅。

（16）别墅忌建在地基不稳的山坡上别墅建在水土保持不良、

别墅不宜建在悬崖绝壁边

地基松软的上坡上，大凶。一旦发生了山体滑坡，或者泥石流，房子倒塌了，还谈什么风水。

别墅不宜建在半山坡

别墅不宜建在河流出口处

（17）别墅忌建在河流出口处

别墅建在干枯的河流出口处，大凶。因为这类地点是属于冲击平原，地基不稳。同时，河流出口是"散气"的地方，地气容易散发，无法凝聚，久住有百害无一利。

2. 有利的基地

（1）周围有河流或道路环绕的基地，聚气，可催旺财运，适宜建造小别墅。

（2）有九曲水（也称宰相水）当面来潮的地方，或有九曲水弯环流淌而过的地方，适宜建造小别墅。

（3）附近有池塘聚水或有河流环抱的地方，适宜建造小别墅。

（4）旁边有河流横着缓慢流淌的地方，适宜建造小别墅。

二、建造小别墅地势与地形的利弊

1. 地势

（1）修建私人小别墅，首先要选择地势平坦的地方。因为地势平坦的地方，气场较为平稳，能使人的心态保持平衡，不会使人产生安全上的顾虑。对于别墅周围外部环境的地势另有说法。

（2）西边高而东边低；前面低，后面高；北边高，南面低；西北方要高，而东南边要低。别墅的西边一定要高，不能有大路、不能有河流或池塘，这样西边的磁场就会保持永久的平稳状态，有利于人长期居住；相反地，如果别墅的西边有大路、有河流或池塘，那么西方的风水磁场受到破坏，不利于人长久居住。西边有大路、有水，对主人造成的不利影响，主要表现为不聚气，不聚财，事业不顺，运气受阻滞，夫妻关系不协调等。最大的问题是，房子不聚气，居住在里面的人就容易生病，特别是呼吸器官、肺部和肝脏容易出现病变。东边要低、有河流或水池最为理想，可以旺事业、聚财气，可使家庭和谐，有利于人的身体健康。东方与西方风水信息的合理搭配为：西水东流为顺流水，东水西流为倒流水。水不仅代表财，也代表人体身上的血液。若别墅外围西边有河流或池塘，就形成了东水西流的倒流水，特别是遇到下雨天，别墅周围的水全部往西边流去，这种现象意味着居住在房子里的人血液倒流，很容易患上高血压和心脏病。

北方为重阴之地，南方阳气旺盛。南北两个方位风水信息的合理搭配是：北方高大厚实而南方低洼有水，这样地势是非常吉利的。因为水为阴，砂为阳，北方阴重而得阳砂，南方阳亢而得阴水，阴阳调和，可使磁场保持永久平稳状态。路也是水，属于虚水，坐北向南的别墅北边不宜有大路通过，南边有大道为大吉之象。

西北为天门，东南为地户。天门宜开，地户宜闭。天门开，是指引入之意，就是说水要从西北方引入；地户闭，是指收藏之意，就是说水要往东南方流去，且闭合收藏。就是说西北要方高大厚实，而东南方低洼聚水。

根据西高东低、北高南低和西北高东南低的大自然有利地势的法则，别墅的最佳朝向为坐西向东、坐北向南、坐西北向东南，其次是坐南向北的朝向。北低南高的地势，不宜建造坐南向北的别墅，否则周围的水和屋内排污水就会往北方流，导致北方磁场受到破坏，对人的身体健康造成不利的影响；坐南朝北的别墅，北边风口不宜设置大水池，若有路或有小水，则是最好的局势。

2. 地形

正方形与长方形的地基，能使房屋达到"四平八稳，不偏不倚"的效果。方正的地形，八卦齐全，阴阳平衡，五行调和，周围的气场顺畅，有利于人长期居住。

地形的形状以三尖地最凶，不可建造别墅。三尖地是指三角形的地基，或三条道路交叉包围而形成三角形的地基。这两种地形，都极容易危害人的身体健康，居住者癌症发病率明显偏高，居住者还容易患严重的精神病或意外伤灾。

前宽后窄与前窄后宽的地形，形状似棺材，容易招来阴气，损害人的身体健康。在前宽后窄的地形上建造别墅，不利于钱财聚集，也不利丁口成长；在前窄后宽的地形上建造别墅，虽有利于聚集财富，但若大门方位设计失误，不利人丁。

三、山与水的取弃

1. 前后要有山水照应

小别墅门前要有水，而坐后有要山。

小别墅前面的水以小河流或池塘最好，后边有低矮的山丘为佳。特别是门前面有弯弯小河，曲而有情，或九曲来朝，或玉带环腰，可以带来大自然中吉利的信息。后面有山坡（低丘）可做靠山，形成藏风聚气的格局，主人健康长寿、福泽绵长。

门前有天然池塘或人工营造的蓄水池、喷泉，风水上均称为堂前聚水。家宅可聚财，主人有福气。

在当代城市中，建造小别墅，门前无法得到大自然赋予的天然之水，可以通过人工营造的方法进行补救。如在门前建了一个喷水池，可以强化门前的气场，也能达到化煞趋吉的效果。建在山地里或平原地带的小别墅，应根据地势和地形的天然状况，针对门前无水的缺陷，要通过人工设计营造水池或喷泉，也可以达到招财、纳福和化煞的神奇效果。

2. 大门朝向要避开凶水

流势急促的江河水、波涛汹涌的大海水和浑浊、污染、发臭的池塘水，欠缺祥和气息和生命能量，别墅门前忌有这些水源。

大江大河水势急促，流速过快，会使人的心境浮躁、心态不稳。

波涛汹涌、风高浪急的大海，欠缺祥和之气。贴近大海的地方不宜建造别墅居住，否则每天身处于大风凛冽之地，惊涛拍岸的声音不仅会对人的心理造成影响，使人的情绪不稳、精神紧张。事实上，别墅过于贴近大海，会受到海水涨落潮、海浪声音和海上强风的侵害，使人缺乏宁静感和安全感，宅运反复，财气难聚。

浑浊、污染和发臭的池塘为死水，死水缺乏生命能量。若别墅门前有死水停蓄，则会降低人的生活环境质量，不利于人的身体健康和事业发展，还会给人带来烦躁、纳闷的心情。

四、小别墅风水宝地的最佳模式

别墅风水宝地的最佳模式是背山面水、左右围护的环境格局。基址的背后北面有靠山（来龙）或连绵的山峰环绕，左右二方有低岭岗阜，形成青龙、白虎环抱围护；前方有池塘或河流蜿转经过，水前面又有远山近丘做朝案呼应；别墅选址恰好处于这个山水环抱形局的中央，内有千顷良田，山林葱郁，河水清明。组成这个优良格局的有太祖山、少祖山、父母山、龙脉、龙穴、明堂、流水、青龙山、白虎山、水口砂、案山、朝山等。

别墅堂前有玉带环抱形状的流水，生气聚在房子前面，这是风水上最为理想的聚气模式。路气的作用与水流是一样的，只不过是能量的强弱不同罢了。若别墅后面有单座的山头，左右两边均有护砂，象一个人的双臂，前面又有玉带状环抱的路，别墅座落在这个模式的中心位置，为大吉大利的格局。别墅建在小河流环抱的地方，或建在道路弯环内抱的地方，称为"玉带揽腰"的格局，能使宅主心理上有稳定感和安全感，有利于增强生活的信心，适宜长久居住。

五、小别墅风水的最差模式

前高后低的地形，不宜建造别墅。前高后低的主要弊病，是前方高耸会使主人视野受阻，背后悬空会让人产生恐惧感，更严重的是会造成人生运气阻滞、生活局促，小人当道、事业不顺，诸事皆以碰壁而告终。同时，后低使福禄寿三星受损无气，后代子孙不中用，事业前途没有贵人扶助，主人寿命短促。

不论别墅朝向什么方位，前低后高的局势都是吉利的，但要注意分析山水的分布情况。若别墅坐东向西，东边高而西边低，那么周围的水或屋内的排污水都往西边流，这与大自然西高东低、水往东流的规律是背道而驰的。一般地说，坐东向西的朝向，是八大朝向中最不吉利的朝向，因为几千年来的地理环境观念，只有西水东流、北水南下的顺流水才是吉祥的；而东水西流、南水北上为反弓水，属于地理环境中的弊病。别墅周围出现反宫水，等于主人的血液倒流，若人长久居住于此，则身体一定会生病。

第二节　小别墅八方宜忌

一、四正方宜开阔通透

小别墅的四正方即东、南、西、北四大方位，宜开阔通透，不可受阻塞叠压。特别是不能有高山压迫和大树贴近墙体，绿化的树木距离别墅墙体要在 10 米开外。因为东、南、西、北四正方，分别蕴藏着大自然中木、火、金、水四股强大的五行能量，中宫控制着土五行的气场，所以只要四正开阔通透，中宫设计合理，不犯任何煞气，就能使别墅的内部气场保持五行平衡、阴阳调和，就能创造一个适合于人们心身健康的居住环境。

二、四隅方煞气及其凶应信息

小别墅西北位有大河流，为水破天心，主掌门人有凶死之兆。西北有水为淫荡水，主男主人红杏出墙，丢官败财。

东南方位有大烟囱，主家中瘟病多，子女不喜欢读书、学业无成，事业衰败。

东南方位建铁架水塔，为青龙折足之象，其凶意和城市住宅东南方门前有大铁桥的凶象同论，主家中破大财，容易犯官非之灾。别墅东南方位有臭水沟离房屋较近，臭水就会化泄青龙文昌位的气场，亦为青龙折足之象，主家中破财，特别是逢木旺之年（甲、乙、寅、卯、年为木旺），破财更重。同时，子女学习成绩不好，学业难以成功。

别墅西南方位有道路冲射，犯箭冲煞，主家中人口不宁，有血光之灾；西南方有大河流，奔流不息，水势凶猛，为无情水，主大凶之象，不但破财，而且家中人口多病灾。

别墅东北角有坟地，为阴赶阳，家中容易聚集阴气，主子女有伤灾且易患阴性病（暗病），求医吃药无效。

第三节　小别墅内外环境的绿化

一、门前与屋后的绿化

1.门前

别墅大门向东，门前较远处种石榴树，可旺子孙；种槐树，有利于下代子孙升官发财。门前栽竹子，可提高人的思维判断能力，可以旺文昌，增长人的智慧。

别墅开南门，门前种柑桔或玉兰，主人名声香五里。

别墅开东南门，门前宜种竹树，利文采，旺官贵；

别墅开西北门，门前较远处宜种大榕树（龙须树）和槐树。

别墅开西南门，门前宜铺草坪。

2. 屋后

别墅屋后绿化跟门前是有区别的，门前的树木形态吉祥、品种优良，可旺财气，增官运；屋后的树木形态吉祥、品种优良，不仅可以招财、旺官，还能旺人丁。

屋后栽竹子，可以旺文采、增官运，还能旺财气。无论小别墅取什么朝向，门前屋后以及周围其他方位都可以种竹子。

屋后栽种香檀树，可增强官运，旺丁气，纳瑞祥之气。

屋后栽种龙须树，可以旺财官运，还能旺人丁，还能长寿。树上垂吊的龙须越多，财禄就越丰盛，人丁也就越旺。

二、庭院外部的绿化

1. 东方

小别墅的东边栽种石榴树，多子多孙；东边栽竹子，可旺文采，招贵人。

小别墅的东边栽种柳树，旺子旺孙。柳树不宜栽在房前或房后，要栽在别墅的左边，特别是坐北向南的别墅，左边（东方）栽柳树而右边（西方）栽杨树搭配，家中人口兴旺，子子孙孙排成行。

2. 西方

别墅西边栽种棕榈树和桂花树，大吉；栽花草，大吉。

3. 南方

别墅南边种樱桃，红运当头。南边多种花果树大吉。

4. 北方

别墅北边低洼，如果是坐北向南的朝向，那么在北边（房后）栽大榕树、香檀树，可以提升阳气，弥补北边低洼的不足。

北边种竹子，可旺文采。

北边栽种枣树，家中早生贵子。

北边种大树最好，树干矮小作用不大。

5. 东南方

别墅东南方栽种竹子，可旺文昌，提高子女的读书运，旺文采，旺官贵。东南方栽竹子可获得最大的吉度，比任何方位种竹子都要好。

6. 西北方

别墅西北方可栽枣树、香樟树和龙须树。

7. 西南方

别墅西南方宜种花草，植草坪；栽桃树，家中女人长寿。

8. 东北方

别墅东北方宜苹果树。

9. 小别墅周围综合绿化的方法

小别墅的四正方：东边种石榴树，西边栽花草，南边栽花果树，北边种高大树木，若是坐北朝南的房子，则大吉大利，其他朝向的房子也能获吉。

小别墅的四隅方：东南方种竹子，西南方种桃树，西北方栽枣树，东北方宜栽苹果树。此局若用于坐西北朝东南的房子，则可获得大吉，其他朝向也能获吉。

第四节　小别墅的大门风水

一、大门位置要符合灵山诀

以四灵兽青龙、朱雀、白虎、玄武论门位：在正前方开门为朱雀门；在左边开门为青龙门；在右边开门为白虎门；在后面开门为玄武门。

小别墅的前方有宽阔的平地、水池等，宜在正前方开门；别墅的前左边有平地、平静的池塘或弯环的小河流，宜在左前方开门；别墅右边有平地或平静的池塘，但右方属白虎方位，白虎为凶位，故别墅不宜在右方开门。

别墅大门的方位，应根据周围的路或水的形势决定，开门必须符

合来去水的收藏法则，

还要符合人的十二生肖的吉利方位。

1. 生肖属鼠的人

生肖属鼠人，别墅大门不宜向正北方的方位，若住坐午向子的别墅，则坐山午火冲克此宅主生肖，大凶。

若住坐北向南的别墅，坐山为子位，则院子大门不宜开在午位上，因午位会冲克宅主生肖鼠（子水），东方开院子大门大吉；若住坐西向东的别墅，那么在北方开院子大门大吉。在东南方辰位上开院子大门也大吉，因为东南方和北方分别是坐山西方的先天与后天卦位，且坐山五形为金，可生旺生肖，辰为水库，此为大吉大利之局。

2. 生肖属牛的人

生肖属牛的人，住宅大门不宜向着东北方的丑位，若住坐未向丑的别墅，则房屋的坐山未位冲克宅主生肖，大凶；不宜把住宅大门开在南方的午位上。

生肖属牛的人，住坐北向南宅大吉，但院子不宜开南方午门。若院子大门开在东南方的巳位上，则可长住久安，开在西方也吉。若别墅的坐向为坐西向东，则为大吉之象，因为坐山西金与丑土相合，再在东南方巳位上开院子门，收先天卦位之水更吉，院子开北方门可收后天之水，且生肖与北方子水相合，此为吉上加吉。

3. 生肖属虎的人

生肖属虎的人，不宜住坐申向寅的别墅，因为坐山申金冲克生肖。

别墅的吉利坐向是：坐北向南，坐南向北。若住坐北向南的别墅，则开南方大门上吉，此为水火既济的大吉之局，大利二房子孙升官、发财和丁口延续；若住坐南向北的别墅，则宜开北门、东门和西北门，东门为坐山的先天水位，西北门为坐山的后天水位，上上大吉。

4. 生肖属兔的人

生肖属兔的人，不宜居住在房屋大太极的西方酉位，否则生肖受西方酉金冲克大凶；也不宜居住在房屋大太极的东南方辰位，否则生肖与方位相害，为凶象。生肖属兔的人，别墅大门不宜向正东方，院子大门也不宜向正东方，否则住宅的坐山冲克宅主的生肖，造成病伤之灾或事业不顺。

生肖属兔的人，适宜居住坐北向南、坐南向北的别墅。若居住坐北向南的别墅，那么最好选择壬位或癸位做坐山，不宜坐在子位上，因为子与卯（兔）相刑。北方的先天卦位在兑卦，后天卦位在坤，坐北向南的房屋，外局可收西方与西南来水，大门设在东南位而朝向南方，此为上上大吉之局；若居住坐南向北的房屋，宜开东方院门收先天旺丁之水，开西北院门可收后天旺财之水，开北门也吉。

5. 生肖属龙的人

住宅大太极的戌山冲克生肖，东方的卯山与生肖相害，均为大凶之象。不宜居住在房屋大太极西北方的戌位，也不宜居住在东方的卯位上。大门或院子大门朝向东南方辰位的别墅，不适合生肖属龙的人居住，因为大门向辰方，坐山必定在戌位上，坐山戌会冲克宅主的生肖辰（龙），大凶之象。另外应当注意，住宅的辰位是生肖属龙人的生命气位，不宜在住宅大太极的东南方的辰位上安置厕所、厨房或放置不清洁的东西，否则会对属龙的宅主构成不利的影响，轻者会有事业不顺、财气不通，重者会皮肉痿缩、怪病重症难免。

生肖属龙的人，适宜居住坐北向南和坐西向东的别墅，因为北方子山和西方酉山与宅主的生肖辰（龙）相合，此为大吉大利之局。若居住坐北向南的别墅，那么外局收西方先天卦位之水和西南方后天卦位到向前明堂，内局开东南方巽门，为大吉之局，开南大门也吉；若居住坐西向东的别墅，那么外局收东南方先天卦来水和北方后天卦位来水，内局开东南方辰位大门大吉。

6. 生肖属蛇的人

住宅大太极西北方的亥位冲克宅主的生肖，东北方的寅位与宅主的生肖相刑，因此生肖属蛇的人，不能在亥位和寅位开大门；住宅的大门不宜朝向东南方的巳方，因为大门向巳，房屋的坐山必然在亥山，形成坐山冲克宅主的生肖，大凶。

生肖属蛇的人，生命气位在东南的巳方，巳属火，因此适宜居住东方向西、坐东南向西北和坐南向北的别墅。若居住坐东南向西北的别墅，东南方的先天在坤卦，后天在兑卦，那么外局收西南方和西方来水到明堂，内局开向首正门大吉；若居住坐南向北的别墅，那么外局收东方先天来水和西北方后天来水，内局开西北戌乾门上上大吉，开东门则收水无力只获小吉；若居住坐东向西别墅，那么外局收东北方先天来水和南方后天来水过堂，开庚字门接纳大吉。

7. 生肖属马的人

生肖属马的人，住宅大门不宜向马位（午），否则坐山子水冲克宅主生肖。生肖属马的人，适宜居住坐南向北和坐东向西的别墅。

8. 生肖属羊的人

生肖属羊的人，不宜居住在别墅大太极的丑位、子位和戌位，因为丑位冲克生肖、子位和生肖相害、戌位与生肖相刑；大门也不宜向着未（羊）位。若大门向着自己的生肖方位未方，那么房屋的坐向必然是坐丑向未，坐山与生肖冲克，此为凶象。

生肖属羊的人，生命气位在西南方的未位，适宜居坐南向北宅、坐东向西宅、坐西北向东南宅和坐北（子山除外）向南别墅。若居住坐南向北宅，则宜开西北方亥山大门或北方壬山、癸山大门，门向立坐南向北朝向，外局收东方先天来水和西北方后天来水；若居住坐东向西宅，则可用变气法开大门，院子门开在南方位置收后天卦位之气，大门乾向可立坐北向南，外局大门宜西方先天来水和西南方后天来水。

9. 生肖属猴的人

　　生肖属猴的人，不宜居住在房屋大太极东北方的寅位和西北方的亥位；大门不宜向着自己的生肖方位。若房屋大门向西南方的申方，则住宅朝向为坐寅向申宅，坐山冲克宅主生肖不吉。

　　生肖属猴的人，宜居住坐北向南和坐西向东宅，也宜居住坐东向西的别墅。

10. 生肖属鸡的人

　　生肖属鸡的人，不宜居住在别墅大太极东方的卯位，西北方的戌位和西方的酉位，因为方位与宅主的生肖相冲、相害或相刑，都会给宅主带来不顺，应当避免。大门不宜向着自己的生肖方位，若居住坐卯向酉的别墅，大门必然向酉，那么坐山卯木就与生肖酉金相冲克，会给宅主的事业、财运带来不顺，还会对宅主的身体造成不良影响。

　　宜居住坐北向南的别墅、坐辰向戌开北门的别墅、坐西（酉山除外）向东开东南方辰门的别墅。

11. 生肖属狗的人

　　生肖属狗的人，不宜居住在别墅大太极的辰位、酉位丑位和未位上，因为生肖与方位相冲、相害、相刑均会给宅主的事业、婚姻、财运等诸多方面带来不顺。

　　生肖属狗的人，适宜居住坐南向北别墅，也适宜居住坐东向西的别墅。若居住坐南向北别墅，则可在西北方乾亥二山或北方开大门，也可在东北方的寅位开门。千万不宜开东北方艮位大门；若居住坐东向西的别墅，则可开西方庚辛大门，也可开南方大门。

12. 生肖属猪的人

　　生肖属猪的人，不宜居住宅大太极东南方的巳位、西南方的申位和西北方的亥位，因为方位与生肖相冲、相害和相刑，均会给宅主的事业、婚姻、财运等方面带来不顺；别墅大门不宜向着自己的生肖方位，若居住坐巳向亥的别墅，则住宅的大门必然向着生肖方位，坐山与生肖冲克，此为凶象。

生肖属猪的人，可居住坐东向西的别墅、坐寅向申宅和坐未向丑、坐北向南、坐南向北的别墅。若坐东向西，则宜开向首庚门，收南方后天来水旺财；若坐寅向申，则可开西南方未位或西方庚酉辛大门，收西北方先天来水旺丁，收东方后天来水以旺财；若坐未向丑，则宜开丑门或寅门，不可开艮门，外局收北方先天来水旺丁，收东南方后天来水旺财；若坐北向南，则宜在向首左方东南方巽位开门，不可开巳门，因巳门冲克生肖不吉，不可开辰门，因为辰为坎卦的坐方八煞方位；若坐南向北，则宜开向首北门，也宜东北丑门或寅门，开东方甲卯乙位门也大吉。

13. 大门的方向

小别墅最好选择正向。正向即指正南、正北、正东、正西和正东南、正西南、西西北、正东北，共八种朝向，房屋大门向着每个八卦方位的中心十五度范围内。用坐向的方式表示为：坐子向午、坐午向子、坐卯向西、坐西向卯、坐西北向东南、坐东南向西北、坐东北向西南、坐西南向东北。在八大坐向中，东南西北四正向的地球磁场能量最强，因为这四个方位分别蕴藏着木、火、金、水四股强大的气场。但立子午卯酉四正向，向上不宜有池塘或泳池等水动的事物，否则居住在这间屋里的人容易犯桃花。

无论房屋坐于任何方位，只要屋外子午卯酉四正方位有水池、河流（特别是入口）或屋内子午卯酉四正方位有水池、水缸、水龙头等水旺之物，均代表桃花旺盛。

14. 大门图案与颜色的选择
（1）大门图案的形状

图案均俱五行特性，圆形和半圆形五行属金；长方形和直线形五行属木；梅花形和波浪形五行属水；三角形和多角形五行属火；正方形的五行属土。别墅大门图案形状，应当结合大门所处的八卦方位而决定，特别是大门的门顶设计，更不能脱离大门方位的五行而任意选择门顶图案。

东方和东南方五行属木，这两个方位的大门与防盗门的门顶图案形状，宜选用直线形或长方形，不宜选用圆形和半圆形门顶。

南方五行属火，南方大门和防盗门的门顶图案，宜选择直线形、长方形和三角形。若三角形门顶犯忌讳，则可选用直线形和长方形。南方大门和防盗门不可选用波浪形、梅花形的门顶。

西南方和东北方五行属土，这两个方位的大门和附加防盗门，宜选用圆形、半圆形、正方形和三角形的门顶，不宜选用长方形和直线形门顶。

西方和西北方五行属金，大门和防盗门均宜选用圆形、半圆形、波浪形、梅花形的门顶，不宜选用直线形、长方形和三角形的门顶。

北方五行属水，北方大门和附加防盗门的门顶图案形状，宜选用波浪形、梅花形或长方形的门顶，也可选用圆形和半圆形的门顶，不宜选用正方形与三角形。

（2）门的形状颜色与五行

图案形状有五行，颜色也有五行。

大门和防盗门的门顶图案形状的五行，应当与门的色彩五行相生才为吉论，相克当以凶论。方位五行宜生图案的色彩五行，图案色彩的五行生方位五行以泄气论；门顶图案形状的五行宜生门的色彩五行，门的色彩五行生门顶图案形状的五行以泄气论，门顶图案形状的五行生门的色彩五行大吉；门的色彩五行与门顶图案形状的五行比和，以中吉论。

第五节　小别墅前庭风水调理

建造小别墅，要运用好外部庭院。别墅庭院的面积越大越好，但是要与别墅住宅本身的占地面积相协调。

庭院的功能是：前庭主财，后院主丁。小别墅面积小，不要设置后院，只设前庭即可。若别墅同时设置前庭与后院，就要更加注意二者之间的协调关系，既不能太大，也不可过小。前庭的绿化布置非常重要，适当种植一些生命力旺盛的植物，可创造一个清新的充满活力的环境，对人的身体健康很有好处，同时又能增强主人的财运。

总之，建造小别墅居住，庭院空间一定要大，能担当起中明堂的作用，居住人数与使用面积一定要成正比，这样极容易带动家庭的运势，居住之人越来越兴旺。坐北向南的别墅可在南方开辟庭园，庭园的南方保留一块空地，对居住在其中的人会带来良好的风水信息。人的名声大扬，有威望。还能增强异性缘，其缘由是南方属离卦，掌管人的声名运，同时南方为掌管桃花运的九紫火星驻地，是一个大桃花方位。若别墅南方有形似孔雀开屏的山形或装饰性建筑物，那么别墅的主人将得到良好的声誉，社会威信也将日渐提高，异性缘也日渐增强。

前庭是指小别墅底层向着前方延伸的空间，属于别墅的中明堂。

别墅的前庭主财帛，前庭风水布置的好了，不仅能美化家居环境，营造一个良好的风水气场，给居住者带来好的运势，还能使主人财运亨通、生活美满，提高家庭物质生活水平。

东方栽种石榴树，多子多孙；东边栽竹子，可旺文采，招贵人；东方宜摆石雕大象。

西方栽种棕榈树和桂花树，大吉。西边栽花草，大吉。

南方种樱桃，红运当头。南方多种花果树和玉兰树，大吉。南方宜摆放孔雀开屏塑像。

北方种竹子，可旺文采；北方栽种枣树，家中早生贵子。北方种大树最好。

东南方栽种竹子，可旺文昌，提高子女的读书运，旺文采，旺官贵。院子的东南方宜建水池、建凉亭，宜摆放大象和龙头。

西北方可栽枣树、槐树、香樟树和大榕树（龙须树）。西北方宜摆放高大的园林石、不锈钢球塔；宜摆放大象、马。

西南方宜种花草，植草坪；西南方栽桃树，家中女人长寿。西南方宜建水池，摆放大象、羊、三羊开泰塑像。

东北方宜苹果树。东北方宜摆放牛、犀牛、犀牛望月、童子牧牛塑像。

总之，院子的东南方和西南方有水大吉，若无水，可人工修建水池。东方有水，西方有路挡配是大吉之象；北边有水要往南边流，西边有水要往东边流。

大象

孔雀开屏

建凉亭

龙头

园林石

三羊开泰

犀牛

童子牧牛

第六节　小别墅内部主要空间的装饰色彩

　　小别墅的横向很长，而纵深较浅，不吉。居住这种别墅的主人，福泽很薄，财运也会相当差。特别是横向长度超过纵深尺度的三倍以上，容易使主人渐渐地走向贫困，家人容易患呼吸系统方面的疾病。

　　大客厅要设置在别墅第一层的前端，二层和三层可以设小客厅；卧室最宜设置于别墅的第二层两腰处，卧室设在第三层也是吉利的；厨房与卫生间最宜安置于别墅第一层的后端左右两旁。

一、客厅

1. 客厅的装饰色彩

客厅门朝向东方或东南方，厅里装饰及所有家具以绿色为主色调，以红色和紫色作为配色。

客厅门朝西方或西北方，要以欧式的装修格调来调配色彩，所有家具及厅里装饰分别以乳白色、金黄色为主色调，以天蓝色、灰色、浅黑色为配色。

客厅门朝东北方或西南方，厅里装饰以乳黄色为主色调，以金黄色和乳白色为配色。

客厅门朝北方，厅里装饰以天蓝色、海蓝色为主色调，以绿色为配色。

客厅门朝南方，客厅里装饰以浅红色、紫绿色为主色调，以黄色的配色。

2. 客厅里挂画的布置

东方宜贴挂鲜艳的牡丹花、瀑布山水画、聚宝盆式山水画。

东南方宜贴挂绿色竹林画或金黄竹子图画。

南方宜贴挂孔雀开屏和凤凰呈祥图画。

西南方，宜贴挂山地龙脉风景画。

西方和西北方，宜贴挂金星顶的山地风景画。

北方，宜贴挂波浪状低矮的山地龙脉风景画。

东北方为外鬼门，宜贴挂万里长城图或山顶平坦的山地风景画。

3. 客厅的天花板

小别墅客厅天花板上面安灯具，一定要吸顶，不要用垂吊的款式。因为安垂吊式灯具会使视觉空间变得狭隘，大厅高度降低，自然会使人感觉有压力。长久居住以后，客厅中被压迫的空间便会使主人产生压抑感造性格孤僻，运势低落。吸顶灯具为圆形和方形大吉，最忌三角形灯具。

小别墅大门内的小区域为"内明堂"，在风水上掌管着财路，此处不能太狭窄，左右两边不宜摆放鞋柜和堆放杂物，否则财路受阻塞，财运低沉。

4. 客厅设置玄关的准则

客厅中设置玄关，主要目的是用于阻挡来自房屋大门外面强烈气流对居室内部的冲击，保护室内生气永驻。从风水学的角度来说，凡是房屋大门外面有强烈气流直冲居室的情况存在，都可以设置玄关阻挡；另外，客厅门口朝西北方、北方和东北方，即使门外没有煞气冲击居室内部，但每年到了冬季，都会有强烈的寒冷气流胁迫居室内部，可以在客厅门内设置玄关阻挡。对于门外没有强烈气流冲击和门口朝向东方、东南方、南方的客厅，就没有设置玄关的必要。门口朝西方的客厅，由于西方为浊水之地，为白虎气旺盛的地方，即使门外没有强烈气流冲击居室内部，也可以设置玄关来化解和扭转西方的不吉祥的气流，主要做法是运用白色玄关的功能和在玄关上摆放一些吉祥物。

5. 客厅中供奉神佛的方法

私人小别墅，一般都是二层至三层的低层建筑。通常情况下，是把大客厅、厨房和卫生间设置在第一层，二层及三层与第一层相叠的方位设较小客厅和卫生间。神佛坛最宜设置在最顶层的小客厅中，并且以中堂为最佳位置，其次是为西北方、北方和东方。吉祥坐向为坐北向南、坐西向东、坐西北向东南。

六、客厅中招桃花运的布置方法

桃花物品：四枝红色的玫瑰花插入紫红色的花瓶里，美男美女照片。

女人招桃花，可把桃花物品摆放于客厅的东方。因为东方的动力比较大，感情的动力像火车头一样。东方为震为雷，迅不及掩耳之势，感情来得快，结婚也快。震为快，女性把偶像放在东方，一个月之内就有男性来追求。若摆于西方，则招来的男人就像太监，不中用。女人想找一个好老公，就在家里客厅的东南方摆放鱼缸，养9条红色鱼，是破解婚灾的一个好方法，能加重感情，促动婚姻运和爱情运。男人突然提出要与自己分手时，女的采用这种方法最妙。

男同志想找一个贤惠、漂亮的老婆，就把偶像贴在客厅西边，因为西边主少女，又代表纯洁、清白和漂亮。在家里聊天、打电话、玩电脑，一定要坐在美女相片下面。

二、卧室

1.卧室的装饰色彩

卧室的装饰色彩，应根据卧室所在的八卦方位五行和主人命局五行喜忌决定。卧室装饰的主色彩五行不可与方位五行相克，也不能与主人命局的喜用神五行相克，最忌克制主人命局喜用神五行。

卧室在东方或东南方，应以绿色装饰为主色，以鲜红色和淡紫色为辅助色彩。条件为：绿色、鲜红色和紫色，均不是卧室主人命局中的忌神。

卧室在南方，因南方为火盛之地，故应以乳黄色为主色调，以乳白色的辅助色彩。但黄色和白色不为卧室，若土和金是主人命中的喜神，则大吉大利。

卧室在西南方或东北方，因这两个方位土气浓重，人久居之后容易遇纯不化，应以乳黄色、乳白色和金黄色三者搭配装饰。命局忌神五行为土金的人忌用，命居喜神五行为土金的人居之大吉。

卧室在西方或西北方，应以金黄色和白色为主色调，以灰色、天蓝色或海蓝色为辅助色彩。不利命局五行忌神为金水人居住。

卧室在北方，应以蓝色和灰色配合作为主色调，以绿色作为辅助色彩。但不利命局忌神为水和木的人居住。

不考虑方位五行和主人个性的配色方法：

夫妻卧室装潢，运用五行属土黄色、棕色、乳白色混合配调布置，以黄色为主色调，有利于调节卧室的光源柔和度，利于睡眠和增强心理上的安全感；可以稳定和维持婚姻、爱情生活，让幸福长久，夫妻同心协力，还可以增进家庭的财运。另外，再在卧室里涂暖色系的鲜红色或粉红色，房间里插鲜红色或粉红色的玫瑰花，也具有同样的效果。

2. 卧室摆放物品的种类与方法

卧室里方便摆放吉祥物品的地方，主要有床头柜和窗台。男子法天道乘阳刚之气，故男为阳；女子法地道运行乘阴柔之气，故女为阴。人世间之阴阳，就象太极场的阴阳气互为消长，若阴阳法则运用得好，则能够超出气数。枕头摆放法则为男左女右。若是夫妻双人床，床边一定要摆放左右各一个床头柜，床头柜设带抽屉，抽屉里要放一点银元；柜上各安装一盏小灯泡，红色或黄色小灯泡均可，黄色可旺财运，红色可增强夫妻感情。另外，如果在床头柜上各摆放自己命局喜用神五行的一组十二生肖吉祥物，那么既可以化解命中的凶灾，又可以达到旺财、聚财，增强夫妻感情的良好效果。

窗台上可以摆放貔貅吸财，也可以摆小麒麟化煞，但二者头部要朝窗外。若窗台摆放金蟾，则嘴巴要朝屋内，可以招财。

夫妻床头紧靠的墙壁上方，可以贴挂牡丹花，主要作用是提高运气，旺人缘，特别是能提高妻子的高贵品质。

三、厨房

1. 厨房风水的装饰色彩

这里所说的厨房装饰色彩，主要根据厨房的朝向决定的。厨房五行属火，从方位来说，厨房门朝向东方和东南方可以引入木气，木火相生大吉。厨房地板面，可以用灰色或黑色磁砖铺设，墙壁可以用乳白色或乳黄色涂料。

厨房门朝向东北方或西南方，可以引入旺盛的土气化泄厨房中集结的不利人身体健康的燥热火气。厨房地板和墙壁的色彩可避免太大的讲究，一般使用灰色或黄色磁砖铺地板，用乳白色涂料涂饰墙壁，就能调节良好的厨房气场。

厨房门朝向西方或西北方，能引入旺盛的金气，会造成厨房里存在火克金的不良现象，易生煞气。厨房地板可以选用黑色磁砖铺设，用乳黄色涂料涂抹墙壁。

厨房门不宜朝向正南方，否则家人容易患目疾和心脏病。如果因别墅整体设计上的需要，已将厨房门设计朝向南方，那么应当从颜色布置上给予化解，地板使用黑色磁砖，墙壁使用鲜黄色或白色涂料。

厨房门朝向正北方，可以引入旺盛的小气，不会因火气旺盛产生强烈的煞气，使用乳白色涂料较为理想。

2. 厨房财库招财法

在风水上，厨房为财库，最好有独立的空间，要摆放一些旺财物品招财。在西北位上摆放龙头龟，可旺全家人的财运。

3. 厨房里招桃花的方法

还没有谈对象的女孩子，可以在自己的厨房里每天做一次饭或至少要烧一壶水。只要女的在厨房的西北角（阳位）上安一个小小的红色灯泡，每天烧水或煮饭时都要把这个红灯拉亮，49天后自然就有男人来找你。厨房里面安红色灯泡，可以加快婚姻运。有婚姻运，但感情不好，也可以照这种方法去做。厨房西北角安红灯泡，书桌上再放一个小鱼缸，内养9条小红鱼，再插入4朵红色花。"四花一缸"就是四朵鲜花一个小鱼缸，不但能找到对象，而且能找到事业旺、家族旺、人长得也漂亮的对象。

再于梳妆台上安一个小黄色的灯泡或放一个黄色水晶块，没有水晶块就放黄色水晶链，挂在女人的梳妆台上，可以加快女人的婚姻运。这种办法不但能让男人对你一见钟情，而且还可以提升自己的财运。

四、书房

1. 书房方位与装饰色彩

书房的位置以东南方和北方为上吉。书房的方位与装饰色彩，应该根据使用者个人命局喜用神五行性质来选定。

命局喜用神五行为木火的人，应选择东南方设置书房，用绿色作装饰的主色调，以天蓝色、浅紫色作为辅助色调。

命局喜用神五行为金水的人，应选择北方设置书房，用乳白色为主色调，以天蓝色、淡黑色为辅助配色。

命局喜用神五行为土的人，宜选择东南方设书房。由于东南为木旺之地，木旺容易克伤命局喜用神，因此必须从装饰色彩上下功夫，使二者五行之间得以流通，转弊为利。书房装饰色彩应木生火、火生土的生序。如果选择北方设书房，那么应该以绿色和鲜红色混合作为装饰的主色调，再以乳黄色、乳白色和天蓝色作为辅助色彩，使其达到五行俱全、和谐流通的状态。

五、卫生间

1. 卫生间的装饰色彩

装饰卫生间有利于健康的颜色是：乳白色、绿色、象牙色、柠檬黄、粉红色和浅蓝色等，卫生间可以采用黑白两种颜色或其他混合色彩装饰。应根据卫生间所在的方位选用，避免使用大面积的鲜红色或紫色。在卫生间中的龙虎位摆放红色的玫瑰花，可以帮助催动桃花，缔结良缘。

2. 卫生间门对卧房门化解法

卧室门与卫生间门相吻，可以在卫生间门上，贴一张用朱砂镶边的红色"福"字图化解，也可以在卫生间门上贴挂一张山水画化解。

3. 卫生间的位置

在低层的私人别墅中，每一层的卫生间应规划在同一叠压的方位上，不能让上一层的卫生间压在下一层的大门、客厅、卧房、书房或厨房的上面。

4. 卫生间的便器

水火不留十字线上，十字线是指子午、卯酉线，若卫生间的便器在午位，而炉灶安在北方的子位，或者卫生间的便器在东方的卯位，而炉灶安在西方的酉位，就是水火放在十字线的情况，这是大凶的格局。

六、阳台

1. 阳台的装饰色彩

设置阳台的最佳方位是别墅的东方、东南方和南方。

在阳台没有受外来煞气冲击的正常情况下，设在东方和东南方的阳台，应以绿色作为装饰色彩的主色，再以鲜红色和浅紫色作为配色；设在南方的阳台，应以浅红色或枣红色作装饰的主色调，再以乳黄色作为配色。

在阳台受到外来煞气冲击的情况下，就要灵活而合理地运用色彩化解来犯煞气，使阳台气场与室内部的气场达到和谐的状态。站在阳台的中心点看，若阳台的东方或东南方有墙角、屋脊、电线杆等形煞物体冲射时，因来自东方和东南方的煞气五行属木，那么可以用鲜红色或紫色（火）作为主色来装饰阳台，以火气化泄木气的方法把煞气化解掉；若阳台的南方有屋角、大树、屋脊、电线杆等形煞物体向阳台发射煞气信息时，因来自南方的煞气五行属火，土能泄火，那么可以用乳黄色为主色调，再配以咖啡色装饰阳台，把南方来犯的煞气化泄于无形之中。

2. 阳台绿色植物化煞法

经物理测试证明，绿色植物能遮挡电磁波辐射和外来不良磁场的干扰。

若阳台外面有屋角、屋脊或其他带有尖角的物品，向阳台冲射而来，就会给阳台气场带来不良的影响。可以在阳台上摆放枝叶茂盛的树木盆栽、竹树盆栽遮挡煞气，只有在室内透过阳台看不见冲射物体，就达到了良好的化煞效果。

3. 阳台上摆吉祥物招祥法

如果阳台对着湖泊、河流或大海，就在阳台上摆放龙的塑像，龙的头部要向有水方位，将水吸来滋润室内的气场。石龙喜水，此法用石龙较好。阳台上摆貔貅，可以把外面财气吸来，能增强居家主人的财运。

七、楼梯

楼梯脚是指一层楼迈上楼梯的起始处；楼梯口是指楼层上每一层的楼梯出口处。

别墅的青龙方位设置楼梯大吉，白虎方位设置楼梯凶险。楼梯脚要设在别墅前端的青龙边，不宜设在白虎边；别墅一层中堂位置是福、禄、寿三仙的位置，属于整个家庭的总财位，更不能设置楼梯脚，否则中堂财位不聚气、家庭财运阻滞，生活贫困。

楼梯口不宜设在任何楼层整体平面的中心位置或客厅与其他功能空间之间的位置，最好是靠着整体房屋的边墙设置楼梯口。楼梯口不宜正对着客厅门、卧室门、厨房门或卫生间门。

楼梯不宜设置在别墅的两腰上，这是家居风水上的大忌。

第六章 四合院

第一节 四合院是封闭式住宅实体

四合院是中国古代民居的主要建筑形式，它的构成体现了古代民居建筑与八卦风水的完美结合。

建房的时候，先在地面上画一条纵轴线，这条线又称为坐向或前后轴线，把一个或几个主要建筑物布置在这条轴线上。然后在每一个主要建筑的前面再各画一条横轴线，在横轴线上布置两个体积较小的互相对峙的次要建筑物，如坐北朝南四合院的东西厢房。再在主要建筑物的对面建一座次要的倒座房，就形成了由一座主要建筑和三面次要建筑围合而成的正方形或长方形庭院，这就是四合院。如下图：

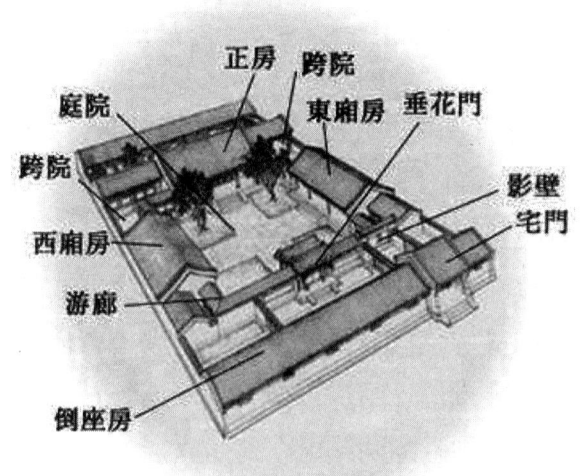

四合院结构图

四合院也叫四合房。辞典的注解为：一种旧式房子，四面是屋子，中间是院子。四合院四周都是实墙，它是由实墙围合成的四面方正的封闭式住宅实体。院内隔绝外部尘气与喧闹的干扰，具有相当高防御能力，形成了一个安定舒适的生活环境。虽然，中国各地的地理条件迥然不同，但是由于它的形状方正、大小适当，构架布局也考究，因此走遍大江南北都可以看到四合院。

四合院效果图

第二节　浅谈四合院

　　谈起家居风水，必须要谈一谈四合院，三合院的风水，如山东曲阜、泗水泰山一带，还有安徽皖南地区、江苏南京宜兴地区、山西一些地区都具要四合院和三合院，最突出的就是北京的老四合院，很符合人们安居乐业的要求，是北京城的传统住宅形式。四合，是指东南西北的房子都有，布局严整，院落敞亮，使人有雅静舒服的感觉，而且长幼有序，各成其室，作息方便，北京四合院讲的是大院与门楼的朝向，号称是马鞍门楼，高度宽度有一定的尺寸，有钱的人们两边是石狮子把门，门楼的高度不能超过主屋高度，先盖东房后盖西房，院前有影壁墙，主屋要高大叫中堂，或前客厅，作为接待朋友之用，有钱的人主屋后有后花园，有楼阁，作为女孩子的住区。

不论是建四合院还是小别墅或住宅小区，都不能建在寺庙的四周，古人讲庙前穷，庙后傻，庙左庙右出孤寡。四合院内不能种桑树、柳树和松柏。

一、北京四合院

北京四合院分为大、中、小三类规格。

北京大四合院：正房是前廊后厦，后边有罩房。有东西厢房，南边的花墙中间有垂花门，门内有屏风，东西厢房都有走廊，与垂花门相通。正房与厢房之间，有圆月亮门，可以从过道到后院，有的是厅堂穿行。外院，东西各有一道花墙，中间是半弧行门，四扇绿油漆的木屏风红斗方字，东边的是东壁图书，西边是西园翰墨，可以到跨院去；南房有穿山游廊，是以山墙开门，接起来的走廊。如此布局，形成了东西南北，互相连通的几个院落。北京最典型的大四合院在清朝时期建的最多，如五府宅地。清朝的一些大官住的四合院，好多处壮观气派，还带花园，中四合院是正房五间或七间，屋里木隔断或落地罩，有的正房和厢房带走廊。五间的是三间正房两间耳房，耳房是单开门，所谓是三正两耳；七间的在正房和耳房之间，有两个与正房相通的、山墙开门带内套间的，东西厢房两边各三间，厢房和耳房之间，有个过道直接到后院。东西厢房的南边，有一道院墙，把院子隔成里外院，都是砖地，下过雨院子不存水。院墙的中间有的是月亮门，有的是影壁墙，总之就是为了不让院外的人一眼看到院子里边，主要的就是能够聚气藏风，以防家中财气外泄。月亮门的内则，也就是天厅内院，有的摆几盆花草，有的搭个天棚，有的放大鱼缸，有的是有个小流水沟，中心偏24°上有个小桥，小桥流水，有的做假山流水，一可聚财气，二可作景观，夏天坐在院里乘凉。一般老北京院里放天棚鱼缸，石榴树，桂花树这是四合院夏天的情景，外院东西各有鹿顶一间两间，就是比厢房稍小一些，是下人和仆人居住的地方。南房七间的格局，最东头的一间是大门洞，大门西边的一间门房儿，房门开在大门洞的西山墙。最西头的一间做车房或是做旁门，全套房子讲究的是，磨砖对缝，黄松架，风火双檐，屋里是方砖地，窗明几净，除鹿顶耳房和车房外，都是上支下摘的窗户。就是上边的是两扇糊着窗户纸，外边的一扇，可以用两根细棍支起来。夏天，里边的那扇窗户，换上布用以通风。到了冬天，外边的那一扇就不支了，挡风避寒。下边的一扇窗户，是整扇的玻璃。外边一扇护窗板，晚上把它挂上，早晨再摘下来。这种四合院，解放以后就分给几户人家住用，从清朝到解放，北京大部分居民都住这种房子，现在这种房子越来越少了。

讲实用，还是四合院，论风水为最好。前有护挡，后有靠，左右有护卫，中间有很大的明堂，就是有一块长方的院落，有假山，有花草，有水池，有凉亭（也叫文昌亭）有影壁墙。碑墙上雕武官或画老虎威震八方，雕文官的书写诗词或画山水等。有前院，有后院带花园，有山有水有楼阁，前有进，后有聚，左高右低。建筑风格带厢廊，前有马鞍门楼，大门黑漆，红漆镶边，石狮子分左右，既能拒煞招贤，又能辟邪镇宅。从宅形来讲，四四方方，可说是四平八稳，房屋分正偏，正房间数取阳，偏房间数取阴，阳单阴双，正房阔宽高大、雄伟，偏房就窄小。此为阴阳搭配，五谷丰登，风调雨顺，前院设有客厅也叫中堂文所，专迎接各路官户和朋友所用，后院设有内庭，专门接待大官或很要好的朋友，也是商谈机密大事之处。实际上这两个内外厅，切为整个房宅的中心点是男人们议事的地方，也可说是整个房宅的大财神位，是最聚气的地方。前院四方平地，为驿马平川，是跪拜官员，接旨的地方，也是给下人奴朴训话的地方。前院要宽大，要平坦，能卧千军万马，方为好，明堂能聚财官之气，能招官

周易环境与建筑

贵光顾门庭。前院为天庭大院，房宅的精、气、神，全体现在前大院，是宅主的尊严和身份的象征，也代表官品的职别，前院肯定是藏风聚气，卧龙卧虎之地。所以说，前宅院是最大的财神位，现在江南、皖南也有四合院，他们在前院周边，引来小渠水流，有假山，小桥流水，中央明堂呈四方，两侧有百草园，园内有塑雕，铜雕，根雕和一些吉祥之物，同样也达到了藏风聚气的功能，但是和老四合院相比就差的很多。

特别是有些有钱人修建的四合院，建筑风格不土不洋，中西混合，在内外五行上破坏了风水格局。如西楼高，东楼低，结果是只生女儿，想借腹生子，结果成娘子军连。阴重难于生儿子。有的是前楼高大，后楼低小，一心想升官发财，千金买官，结果官没做成，落个坐牢，财没发就家败人亡。这就是前高后低破坏了风水格局，也就是头重足轻，见识短，肯定摔跤，摔倒了没人扶，结果坐牢。为什么没人扶呢？因后边楼房太低，被高大前楼倒塌压在下边了，也就是，被别人牵连跟着倒霉。也有人住小四合院或小三合院，住上几年发财了，就扒房盖大楼象宫殿一样豪华，结果人住进去后，立即破财，企业倒闭，家人生怪病，人死财散。房子大、豪华，不是好事，房大吸人气，主要是房屋不聚气，散气，那就阴气重，人易发生难治之病或出现意外灾情。房子多用大理石、玻璃、钢材、化学的东西多，满宅反光，吉祥之气不聚反给人体带来危害，再大的企业还有不败之理。也有的住进了新房连续倒霉，败财口舌，全家人有病，过去一看，是最吉祥的三宝位全给破坏了，西北位是保姆房，正北是厕所，东北是灶房，这个家居的三大宝地给废了，全家人肯定会有病，生意上会跨台。我在杭州看了一个老板的住宅，建的很豪华，住进去时间不长，儿子出了车祸，兄弟车祸，夫妻离婚，各种灾祸临头。过去一看，主要的大楼上建了游泳池，每天好多人在池里洗澡游泳，这等于是头上有祸水，是风水上大忌。再看他的办公室，秘书是在老板的左手方办公，这是标准的阴阳反错，一看便知老板与女秘书关系不清，女秘当家，女秘走的正是七杀是非运，大家想，这老板肯定会败运了。

北京老四合院：老四合院前方院子四方、平坦，后院有山有水是聚财的大财库，前招后聚，后院一般女仆人住的，女人也为财，后院更为重要。后边为主山，房肯定要高大，前明堂要宽亮，后边住宅要有靠山，家中才能出高官；后房为君，前房为臣，明堂为群臣跪拜之地，被称为臣拜君之地为上等好宅，官不但能做大，而且能做清官，做得长久稳固。河北、山东一带的住宅，有小四合院，东北也有这种四合院简单布局，常见的坐北朝南的为正房，有三间也有四间的，屋里有隔断，多数是明间在中间，因中间为中堂也就是客厅，左右各是暗间，留休息的地方。东西厢房各两间，一般留下给子女居住，有的作粮库等。南房（也叫过道）是三间，中间一间作走道，东边一间多数做厨房用，西边一间作杂房用，都是一砖到顶起脊的瓦房。不论是四合院三合院，主要是看地形，主屋后边是高还是低，大门口是平还是低洼，是否西高东低。四合院虽是藏风聚气的好住所，但是若主屋后低洼为凶，不仅事业上不去，不出文不出官，伤小口，男人寿难过六十岁。若门前外明堂高或低洼均是凶象，西边的地势高大吉，出豪富，东边地势低能聚金，就是这个道理。有的一家三代人，住个小四

老北京四合院

合院，还是比较合适的，长辈住正房，晚辈住厢房，南房也可以作接待或作书房等，院子基本上是砖铺地，也有的中间是水泥路，通到南北东西房门口。屋门前都有台阶，一般前大门都是开东南门，若开正南门，院内必定要有影壁墙，不过小四合院也越来越少了。

二、各地四合院的绿化

现在安徽、河南、山东、江苏的独门独院很多，居住在平房的家庭有自己的庭院，美化庭院是居家美化的重要组成部分。现在庭院中南北绿化不同，但小庭院都具有生机，如江南一带院里栽的有青竹、桂花树、石榴树、枣树、棕榈树、香樟树，榕树等。门前栽竹，家有万卷书，富贵之意；门前栽石榴树，主旺人丁，能有千子万孙之意；门前栽枣树，主旺男之意；栽棕榈，象征着夫妻感情好等等。

在院中也可种些不同的青草，如绍兴就有百草园之说，安徽多数栽竹子、冬青、石榴、桂花、槐树、白果树等，都是一些吉祥的树。也有的载一些爬山虎藤、牵牛花、美人蕉等．

院里还可以设一些小的假山和水池，周围栽一些月季、杜鹃、牡丹等。植物是调和阴阳二气的，能使整个院子形成独特的庭园景观能给人们会带来好心情和好财运。四合院东树，西草，南植物，北大树，树木是土地生长的生灵，除了门前不可大树，其它六位栽树为大吉。

在庭院中，可种绿树鲜花，也可掘小潭蓄清水，也可做小半圆型的养鱼池，都符合风水之道。明堂见水有鱼，可增加财气，加上绿化可使庭院有朝气，有活力，增强了聚气的力度，使财运来的快，做官的提升快。正如古人所说，庭院有水、有花草，发财到老！明堂有花草又有鱼有水，家中出女人官至一品。在宅屋的庭院中，假使所有的树木花草均枯萎，败朽，在房屋内养花花死，养鱼鱼死，可想而知此地的地气必定有问题，不是好的征兆，那就要注意家里的人口的安全，要防止有病和灾祸。凡是破财的没有好的地气，万物沉寂，宅屋盖在无气之土地上，得到煞气，宅气必定衰。人居于此，则人的运气也会依其地气的旺衰而运行，所以住宅要重视植栽与宅运的关系。门前不可有枯树（干死的树）或弯腰树，否则会影响人的命运，在视觉上和心理上都会有不好的感觉，会影响人的情绪，对人的人体健康、事业、前途都会带来恶运。如果家中盆树老死或院中的树老死，那此屋不可久住了，要搬新家了。真正的四合院是非常讲究绿化的，就拿北京来说，院内除通向各房间的十字形砖通路外，其余的都是土地，可以用来植树栽花、种草，也可以在路的中心位，放荷花缸或鱼缸，缸内植荷养鱼。在正房前的绿地上，一般都种栽两棵树，有的种海棠、丁香、槐树、枣树、石榴树等可供观赏的花，夏可纳凉，秋季结果，正是春花秋实的自然法则。四合院里常种的花有月季、牡丹、菊花、紫藤、茉莉等等，还有好多的盆景，可以任意搬动摆放，点缀庭院。特别是右后花园的更喜百花齐放，四季常青如春，花开不断，清香四溢，泌人心脾，情深味浓。除了一般性的庭院绿化外，在北京四合院住宅中，私家园林，很多还保持原貌。

北京的四合院大多数是清末留下来的，如清末现存的颐和园、圆明园、静明园、畅春园等。北京有清代恭王府萃绵园和摄政王府的鉴园，占地面近四十亩，园子的东西两边有土山起伏婉蜒，南北两面有山石构成的峰岭洞，西边有大面积的水。园内建筑分东西中三路，中部为全国最高的假山，山前开辟平面呈蝙蝠形的水池，山后为平面呈蝙蝠状的幅厅，园子东路有八角形流杯亭和可供居住的独立院落，东北建有规模很大的戏台，西路水面筑有鱼台，台上建有三开间歇山和花厅一座，为游宴观鱼之所。园内树木繁茂，花草葱笼，整座花园的设施布局都是为适应居住在这里的贵族享乐，起居游宴的生活区，真是该高的地方高，该有水的地方有水，整个八方是精设计而成的，非常有风水化的建造。

一般居民住宅的花园又是一番景象，这种花园占地面积很小，园中布局多集中表现一个主题。秦老胡同某宅花园，就是这样一座小型花园，园子占面积不大，有叠石、游廊、花草、树木，布局简洁雅致灵巧。园门上均有题额，用于说明园子的内涵，西园翰墨的题额，标志是以书房为中心的花园。颇有些名气的牛排胡同住宅花园，一亩半地，也是一座风水化的小园。园内建筑古朴典雅，平面布局曲折变化，配以叠石假山，茂树繁花，环境优雅，富贵而有书卷气，为读书休息的理想场所。

三、北方与南方四合院风水调理的区别

南方四合院，或民楼深园，主要是以水为主，花草、竹木为次，被称为水乡，如江苏的宜兴一带、杭州绍兴桐乡，全是以水为主；北方四合院，主要是以树木和土石为主，不必有水，除了皇室宗亲，有钱开挖水面堆土如山，一般的庄园是很少见到水的，这主要是因为地理环境不同。江南水源丰富，园里以水为主，建筑物不仅构件轻巧，而且开敞并与室外联系沟通，使建筑物更显得秀丽典雅，玲珑剔透。北方地区寒冷干燥，持续时间较长，夏季温热湿润，一年之中气候变化大，建筑物冬需防寒，夏要御暑，屋面厚重，柱梁粗健，多敦厚而少轻巧，北方水源不足。清代有不准民间私引活水造园的规定，故北京的私园，除少数王府花园之外，极少凿池引水，以水为主的园子很少，而以树木土石建的园子较多。但是由于南北造园基本依据同样的格局，比如借景、障景和框景，基本上格局相同。在我们正常的生活中，家宅中，有些树是不能在家宅中种植的，因为它会给人带来恶运，但有些花草植物会给房主带来好运的，可以种植。

第三节　北方特殊四合院

一、山西四合院

1. 王家大院

　　地处山西腹部灵石县城东 12 公里处静升镇的王家大院，总面积有 34650 多平方米，共有院落 54 幢，房屋 1052 间，包括东大院、西大院和孝义祠三部分。相当于祁县乔家大院的 4 倍，为灵石王家官商皆有的院落。东大院建于清代嘉庆年间，是一个串联式的城堡住宅群。城堡建筑依地形布局，顺地势建造，结构严谨，规模宏伟东大院由三个大小不同的矩形院落组成：中间为两座主院和北围院；东北面是个小偏院；西南面是大偏院。城堡的四面各开一个门，东门位于主院前大通道的东端，西门开在大偏院的西南角，南门开在主院前大通道的中间，门外是一条长 50 米、宽 3 米的石板坡路，通往村中的五里后街。北门开在小偏院的东北角。主院前有一条长 128 米、宽 12 米的大通道，全部用青石铺成。大通道的南面是高高的砖砌花墙，墙内建有 60 多米长的风雨长廊。东大院的主体建筑是两座三进四合院，每个主院都有宽敞的正院、偏院、套院、穿心院和跨院等，按用途分别设有堂屋、客厅、厢房、绣楼、过厅、书院、厨房等功能空间；主院西南角的大偏院是由两座花园庭院组成的，可供主人小憩；主院正北的后院是由一排十三孔窑洞组成，又分隔设置成为四个小院的护卫院；院内都修有甬道、幽径、低栏与高墙等；各个院落门前都有厚实高大的照壁、石狮、旗杆石、石台阶等；院中有院，门内有门，窑顶建窑，房上座房。

　　西大院是一处封闭型的城堡式住宅群，其面向与背靠与东大院基本相同。西大院的平面呈矩形铺展，东西宽 103 米、南北长 181 米。

只有一个两进两层的堡门，开在南墙稍偏东的位置，正对着城堡的主街，堡门的正中央镶嵌着一块刻有"恒祯堡"的青石牌匾；由于堡门为红色，人们都把西大院称为"红门堡"；堡门外正对堡门的地方，有一座砖雕照壁；堡门的左右及东北、西北角各有一条踏道通往堡墙顶端。堡墙是用青砖砌筑的，外院墙高八米，内院墙高四米，均厚二米许。堡内有一条用大块河卵石铺成的南北走向主街，街长135米、宽3.8米，称为"龙鳞街"；南北走向的主街将西大院划为东、西两个部分，与东西走向的三条横巷把西大院分为四排。堡墙东北角和西北角各有一座更楼。堡内东南角、西北角各有水井一口。大部分院落以南北中心线为对称轴，东西基本对称，院门偏东南方向；院门内是一条较长的通道，通道西侧南端开一个通往前院的偏门，北端开一个通往后院的偏门。

王家大院的内外，房屋的上下，房间的表里，随处可见精雕细刻的建筑艺术品，屋檐、照壁、吻兽、神龛、石鼓、门窗等，构思奇特，造型逼真，精雕细刻，匠心独具，体现了北方建筑的雄伟气势和秀雅风格。王家大院是山西最大的、保存完好的一座建筑群，被人们称为山西第一宅。

2. 乔家大院

乔家大院，位于山西省祁县乔家堡村的正中位置，是一座雄伟壮观的建筑群体。俯视乔家大院，各个院落布局奇妙，总体很似一个象征吉祥温馨的大红"囍"字。整个大院占地面积为8720多平方米，总建筑面积为3867多平方米。分为六个大院，内套20多个小院，有300多间房屋。大院三面临街，四周全是封闭式砖墙，高三丈有余，形如雄伟的城堡。城堡有掩身女儿墙，墙上设瞭望探口。工艺之精细，设计之精巧，威严气派，充分体现了清代民居建筑的独特风格，具有很高的观赏、科研和历史价值，被专家学者们誉为北方民居建筑史上的一颗明珠。

大院始建于清代乾隆二十年（即公元1756年），以后经过两次扩建和一次增修。第一次扩建是在清代同治年间，由乔家下代世孙乔致庸主持扩建；第二次扩建是在光绪年间中、晚期，由乔家世孙乔景仪和乔景俨主持；最后一次增修是在民国十年以后，由乔家世孙乔映霞、乔映奎分别主持完成。从始建到最后建成现在的格局，中间经历过将近两个世纪的时间。乔家大院的北面三个大院，从东面往西面依次叫老院、西北院和书房院；南面三个大院，从东面往西面依次为东南院、西南院和新院。

乔家大院大门坐西向东，为拱形门洞。门上有高大的顶楼，顶楼的正中悬挂着慈禧太后委托山西巡抚赠送给乔家的匾额，匾额上书写"福种琅环"四个大字；大门扇上涂黑色油漆，还安装一对兽图大铜环；大门的顶端正中位置，嵌着一块书写"古风"字迹的青石，雄健豪迈的笔迹显示了承接古代质朴生活作风的本意；大门对面的掩壁上贴有用石砖雕刻的"百寿图"，字字放风采，掩壁两旁贴着清朝大臣左宗棠题赠的意味深长的楹联："损人欲以复天理，蓄道德而能文章"。 进入大门里面，沿着长长的甬道走去，西头尽处是雕龙画栋的乔氏祠堂，祠堂装点三级台阶，狮子头柱，汉白玉石雕；出檐处用四条柱子承顶。柱头有玉树交荣、兰馨桂馥、藤罗绕松的镂空木雕。北面三个大院均为开间暗榇柱走廊出檐大门，从东往西数，一院和二院均是三进五联环套院，里外有穿心过厅相连，这是山西省祁县一带典型的"里五外三"的穿心院。里院北面为二层楼的主房，与外院门道楼相对应。从正院门到正房，需连登三次台阶，寓示着"连升三级"和"平步青云"的吉祥意义。南面三院是二进双通四合斗院落，硬山顶阶进式门楼，门楼正面为主院，主厅风道处有一旁门和侧院相通。整个南院中的正院为族人的住所，偏院是花庭和佣人的住所。

乔家大院的大门内，展现着一条笔直的、长有80多米的石铺甬道，甬道把六个大院分为南北两排。大院有四座主楼，六座门楼、更楼和眺阁；整个大院房顶上有 140 多个形式各异的烟囱；全院亭台楼阁，雕梁画栋，堆金立粉。从外面观看，整个大院威严高大，整齐端庄；进入院里观看，富丽堂皇，井然有序，显示了北方封建大家庭的居住建筑格调和我国古代劳动人民高超的建筑艺术水平。

乔家大院之所以闻名于世，不仅是因为它有宏伟壮观的房屋，主要原因是它的一砖一瓦、一木一石都体现了精湛的建筑技艺。南北六个大院内，砖雕、木刻、彩绘等随处可见。从门的结构、窗子的格式和各式各样的房顶上看，每地每处都是变化无穷，给人以别有洞天的感觉，实在令人赏心悦目、品味无穷。整体装饰精彩，富丽堂皇。

二、陕西四合院

位于陕西省韩城市区东北的党家村，始建于 1331 年，全盛时期有数百座四合院。它是目前国内保存最好的明清建筑村寨。

村寨地处韩城东北方向 9 公里处，座落在泌水河谷北侧的葫芦状沟谷中。葫芦状沟谷北岸有一片高地，是陕北黄土高原地形中的大面积平地，平地上有一条平坦的公路通往党家村。现有保存完好的宅院，是建于明清时期党、贾两姓的 120 多座四合院，以及 10 多座祠堂、庙宇、戏楼、文星阁等一些附属古代建筑。从大环境上看，西靠梁山，东临黄河，北面是高达三四十公尺的山地，能遮蔽寒冷的西北季风；南边是较为平缓的坡地，村落得到充分的日照，而夏季的东南凉风可顺着从东南面斜下的沟谷形成顺势吹拂，加上泌水河具有降温作用，使整个村落冬暖夏凉、四季如春。

中国北方民居建筑中的四合院，一般以北京四合院最为人们所熟悉，长期以来都受风水业推崇，主要是因为它和其他地方的四合院相比，具有其独特之处。但据了解，北方不少地方的四合院早已有了变化，许多地方的四合院已经有了大大的改进，也创造了具有独特的意义和风格。就党家村四合院来说，每个四合院大多建在一块面积大约270多平方米的土地上。房屋是沿着四周端端正正地盖，上首为厅房，下首为门房，两者相向之间又盖厢房。党家村的四合院，利用最南端的倒座房和最北端的厅房遮挡东西厢房前后的山墙，在东西厢房的山墙下加盖一个狭窄的屋顶。四檐上增设四个小洞槽，下雨时雨水从屋顶上八个位置落地，形成"四檐八滴水"的奇妙景观。院落屋檐下有一圈回廊，约为八十公分左右的宽度，无风时屋顶上的水能垂直流入院落里，不会淋湿在走廊里行走的人。院落内的排水主要依靠下水道，埋在地下的下水道是弯环状的，据当地人说这样的下水道可以串钱，不会使家中的财气泄漏。

庭院用青砖铺地，中间铺一块较大的石头，当地人称为"天心石"；各房的背山墙连为一体，成为整个院子的界墙。凡是富有的人都会在较大的院落中添建一些狭窄的前院或偏院，穿过"垂花门"才能进入内大院里。内院又建甬道，种植花草树木。各个四合院的最大的共同处，莫过于砖、木、石三类雕刻，砖雕一般用以脊砖、檐下榫头、巷门及宅院里外的照壁墙等处；木雕大多用以门窗、门楼和家具等处；石雕大多用以牌坊、柱石、旗杆座、拴马桩等石质物料上面。四合院的外形是用纯一色的青瓦盖顶。虽然，各院有高低大小之分，但是有形态和装饰上的差异。这种特别的形态制作的方法是北京和其他地方民居所不敢采用的。党家村的四合院，不分贫富贵贱、做官或为民，其形态制作规格都颇为一致，十分平等。

大部分人家的大门都开在院落的东南角。按照后天八卦，大门开在巽位，因此当地流行一首民谣："南楼北厅巽守门，东西两厢并排邻，院中更栽紫荆树，清香四溢合家春。"但是，有情趣的是党家村的官宦人家，不像普通人那样，把院子大门设在院落的左前方（厅房朝南的院子，大门在东南方向），而是将大门设在院落的中轴线上。大门的前方设旗杆，进士家设双斗旗杆，举人家设单斗旗杆。而书香门第人家的四合院，厅房与厕所的设置也很有讲究，院落的厅房朝南时，灶房是设在东厢房最南端的一间，厕所设在倒座房最西端的一间，这是当地流行"东起西落人丁旺"的做法。

多数四合院的院门大多开在门房偏右或偏左的一间房或背墙上，很少有人把院门开在中间的房子或背墙上。开在背后墙壁上的门显得窄小而朴素，一般只略作装饰即可。门的四周都有砖、木、石三种雕刻，各家所用的雕刻形式内容都有所区别，主要是用于尽情表现各自争奇斗艳的不同心态。如有钱而没有官贵的人家，总是希望下代子孙能当上一官半职，主人便将门上的阁楼建成官轿模样，平时家人进出门户必从轿下经过，以暗示坐了官轿的白日梦。门额题字是每户建院时不可或缺的事情，基本上形成了韩城地方一种传统风俗，且五百多年来，代代延续。走进院门时，抬头先看见门额上的大字，大字的内容是主人炫耀自己的政治地位或官爵，或警醒自己道德修养的显示，或训诫后人，也有庆祝幸福、平安吉祥或标榜自己文化修养及情趣追求等内容。如门额写着"进士"、"太史第"、"富德居"、"和为贵"、"居之安"、"诗礼传家"等等。无论进入哪一个院落里，在正对大门的照壁墙或厅房两侧的山墙上，均能看到可以拜读沉思一番的内容，令人获益匪浅。

第四节　四合院的调理

一、四合院适宜摆放的吉祥植物

金钱树是一种半圆型植物，叶厚、油光发亮，适应摆在办公室、居家的客厅、书房能起到生机作用，可使整个房间生机秧然，使人心情快乐并能招贵人，给主人带来很好的财运。

富贵竹四季常青，可放在书房、小孩房、客厅，可摧旺小孩的学习成绩，加强读书运，并能给家中增强夫妻之间的感情运。

桔盆栽的柑桔便成为人们春节时家庭的必须摆物。特别是广东、广西、海南，桔盆是热门货。

槐树是北京市的花树，一般把它栽在门口，院内是吉祥的象征，特别在北方有讲究说门口院内多栽几棵槐树，文武官员走家来，是提官发财的象征。

椿树在门口栽，金钱招家来，是一种发财长寿的象征。

竹子是四季常青，南方人大门口，院内多种些竹子，青竹节节高中间空，出门见竹，家有万卷书！主小孩读书聪明，家中能出大文人，出高材生。还有很多的吉祥树，不再细论。

二、四合院的财位与安神方法

在四合院中，何方为财位，如何正确的找出财位，如何聚住财气？

在财位的问题上，有好多讲法，有的人说与门斜对角45度处就是财位。也有的认为八白大财星飞到那个方向就是财位，也有的认为东北方是最大的财位，也有的认为正东就是财位。我认为斜对角是财位完全是错误的，毫无根据，至于八白飞到的方向是财位，不完全对，因房型不一样，门户不一样，八白所到之位，不可能是每家每户的财位，只能说八白财星所飞到之位是求财的好方位，利于求财和开辟新的事业。东北位在奇门中是生气方，在奇门盾甲中只说生气之方好求财，也没指定就是财位；正东是财位之说，是有点道理的，因东方是正气之方，太阳东升，阳气旺盛，紫气东来，东方为大吉之位。在家庭户型不破局的情况下，东方可作为财神位。我的看法，家庭最大的财神位，就客厅。有内厅的话，就把财神放在内厅，没内厅就放在外客厅，但财神后不可有窗，不可有厕所，背后要有墙壁不可空。

家中有佛坛的，只能供佛，不能把财神放进去，佛道分开供最好。另外，要讲清楚的是，每家每户的客厅就是财位，进客厅有中堂的住户，中堂就是你家最大的财神位。中堂有的是挂山水画，有的是挂年年有余，有的是挂菩萨像，有的挂神像，有的挂祖宗像，有的是挂财神像，不论你挂什么样的画，什么像，统统为财神位。每家每户都有客厅，都有中堂，不同的户型就有不同的客厅，但均是财神位。如客厅破局，就选在家中客厅的东方为财神位。家中没有客厅的，可选书房的东方为财神位，北方也可以，但千万不能放坐位后边供财神。所点到这些位置都是家中能够增加财气的位置，外面供财神，还可以摆放一些招财的吉祥物，可大大的增助财气。同样在财位的地方不可堆放杂物和垃圾，也不可做窗户和阳台，以防漏财。更忌在财位上放厕所，枪刀剑棍，不但不能招财，反而破财。财位上安一个灯大吉，常用四个灯，六个灯，八个灯，大吉大利；二个、三个、五个、七个为凶。

在家居中，安置神位或祖宗的牌位，是有很多讲究的，绝不可面对太岁方向，否则会有灾祸。子年、丑年、寅年、亥年安神位，切忌坐南朝北。卯年辰年安神位，切忌坐西向东，巳年午年未年安神位，切忌坐北向南，申酉年戌年安神位，切忌坐东向西。敬神敬祖先，其实与迷信无关，只是人们的一种精神寄托和道德修养上的自我约束。

财位一定要整洁、优雅、安静、美观，不可堆放杂物和零乱的东西；财位方不能潮湿，不能太黑暗，不能和厨厕通气，神台要光亮，不可有灰尘、更不可挂镜子，插干花等。布署财位，其实只是表达了自己对美好生活的一种祈祷和一种心理上的寄托，但是要获得财富和美好的生活，还是必须花费精力、心血的。除了财位上的布置外，个人该有的努力和奋斗必不可少。

第四部分
商务营业场所选择与风水布局

第一章　商务营业场所选择

第一节　商务营业场所选址总则

一个企业（公司）的兴衰，主要取决于经营管理，而经营管理的成败、工作业绩或企业是否能够生存发展，与办公地点环境风水的好坏存在着直接的联系。因企业各项决策活动大多是在办公室内进行的，所以选择一个良好的办公环境对企业经营和管理来说是至关重要的。

一般地说，商务营业场所选址，主要是考虑环境中风水要素对生意的影响，并且环境对人的身体、情绪等方面的影响也是不可忽视的，所以也应考虑办公场所的环境与人的协调关系。因此商务营业场所选址，与家居住宅的选址有许多相似之处。

选择企业（公司）的好风水办公楼宇，主要从以下几个方面下工夫。

一、选择生旺的地段

从风水学的角度来说，不管是选择住宅基地还是企业经营管理场所，龙脉兴盛的地方对居住者或经营者都会产生积极向上的影响力量，能导引人们正确的生活理念和经营理念，不仅能满足人们追求富贵荣华的心理需要，还有利于企业的正常经营、生存和发展。根据风水相地的五个要素去考察地段的来龙去脉、坐山前案、左辅右弼，察看周围的建筑是否形成龙、水、砂的风水格局。办公楼宇的地势以前低后高为佳，千万不要前高后低，否则就是节节败退。办公楼宇前面有空地，则经营者视野就开阔，市场才能顺利拓展。左右的建筑物最好成对称的态势，有利于稳定员工的情绪，有利于促进良好沟通和团结合作，有利于事业的发展。除了来龙去脉的局势要生旺外，还要从三元九运的风水理气去考察楼宇山向的衰旺状况。现在是八运，二十四山向中，八运旺山旺向是乾山巽向、巽山乾向、亥山巳向、巳山亥向、丑山未向、未山丑向。

选择办公楼宇，首先就要选择周围人口密集、流动频繁、商业活动兴盛的地方。因为风水讲究的生气和旺气，归根结底就是提升人气，只有人气兴旺的地方，才能成为商业活动频繁和兴盛的地方。有些人选择在住宅区开设公司或办公室，这是很不可取的做法。从功能上说，住宅区与办公营业场所不尽相同，人烟稀少的地方缺少必要的商业气息，人气不旺，难以创办一个成功的大企业。

二、前方明堂要开阔

办公楼宇前方的空间是明堂位置，明堂是藏风聚气的地方。如果办公楼宇前面有一个宽广的明堂，人的视野就会很广阔，并且公司大门就有纳四方之气、吸天下之财的气势，能给公司带来好的运势。选择办公楼宇时，应要求前方没有任何遮挡物，特别要避开围墙、电线杆、广告牌和大树木等物体遮挡。靠近马路的办公楼宇，前面一定要留有较宽阔的明堂，不能距离马路太近，否则马路就变成了无情的割脚水，而且马路上的车辆高速行驶时，容易把办公室里的生旺之气牵引出去，使公司的运势走向低落。

三、门厅要宽阔干净

大型办公楼的前面厅堂一定要宽阔，而且厅堂和大门要宽阔，这是设计办公楼宇最基本的要求。办公楼就好比一个人，其大门就像人的嘴巴，人的口大能吃四方，办公楼的大门宽阔，才能吸引更多的客人，带来更大的生意和财气。

四、门前要避开不祥物体

大门是建筑物的纳气之口，大门能否纳入生旺气场，关键在于大门的门位和门向。大门要乘气，办公楼宇外部环境的前、后、左、右四个方向的建筑群布局要力求与本楼宇相协调，门前要避开不祥物体。

不祥物体主要是指烟囱、厕所、殡仪馆、医院、寺庙、教堂等，容易使人感到心理压抑、精神不适的建筑物。还有变电站、高压电机房、移动电话站、卫星雷达等各类辐射源或形煞建筑物，以及水污染、大气污染、固体废物和噪声等污染源。

楼宇大门不可面对岔路。如果两岔路冲入门内，大楼易受气场直冲，会使大楼内的人身体衰弱、精神恍然，以致影响事业。

大门不要对着烟囱。因为烟囱是排放废气的附加建筑物，若大门对着烟囱，风将废气吹进来会被人吸进体内，会对人的身体健康产生不利的影响。

大门前边不可对着寺庙、教堂等宗教建筑物。因为寺庙、教堂的阴气重，属于风水上的孤阴煞地，会对在其附近居住人的运气造成不利影响。

大门不可正对其他房屋的屋角或其它尖锐的建筑或物体等。若已经犯了这个忌讳，那么最好的办法就是移动大门的位置；若实在无法移动大门的位置，则可以稍改一下大门方向的角度，只要能避开尖角冲射即可。

大门前方宜平整开阔，地面上不能有洼坑、臭水沟、巨石，否则会加强阴气进入门内，影响大楼内部的人气。

大门前不可有藤缠树，也不可正对着大树或枯树。不过大门外左右两旁可以种树，但一定要保持树木的枝叶茂盛，枝叶不可枯黄，树上不可有蚁窝，否则对事业不利。

大门前不可有立交桥。因为立交桥为交通要道，高速通行的车辆产生的噪音和涡旋气流会对旁边楼宇里的人产生伤害，对身心健康及财官运都会造成不利的影响。

大门前不可正对着道路外弓处。道路外弓与河道外湾外弓均称为"镰刀割腰"，又称为"反抱水"，在风水上属极为凶险的水法，极易引起主人破财损丁。城市里的反弓是指房屋前面的街道弯曲，而且弯曲的弓背直冲大门或窗户，就好像河流的外弯处，冲煞极重。道路外弯处，由于其离心作用，车辆驰来时会把灰尘、尾气都刮向反弓处一边；道路外弯处，车辆也容易发生交通事故。所以楼宇大门前正对着道路外弓处，冲煞更重，风水不好。如果道路外弓处又直立着一根电线杆或一颗大树，就形成了风水上极为恶劣的"一箭穿心煞"。

大门前不可正对道路直冲处。门正对着一条马路，就犯了"一箭冲煞"；大门正对着小桥梁，亦为不宜，就好像是一支搭上了弓的箭正在射来一样，这就犯了"弓箭煞"。二者均对楼宇中人的健康极为不利。

大门不宜正对死巷。因为大门正对死巷，前面明堂的出路被挡住，人的视野十分狭窄，时间久了便起潜移默化的作用，人的心胸就越来越狭窄，人际关系也会愈来愈差。大门对着死巷，楼宇中气流一定不通畅，极容易积聚浊气，对人的健康十分不利，事业也无法发展。

楼宇大门不宜正对河流出口、桥洞和地下停车场出入口，否则就犯了风水学上所说的"开口煞"。水口闭才能聚气，楼宇正对河流水流去的方向，即特别是正对着桥洞水流去之势，相当于生气散失。

门前明堂受高压，不吉。门前明堂受高压，是指屋前有山、桥或大厦压迫的情况，此为"奴欺主"之格局，违背了风水的原则，给人压抑的感觉。所谓奴欺主，就是以本住宅为主位，明堂前是高大的建筑物、立交桥或山峰。

高压电塔和电视塔的煞气极重，属于孤阳煞。高压电塔和电视塔旁边，会产生很强的电磁波，如果人长期在这种地方居住，电磁波就会使人的神经系统和免疫功能受到破坏，容易引发严重的疾病。

玻璃幕墙对面不宜居住。玻璃幕墙的倒影会给人施加压抑感，同时反射光线容易破坏室内原有的良好气场，对人体健康非常不利，容易使人产生烦躁冲动的情绪，心神不宁。

官署、警局、军营、监狱等场所，都属于风水学上的孤阳之地，放射的气场能量是肃杀性的煞气。办公场所不宜选其附近。

铁路或者高速公路附近不宜居住。火车的速度很快，高速来往的火车会产生很强的气流旋涡，并且汽笛鸣叫使人不能安宁，对人身体健康不利。高速公路同理。

五、选择藏风聚气的地方

藏风聚气是最理想风水模式，因为只有藏风聚气的环境才是生气旺盛的地方，生气是化生万物的根本，有生气就意味着穴场周围环境有了生机。有生机的地方可聚人气和财气，因此企业营业场所应选择一个藏风聚气的理想之地。

六、选择繁华红火的地段

城市乡镇上人流密集而带有喜庆气氛的地方充满生气，人流愈多的地方生气也就愈旺，企业营业场所乘生气就能带来生意兴隆的繁荣景象。城市上的繁华地段是商品交易活跃的地方，若在繁华地段开设企业营业场所，就可以将生意做得红红火火。

如果相反将企业营业场所设在偏僻、人流稀少的地段，缺乏生气，冷冷清清的景象就会使生意走向萧条，还有可能损伤投资者的元气，生意亏本甚至破产。

第二节　办公楼宇外形与楼层的选择

一、选择办公楼宇外形

选择办公楼宇的外形，会给人以一种强烈的心理暗示，不仅会影响到公司内部布局的协调性，还会影响内部人员的心态。理想的办公楼宇是矩形，外部形态最好对称、四正八稳，这样的楼宇让人感觉稳重和厚实，可以增强人的自信心。不要选择"L"形、"U"形、"回"字型、三角形和圆形的办公楼宇。因为"L"形楼宇的外形结构会给人强烈的不对称及不稳定的感觉，人长期在这种环境里工作，会产生不好的心理作用，不利于稳定员工队伍；"U"形楼宇，显得靠山薄弱或靠山不稳，暗示后靠无力、事业难于伸展之象；"回"字形的办公楼宇，从外观上看整栋大楼的中间部分完全空透，虽采光良好，但大楼建筑的中心留着大天井如同人的心脏不实，不利于业务推广；三角形楼宇，内部空间很难得到充分规划与利用。从风水学角度上说，三角形楼宇的坐山不明，不宜作为办公室使用；圆形楼宇，从外形上看显得太孤，与周围环境很难协调，属于风水上典型的孤阳建筑，本身就带有极重的风水煞气。从心理学角度看，圆形的东西会给人一种圆滑、流动的感觉，在圆形楼宇里居住办公，会降低人辨别方位的感觉和能力，使人长期处于一种流动的心理状态，导致缺乏竞争力。

选择办公楼宇，应该避免选择一些外形容易使人产生不好联想的楼宇，如果楼宇的外形让人产生不好的联想，就不能称之为好风水。

二、办公楼层选择法则

选择好了商务楼之后，接下来就应该选择楼层。由于办公楼外在的环境、地形和道路的影响，不同楼层的风水信息也不同，也由于同时还存在着人的命相五行与层数五行的相生相克关系，因此在同一栋楼里的不同楼层，会对使用者产生不同的影响。

五行相生关系是：

金生水、水生木、木生火、火生土、土生金；

五行相克关系是：

金克木、木克土、土克水、水克火、火克金。

楼层的五行是根据河图数五行决定的：

一楼与六楼，五行属水；二楼与七楼，五行属火；

三楼与八楼，五行属木；四楼与九楼，五行属金；

五楼与十楼，五行属土。

若楼层数大于十数，则五行属性按其尾数算。

人的命相五行，根据人的出生年份生肖来算：

生肖属鼠（子）和猪（亥）的人，五行属水；

生肖属虎（寅）和兔（卯）的人，五行属木；

生肖属蛇（巳）和马（午）的人，五行属火；

生肖属龙（辰）、狗（戌）、牛（丑）和羊（未）的人，五行属土；

生肖属猴（申）和鸡（酉）的人，五行属金。

论吉凶的方法：如果楼层的五行生人的命相五行，或楼层的五行与人的命相五行比和，以吉论；如果人的命相五行生楼层的五行，以泄耗论；如果人的命相五行克楼层的五行，以中等论；如果楼层的五行克制人的命相五行，以大凶论。

第三节　企业营业场所的化煞与布局

一、店铺的化煞与布局

　　店铺是做生意的根本，店铺周围环境的气场及其门面气势，是决定店铺能否聚财及将来能否兴旺发达的关键因素。人以店铺作为生意门户，如果店铺门面气势及其周围环境气场优良，那么财路畅通，财源广阔；如果店铺门面气势及其周围环境气场凶劣，会使财路受阻，财运不顺。

　　店铺门面被分割成两半，也就是两个铺面连在一起，而中间有梁柱隔开，这是财气泄漏的现象。象征有人要与店主人分财，可以在店门的两边吊挂灯笼化解。门前两边挂灯笼，可聚人气、旺人丁，人丁旺了财源就会增加。特别是饭店、旅馆的门前，一定要挂一对灯笼。

　　店铺门前的明堂有交叉路，好像门前被剪刀剪着，这是十分凶险的现象。门面被剪意味着破财，还要遭受很大的风险。可以摆放狮子化煞，或摆放麒麟、貔貅化煞旺财。

　　店铺左右两边的路要畅通，任何一边都不能被堵死，否则财源衰败。要使店铺的财路通畅，不仅要求来自左边的路顺利，还要求来自右边的路也顺利。若左边的路通畅，而右边的路被堵死，则为右边劫财；若右边的路通畅，而左边的路被堵死，则为左边劫财。不管是左边劫财还是右边劫财，都会降低钱财的收入。南北坐向的店铺，东西两边的路要通畅；东西坐向的店铺，南北两边的路要通畅。店铺周围的道路通畅，意味财路广阔，财源兴旺，福禄绵长。

　　店铺的来水主财运，一般是以来路论定，若店铺的来水不畅，则意味着财源不旺。特别是左边青龙方没有来路或左边的来路被堵死，属于十分糟糕的风水格局，会使财运极差。

店铺的运道是由周边的邻居决定的，如果店铺周边近处有银行、证券公司、写字楼、宾馆、饭店或旅社，那么店铺的运道旺，财源不断。

店铺门堂的光线很重要，它会影响财气强弱程度和来财的多少。如果店铺的门前光线充足，那么店主的运气旺盛，财路广阔。如果店铺门前光线不足，门堂暗淡，那么店主的运气一定不好，财路不通，可吊挂灯笼或设置宫灯或宝莲灯等来增强光照强度，或在门前设置射灯，加强门堂的亮度。

店铺门前被道路冲射，不仅会败财，还会招来祸患。若店铺门口有直路冲射过来，可以在门口处摆放狮子以化解煞气，摆放麒麟既可以化煞又能招财，摆放貔貅也可以化煞招财，摆放大象可以化煞和带来吉祥瑞气。

店铺门口对着反弓路，不仅会败财，还会招致口舌官司和一些不必要的麻烦，特别是管理部门（工商、税务或城管）会上门找麻烦。可以摆放"泰山石敢当"或增设"照壁墙"挡住外来的煞气。

店铺有三门直通，财气泄漏，而且口角也多，可以用金鱼、宝瓶或中国结化解。

店铺门口正对外面墙体尖角，店主心里会有紧张的感觉，而且常有口舌是非之事发生，长期感到不愉快。可以用狮子或麒麟化解。

店铺门前对着下坡路，事业和财运都会下跌，可以用貔貅化煞纳财。

店铺的门口细小而高象监狱门，店主容易因违法经营而坐牢，必须赶紧将细小的店门改成方正的大门，可避免灾祸降临。

店铺门口宽大，可以在门口两旁摆放花草植物，可带来生机并增福添贵，使财源不断。门口可以摆放的常绿植物有铁树、橡皮树、富贵竹和发财树等。

在商铺风水中，收银台的风水最为重要，因此设置收银台的地方，不可堆放杂乱之物，还要保持收银台的明亮。把收银台设置在财位上是关键，最好请专业风水师布置。

二、商场风水的装修与布局

大型商场里摆设的商品种类很多，而且商品都是经分类后摆设在货架上，为了让顾客全面的了解商场里的商品种类，让进入商场的顾客尽可能看见商场里大部分推销的商品，并且给顾客留下一个深刻的印象，为再次购买商品提供信息，就应该把商场的进出口，设置在相距较远的不同方位上，让顾客购买到了自己满意的商品后，绕过很多商品货架才能到达出口（大门）。

商场不可设置高声震荡音响，因为高音刺耳的音乐在风水学中被称为声煞，属于凶煞的一种，很容易使人自然而然地产生烦躁的情绪，这对商场的经营与促销活动只能起到负面的影响。若要用音乐来营造商场的喜庆气氛，最好播放轻柔雅致的乐曲，制造顾客听觉上的舒服感，这样可以增加顾客在商场里的逗留时间，使顾客流连忘返，增加顾客消费的可能性。

商场装潢颜色非常重要，最好使用红色。红色是一种比较明快的颜色，能让人处于一种相对兴奋的状态，可以激起人们对商品购买的欲望。从风水角度来说，商场内部的装潢颜色，要与商场的朝向以及销售商品的五行性质相配合。商品的五行属性，一般分为金、水、木、火、土五大类，具体确定商场内部的装潢色调，必须请专业的风水师设计。

门户是房屋的纳气之口，门不宜做得太小，也不能做得太宽。商场的门是商场的咽喉，是顾客出入与商品流通的通道。若商场的门做得过小了，不利于纳气，气的流入量减少，就会减少商场内的生气，增加死气。

三、 酒店风水的布局

1. 厅门和前台风水布置

（1）厅门

酒店的厅门和前台是酒店的第一关口。厅门和前台就相当于住宅的玄关，其风水作用至关重要。酒店的厅门比较宽阔，可以设置回旋式厅门，作为进入酒店大堂的缓冲区；也可以在门厅内设置一座低矮的花架屏风，屏风前面放置植物盆栽，营造门面良好的风水气场。

酒店大堂里聚集气场的好与坏，完全取决于门向的衰旺。如果大堂厅门的方向不吉，那么大堂里就会接纳到煞气；大堂厅门朝向生旺方，那么大堂里也就接纳到生旺的气场。若门厅接纳到煞气，则可在门厅内设置一个流动的水景或鱼缸来化解煞气。在门厅显眼位置摆设圆形花瓶，既可以挡煞又可以导气，将外来杂气疏导顺畅，就可以达到抢运、补运的功效。

（2）前台

大堂门厅里最重要的设施是前台。前台属于内明堂风水至关重要的一环，它是大堂吸纳生气极为重要的方位，如果布局得当，自然能使生意兴隆、财源广进；如果布局不当，就会影响经营效果。

酒店前台

前台宜结合大堂厅门的朝向、本身坐向方位及从事行业等因素综合设计，还要依青龙、白虎、朱雀、玄武四灵的格局布置，让客人进入厅堂时感到有说不出的亲切感。

前台应该设在厅门内最显眼的位置上，如果前台坐向与大堂的坐向相同，就可面对大门设置前台，不宜设在入门的侧方。在前台后方设置公司商标或名称，可以显示贵气，而且能够挡住外来杂气和煞气。

2. 卫生间的安置

高层酒店或饭店要特别注意卫生间的布置。从九宫游年星来论，要压在五鬼、绝命等凶星方位，这是简单方法；从玄空飞星而论，要压在衰死凶星方位；从八卦而论，要安在西方或北方位置。

3. 炉灶的安置

中国传统风水学认为，安放炉灶的基本法则是坐凶向吉。就是说，炉灶应该设在酒店的凶星方位，而灶口要朝向吉方。这里所说的凶方与吉方，是根据游年八宅风水理论中的规则定方位的，不是福元八宅理论中的东四命与西四命的吉凶方位。

玄空飞星法认为，炉灶应该设在酒店的生旺飞星方位，而灶口要朝向三碧、四绿或八白方。

4. 财位的运用

玄空飞星确定财位是当今最为流行的方法，但运用飞星方法寻找财位十分麻烦，每年每月甚至每日的财位都有所不同，往往给户主旺财求福上带来很多不便。

依据八宅派的法则，可以相对简单地定出财位，财位的位置就在进门对角线所指向的房屋中堂位置和斜对角线左偏与右偏45度的靠墙位置。在财位上放置一些常绿的生旺植物，可以起到催财作用。如果由于房屋格局的限制，玄空飞星财位和八宅财位都无法使用，那么就在东南方布局旺财风水物品。

5. 楼梯冲门化解法

无论酒店有几个层面，都忌底层的楼梯冲射大堂厅门。如果酒店底层的楼梯冲射大堂厅门，就是典型的败财格局。

化解楼梯冲门的方法有：

（1）在酒店大堂厅门和楼梯口之间，设置影壁墙或放置屏风，改变楼梯冲射厅门的磁场路线。影壁墙或屏风的质料、颜色以及装饰图案，都要根据酒店的朝向和酒店经营行业的五行喜忌而定，还可以参考酒店老板命局五行的喜忌。

（2）可以放置关公像镇宅。这样，一方面可以压制门外煞气进入店内，另一方面可以揽住财气。

第二章　工厂风水的选址与布局

第一节　工厂的选址

工厂风水和住宅风水一样，也要讲究外环境事物的分布和内环境物品的摆放。

工厂外环境主要看这几个方面：

（1）山脉形状与走向；

（2）江河、湖泊水流方位和流向；

（3）道路、街巷、桥梁的方位与走向；

（4）高压线、铁架、烟囱等方位的凶吉；

（5）庙宇、教堂、坟地等的方位；

（6）临近工厂的建筑物形状与位置。

工厂选址时，要注意地形的自然形状，最好选择正方形或长方形的地形，不宜选择刀形、三角形和怪异地形。厂址不要选在三岔路口、反弓路边或三边临路的"铁笼"形地块内，也不要选在立交桥、大型变电站、高大电塔的旁边。方正的地形，能给人以方方正正的感觉，暗示着为人处事的心态行为端正，象征着工厂前途光明。三角形或其他不规则形状的地形，如凸凹不平、手枪形等，会对人的心态及运气产生不良影响，容易发生意外伤灾、官灾、血光破财等凶灾。

厂址四周不能有大路直冲和直水冲射而来；不能有拳头山、刀形山等粗恶山形和三角形建筑的边角冲射；周围不能有坟场、医院、监牢、刑场、垃圾处理场、污水处理厂、臭水沟等阴气、冤气、煞气、秽气蔓延。厂址靠近水道时，要注意工厂大门前的水道不宜直流，最好在水道微弯环抱之处选择厂址；厂址靠近公路边时，要避免公路反弓或工厂大门正对着直去的路面，应在公路微弯环抱有情之处建筑厂房。

工厂是一个国家或一个地区的生财重地，若想工厂风生水起、财运兴旺，就得找一个聚气生旺的风水宝地。

工厂选址要从以下几个方面着手：

一、来龙要生旺

工厂和民房住宅一样，要有来龙去脉，要藏风聚气，水的来去要合度、有情。选择厂址，一般是在旷野之地里随意圈点，不会受住宅或城市中的办公楼所要求的条件限制，自然地形和地势的选择余地比较大。选择厂址，一定要顺着当地的龙脉，宜在龙气顿驻、水抱山环、藏风聚气的地方。工厂的山与水，以真山真水最佳，但是如果周围没有真山真水，就用人工营造山水，这就是通过人工建筑营造山水的调理方法。

在自然环境中，入首的山龙为金、水、木、火、土五行形状的秀山为佳地。如果是斜飞、破面、掀裙、舞袖或布满乱石的山地则为凶地，不能做厂址。在城市中，没有山龙形局，应以高楼作为山峰，如果工厂背后有方正稳重的高楼，又无带奇形怪状的三角尖状或刀枪形状物等冲射厂区，也为佳地论断。

二、依水口定工厂坐向

工厂的水口主要是察看前方的地形地貌，水口包括来水口和去水口。立向时要综合分析，注意使来水口、去水口与山向同元一气。既要顺应龙向，又要使工厂落在当运的卦位上。工厂前面应该有开阔的地形，没有遮挡物，才能接纳八方生气。工厂门前开阔，还能开阔员工的视野。

择好工厂安置地点后，要注意观察该地的水口方位和龙脉行走的方向，拟定厂区的具体坐向。工厂坐向包括工厂的整体坐向、大门位置与大门坐向、厂房坐向等等，主要是依据厂址前面明堂水口形势来决定的。特别是工厂的大门，一定要乘元得运，如八运要立丑山未向、未山丑向、巽山乾向、乾山巽向、巳山亥向、亥山巳向，这些都是旺山旺向的格局。

测龙立向的方法是：站在拟定的工厂基地中心，用罗盘来测量山向。一般以最近的水口为坐标，即将罗盘的经线指对水口，如果没有水口就以十字路口、丁字路口、三岔路口代替。经线指向人的一端所压的字为来龙方位，指向水口一端为工厂的朝向。测量时，一边测一边移动位置，设法使水口落在当运的卦位上。这样测定出的点就是工厂的中心点。若水口落在罗盘甲字处，那么相背对一边便为庚山，可以说工厂的来龙就是庚山。

第二节　工厂内部的合理布局

工厂的坐向确定后，就要结合厂区地块的地形确定生产、生活和管理设施的风水格局布置。山管人丁水管财，要适当规划大门、办公楼、厂房、宿舍、餐厅、运动场、假山、水池、通道、空地、绿化等。在工厂风水中，最主要的是车间与办公室之间的关系。车间克办公室或办公室克车间，十有八九会使领导和职员关系不好，工厂里容易出现逆反或被压制的现象，或发生工人对老板有人身攻击行为，或老板压制工人造成伤亡事故。因此，工厂中的车间与办公室之间的风水关系相当重要。

工厂内部布局要注意如下几点：

一、工厂的大门

工厂的大门，不宜朝向不吉祥的建筑物。风水中所说不吉祥的建筑物，主要是烟囱、厕所、殡仪馆、教堂、医院及大型养猪场等，容易让人感到心理不适的建筑物。这些建筑物中，有的黑烟滚滚、有的臭气熏天、有的嚎哭、有的病吟，都带浓重的阴灵煞气信息，容易使工厂的经营者精神不振、心气不畅。选择工厂地址，要重点考虑工厂正前方要开阔，不能有任何障阻物遮挡，比如围墙、电线杆、广告牌或较大的树木等。

二、工厂办公楼

办公楼是工厂的主体，是领导决策和控制工厂生产经营的中心，应建在整个工厂的财位或旺位上。办公楼要比厂房等其它楼房高大，前面的明堂要开阔，其大门、通道、侧门、后门和楼梯等宜设在生旺方；办公楼的内部布局，要依照办公室风水的布置原则进行，工厂老板的办公室要设在办公楼内部的生旺方或旺财位上；副总和主管人员的办公室，要设在老板办公室的两边，并且要比老板办公室稍小，作为左辅右弼；财务室要设在办公室的财位上，门口要向生旺方；秘书和技术人员的办公室，要设在文昌位上；保安人员要安排在大门口的左右两旁，镇住外来煞气。招财喷泉、假山等，宜建在办公楼的生旺方。

三、厂房

除办公楼外，厂房的位置也是相当重要的，要以厂房的坐向及元运来分析方位的衰旺，把厂房中的主要部分如车间、工作机台、电机房、工作室等，配置在生旺方；另外也把厂房门、通道、冷气和排水口，配置在生旺方。

四、员工宿舍等

员工宿舍、餐厅、仓库等，都要按照吉利的风水原则配置。员工宿舍宜低于厂房；食堂等生活设施要低于员工宿舍，而且位置选择也要合理；卫生间等要安在工厂的绝命、五鬼方位，以镇住凶煞，确保员工平安，提高经济效益。

第三章　老板办公室风水布局

第一节　给老板办公室点穴

老板是指出资成立企业（公司）的人，一般是指管理公司的董事长、总载、经理等，是一个公司的灵魂人物。他们办公室的重要性就像一个人的大脑神经中枢，其方位或装饰上存在弊病，都可能给公司引出一系列不如意的问题。因此，老板办公室的设置方位相当重要，必须选择在最重要的方位上。从原则上说，老板办公室应该设在公司办公室的后方，像军队里的指挥官一样在后面掌控、指挥着全体员工。不能将老板办公室设在近门口处，否则象小兵打前阵一样，出现劳君逸臣的现象。

在自然环境中，理想的风水宝地往往是一个极小的穴点，而且穴点的周围分布着一些围护的低山和砂丘，起着护卫和藏风聚气的作用。同样道坤，公司的整体办公场所相当于一个较大的环境，而老板的办公室就相当于这个环境中的穴点，设置老板办公室也应遵循风水宝地的点穴原则，将老板办公室点在公司里风水信息最佳的位置上。总经理是负责公司经营管理的最高领导人，他的地位犹如一国之君，应该把他的办公室安排在最吉利的方位上，让他有君临天下、一统大业的雄心壮志。

从办公室的坐向来说：

坐北朝南的办公室，宜以北方及东南方为总经理办公室；

坐南朝北的办公室，宜以东南方及东方为总经理办公室；

坐东朝西的办公室，宜以东方及北方为总经理办公室；

坐西朝东的办公室，宜以西南方及西北方为总经理办公室；

坐东北朝西南的办公室，宜以北方及东北方为总经理办公室；

坐西南朝东北的办公室，宜以东南方及西南方为总经理办公室；

坐西北朝东南的办公室，宜以西方及北方为总经理办公室；

坐东南朝西北的办公室，宜以东南方及东方为总经理办公室。

从八大方位来说，紫气东来，办公室宜吸纳东方之气。在八卦中，东方震卦代表事业运，若想自己的事业能够成功，并且能够顺利发展，就必须将东方之气吸纳到办公室气场中来，这种东方之气可以助你一臂之力，使事业充满活力，积极向上。吸纳东方气流，稳住东方磁场的方法有下面四种：

（1）在办公室的东边放一个碗，每天早上在碗里面盛满清水，这样能为自己带来更多新鲜的水气场。水与东方的木性相生，可以帮助增强清晨新生的气场。若将这碗水放在东方太阳可以直射到的地方，那么清晨的新生气场就会更加强烈。

（2）在办公室的东方摆放生旺的植物盆栽，可以增加东方气场，植物所蕴藏的木气也能更好地纳入这种气场。

（3）把老板个人办公室设在东方位置，座位也要朝东而坐，就能直接纳入东方之气。若不能朝向东方，朝东南方向也可以。

第二节　老板座位吉利风水

老板的座位，最好的方法是配合老板的八字命局来定位，选择出符合老板命局喜用神的五行方位，使人体磁场和方位磁场相辅相成，以增强事业的自然助力。普通做法是：老板的八字缺木，办公桌应该摆放在东方或东南方；八字缺火，办公桌应该摆放在南方、东方或东南方；八字缺金，办公桌应该摆放在西方或西北方；八字缺水，办公桌应该摆放在北方或西方、西北方。这只是针对老板个人办公室的说法。

老板办公桌的布置，应依照下列原则：

一、宜座后有靠

座后有靠是吉祥风水的大原则，背后有山作依靠可以旺人丁，人的身体健康。所谓办公室里的背后有靠，就是指坐椅背靠着坚实的墙面，所以老板办公桌最理想的座位是背墙而坐，而且座椅要尽量靠着墙壁，墙壁与

座后有靠的办公桌

座位之间最好不要留太多的空间，可以减少来自背后的虚空和不踏实的感觉。老板座位最忌背靠窗户。

二、座位与门的风水关系

门是气口，也是水口。理想的风水宝地，水是从穴地的侧面或从穴地的前面旁侧的位置流进或流出，不会从穴地的两侧同时向外直流而去，也不会从侧面直冲穴地流入。办公桌不能正对着进门，因为门相当于来水

座位不宜正对门

口。若办公桌正对着进门，就会受门气（虚水）的影响，但一定要能看到进门。门的左右两侧不宜安老板办公桌。

三、座位前方要开阔

老板办公桌的正面前方要开阔，不可逼仄。风水上所说的前方明堂之处，是一个生气积聚区域，办公桌前方开阔，可使人的胸襟宽广，象征公司的前途也开阔。如果办公桌面对墙壁，意味前途像被墙壁一类的障碍物阻挡一般，运气停滞，业务无法展开，前途有限。办公桌距离门口较远，而且门又位于办公桌的左前方的斜角上，可以避免来自门外的噪音和煞气的影响。

最为理想的老板办公室的格局是：办公桌后面是厚实墙壁，左前方是窗口，透过窗口可以观赏窗外美丽的自然景色。这是一个景象优美、采光良好、通风适宜的工作环境。因为它具备风水学上推崇的后面玄武耸立、前面朱雀开阔、左边青龙得气、右边白虎训服的理想格局。在这样的环境里工作，思维敏捷，热情高且效率高。

办公桌的左前方宜有窗

四、给办公桌点穴

办公桌最宜安排在办公室的东方、东南方、北方或西北方。

五、办公桌八大坐向

确定办公桌的理想方位与坐向的法则是：一是采光要充分，能满足个人工作特征和性格特征的需要。二是顺应地球磁场的需要。三是顺应地球自转方向的需要。

坐西朝东的办公桌：有利于进取，并且能够更加细心、自信、乐观；弊端之处是会导致人的野心勃勃，自高自大。

坐东朝西的办公桌：有利于积蓄财富，生活满足且增加浪漫感；弊端是会使人惰性增加，并且容易招惹桃花。

坐北向南的办公桌：有利于激情四溢、引人注目、社交活跃；弊端是容易使人的压力增大、感情波折、口角是非增多。

坐南向北的办公桌：有利于成熟稳重、创造潜能和独立自主；弊端是容易使人提心吊胆，事业趋于平凡。

坐西北向东南的办公桌：有利拓展领导的才能，增强领导的责任感，提高领导的尊贵地位和信用；弊端是容易使人刚愎自用、固执、疲劳过度。

坐东南朝西北的办公桌：有利于增强领导的能力，博得众人的信任和尊敬；弊端是容易使人变得我行我素、傲慢虚伪、无理干涉他人。

坐西南向东北的办公桌：有利于自我提升、目标明确和勤奋工作；弊端是容易使人贪婪自私、过分紧张和鲁莽行事。

坐东北向西南的办公桌：有利于公司员工的和谐、节约开支，得贵人相助；弊端是容易使人的依赖性增强、过分小气和懦弱、首尾两端。

以上八种办公桌的坐向中，一般以坐西北向东南和坐东南向西北的坐向最为吉利。

六、老板座位风水的忌讳

1. 座位忌背对门口。

2. 座位忌背靠窗口。

3. 座位忌横梁、吊灯压顶。

4. 座位的右手方不宜有窗口。

5. 办公桌前右边不宜插旗子。旗子应该插在办公桌前左方或背后左右两边；背后插旗有玄武撑腰之义。

6. 办公室窗户不可对旗杆或电线杆，窗户对旗杆或电线杆易犯孤阳煞。

第三节　老板办公室器具摆放忌讳

老板的办公室装潢颜色以乳白色和象牙色为佳。最好应依据老板的八字命局五行喜忌进行装饰布置，以达到和谐为佳，但装饰布置不宜太豪华。器具、物品摆设应注意如下几点：

1. 办公室的白虎方，不可安装带有震动性的冷气机或抽风机。办公桌的白虎方也忌。

2. 办公室的白虎方忌安放水族箱，水族箱宜放在青龙方。办公桌的白虎方也忌。

3. 办公室的内外，尽量在青龙方（东方）用事，不可在白虎方（西方）用事。

4. 复印机不宜摆放在办公室的白虎方。办公桌的右方，也不可放置复印机。

5. 办公室屋顶中央和白虎方不可设水池。

6. 办公室内不要放置藤类盆景。

7. 办公室中的装饰颜色应尽量用明朗浅色，特别是能量较大的办公桌颜色，必须配合老板命局五行喜忌进行布置。

8. 办公室的中堂不可安镜子，否则易生口舌是非，易患咽喉炎、胃病和头痛等症，还会使人心乱、情绪不稳、易发不明脾气。

9. 办公桌前面墙壁不可挂镜子，否则会使人心神不定、食欲不振。

10. 办公室内的保险柜，应放在办公室的西南方。若西南方不能放置保险柜，就放在其它比较隐藏的地方，但绝对不宜对着门口，否则财来财去，花钱如流水一样，耗财连连。

第四节　老板办公室悬挂字画宜忌

办公室内光线较暗、采光不足时，可以在墙壁上挂字画来弥补。在办公室中不可乱挂画，所挂的壁图和字画一定要符合自己的身份和地位，不同的职业或职位要挂不同的字画，才能达到和谐统一。

挂山水画要观其水势流向，图画的水势不可向屋外流，向屋内流以吉论。因为水象征财气，若水势向客厅的大门方向流去，则意味着财往外流。

办公室内悬挂牡丹花或向阳花（向日葵）等壁画，可收阳刚之气，弥补采光的不足，使室内生气增旺；悬挂象征年年有余的九鱼莲花图、锦鲤图和象征健康长寿的松柏常青图等吉利字画，可发生良好的磁场感应，对人的身心健康和运气都能起到调节作用。

无论办公室是挂名人字画、艺术家名画，还是艺术照片、山水照片等，都能活跃办公氛围，使办公室中的不利因素变为有利因素。

现将吉祥图画和凶险图画分类说明如下：

一、吉祥图画

悬挂鱼、鸟、马、凤凰等图画都是吉祥的，因为这些图画中的动物都是吉祥动物。如九鱼图、三羊图、青蛙戏水图、猴王献瑞图和八骏图中的鱼、羊、青蛙、猴子、马均是吉祥动物。

除吉祥动物画外，还可以挂一些日出图、湖光山色、花草植物画、山水画等等，可以给人放松和舒适的感觉。

二、凶险图画

办公室和家宅客厅一样，最好不要挂虎、鹰、龙等猛兽动物画。若个人喜好悬挂，要将图画中猛兽的头部向上，使其形成防卫的格局，千万不可将猛兽的头部向着办公室门或座椅上威胁自己。若是部队军官的办公室，就可以在中堂处挂老虎像，可具有雄霸天下，威震四方的功效。

第四章　公司职员办公室的布置

老板办公室风水在整个公司风水中占着重要的位置，往往左右着公司的兴衰成败，因此布置老板办公室风水是个大问题，但是职员办公室风水也是不容忽视的。如果把老板比做月亮，那么职员就是天上的星星，没有公司每一个职员的出色表现，公司就无法取得辉煌成就。职员办公室的风水布局好了，就能激起他们工作的干劲和热情。职员是公司发展最有力的燃烧剂，是公司走向辉煌的最大资本，因此布局好职员办公室的风水相当重要。

第一节　职员工作台朝向风水

从风水的角度来看，工作台的朝向不同，会让人吸纳不同的气能，从而使人有着不同的工作状态。

工作台朝东方：能提升人的活力，增强信心，使人雄心勃勃。最利从事计算机和信息技术工作的人士。

工作台朝东南方：可提高人的创造力和交际能力，并使人坚持不懈地工作和沟通。最利从事市场营销、旅游工作的人士。

工作台朝南方：能使人思维敏捷，善于表达。最利从事销售、公关、市场营销和娱乐业的人士。

工作台朝西南方：可以提高人的素质，巩固与别人的合作关系。最利从事人力资源、建筑和服务工作的人士。

工作台朝西方：可增强人的财务意识，提高完成工作的能力，并能让人容易感到满足。最利从事财务、会计和投资工作的人士。

工作台朝西北方：可以提高人的组织能力和领导能力，增强人的责任感。最利从事管理层和决策工作的人士。

工作台朝北方：可让人的头脑冷静而灵活多变。最利从事培训和钱币流通工作的人士。

工作台朝东北方：可以使人刻苦耐劳，充满动力和竞争意识。最利从事贸易和建筑工作的人士。

第二节　职员办公室的隔间

从原则上来说，办公室内要有隔间，特别是私人公司更要有适当的隔间。

办公室内的隔间，应以风水的动线原理和职层为区分原则，做精心设计。动线原理方面，要考虑气流顺畅，走道

职员办公室

要明显宽直，不可乱设弯道，不可在动线上堆置杂物；职务区分方面，职位越高者，其座位就越往后面靠。

办公室内部隔间后，大门不宜正对着老板或部门办公室的门口，否则大门的纳气直冲而进，容易被老板或部门办公室大量吸收，造成纳气分配不均而引发口舌是非；办公室内的厕所门，不宜正对着大门，否则会是凶运的前兆。

领导办公室一定要设单独一间，特别是老板，不能采用开放式办

公环境。因为公司业务是有一定机密性的，应当加以屏蔽，以免泄露商业机密。在私人公司里，老板或主管领导的办公室宜大小适当且带有雅气，不可大而无档，但是千万不可把办公室装潢得像夜总会那样，否则会对事业和生意发展不利。个人办公室在 20 ㎡到 30 ㎡之间即可，若个人办公室面积在 30 ㎡至 50 ㎡之间，虽然从一定程度上可以显示老板的地位，但是在风水上是属于不佳的格局。

第三节　职员办公室的装潢颜色

一、低矮的办公室宜用浅色

在办公楼中，每间办公室的大小高低都不同，有些房子很高，容易使人产生空旷和冷清的感觉；有些办公室的面积很大，但楼层很矮，会使人产生压抑感。要调节建筑本身带来的不舒服的感觉，就要善于运用色彩协调的方法。

深色可以使人产生收缩的感觉，而浅色可以使人产生扩张得感觉，使办公室显得高大。低矮的办公室最好用浅蓝或浅绿色做墙面颜色，不要用米黄色，因为米黄色会让人感觉昏昏欲睡之意，而且容易吸收灰尘、显得陈旧；高大的办公室最好用深蓝或深绿色做墙面，不要用浅色，否则会使高大的办公室显得更加空旷，容易给人产生孤寒的感觉。总的来说，地面一定要用深色调，天花板要用浅色调。例如，深棕色可以用于地面。。如果地面用浅色，而天花板用深色，就会让人产生头重脚轻的不良感觉。

二、阴暗的办公室宜用暖色

办公室内的阳光充足，可以使人心情愉快；背阴暗淡的办公室，易让人觉得清冷，没有精神。

背阴暗淡的办公室，都是依赖人工光源来调节采光的。装饰背阴暗淡的办公室，不宜使用冷色调的颜色，而应该选用砖红和橘红等暖色系的颜色，能让人有温暖感。墙壁上一般不要使用反光性能强的颜色，会使员工的眼睛受到光线刺激而疲劳，精神低沉，降低工作效率。

办公室宜用明亮色调，同时也要综合考虑职员的工作性质，两者能够相适应。如果要求工作人员细心和踏实地工作，就要使用清淡的颜色布置办公室；如果想使工作人员的思维活跃，就要使用明亮、鲜艳与跳跃的颜色点缀办公室，刺激工作人员的想象力。

第四节　职员办公室屏风与植物化煞法

在办公室里设置屏风和摆放植物，是常用的化煞挡煞方法。

一、植物与屏风的选择

植物选择方面，应尽量使用阔叶绿色植物。因为绿叶的阔叶植物，才能挡住劣质的磁场，其它颜色的小叶子植物或蔓藤类植物则难于挡住。

屏风的材质非常重要，最好是选用木质的屏风。木质屏风包括竹屏风和纸屏风。塑料和金属材质的屏风效果较差，尤其是金属的屏风，其本身磁场不稳定，而且还会干扰到人体的磁场。屏风的高度不可太高，最好不要超过一般人站立时的高度。因为屏风太高了，其重心不稳，会给人以压迫感和心理负担。

二、屏风和植物隔气法

若座位正前方或旁边有厕所，就可在座位与厕所之间设置屏风，在屏风前面摆放一些阔叶类大型盆栽，吸纳来自厕所的秽气。盆栽不仅有空气过滤机的功效，还可以挡住不利人体的磁场。专门用来吸纳秽气的植物，要求3—4个月要更换一次，若没有条件更换，就经常把它搬到外面见光换气，进行光合作用。当然，运用植物挡煞是无法百分之百挡掉所有煞气和秽气的，它所起的只是一种净化气场的作用。

当职员之间的座位正对时，形成人对人的冲煞磁场波，最好在两人座位之间放一个小盆栽，消除来自对方的冲煞力和磁场波的干扰。

当职员座位被走廊正冲时，可以放一大型阔叶类植物盆栽，挡住来自走道的煞气。此盆栽的高度不能太高，也不可太低，只要能挡住人坐着时平看前方的视线即可。

当职员座位处于整个办公室的动线或出入口处，可以一排摆放三盆或五盆绿色阔叶植物盆栽，挡住人来人往形成的煞气。

第五节　职员办公室物品的摆设

一、办公室物品的摆设

1.时钟宜挂于日出的东方

在中国的传统观念中，钟有其特殊的意义，它既有八卦的功能，又有风水轮的效应。现代的时钟，韵律的滴答声很有规律性和节奏感，时钟的摆动和打鸣声可以振动室内的气能。在室内无人时，气是静止的，钟的摆动能令室内的气场运动起来，使室内充满生机和活力。

一般地说，最吉利的悬挂时钟方位是日出的东方，最不吉利的悬挂时钟方位是日落的西方。但由于办公室格局的限制，东方不能悬挂时钟，就要从"四灵兽"方位来定论。这时，时钟最适宜挂在办公室的朱雀方和青龙方。因为时钟的时、分、秒针都是不停地摆动运行的，会激活所在方位的磁场，故应当悬挂在动气方和吉方。朱雀方为动方，青龙方为吉方，这两个方位悬挂时钟也能获得大吉。办公室里，不宜把时钟挂在办公室的中堂处，人一进门就看见时钟不吉利。

2. 计算机摆放与预防辐射的方法

医学证明，长期处于电磁辐射的环境中，会使人的血液、淋巴液和细胞原生质发生劣性改变。电磁辐射过度时，会严重地影响到人体的血液循环功能、免疫功能、新陈代谢功能和生殖系统。计算机屏幕发射出的低频电磁辐射微波，会导致10—19种病症的发生，其中流鼻水、眼睛痒、颈背痛、短暂遗忘、暴躁和压抑等是最常见的。

预防计算机辐射的方法如下：

（1）经常使用计算机的人，要注意保护皮肤清洁。因为计算机荧光屏的静电会将荧光屏上聚集的灰尘转射到人的脸部和手的皮肤裸露处，容易引发皮肤斑疹和色素沉着，严重者会引起皮肤病变。

（2）计算机摆放的位置要正确。计算机辐射最强的是背面，其次是左右两侧，屏幕的正面辐射波最弱。要避免计算机对人体造成强烈的影响，就应把屏幕的背面朝着没有人坐的地方。操作计算机者，以能够看清屏幕上的文字和数据为准，人体和计算机的距离至少要有50 cm至75 cm的宽度，才可以减少电磁波辐射的伤害。

（3）计算机操作人员连续工作一小时后，应该休息10至20分钟。休息时，可扭扭腰脊、作眼操和远眺天空，或做一些提神醒脑的动作。在计算机操作结束后应洗脸。

（4）计算机工作室要保持通风透气和干爽。室内光线要适宜，不可过亮或过暗。

（5）在计算机桌旁摆放一些绿色植物，可以有效地降低计算机磁场对人体的影响。摆放芦荟、橡胶树等均可，但不可摆放仙人掌和仙人球，因为仙人掌与仙人球带刺，容易招来煞气，对人的心理会造成不良影响。仙人掌和仙人球只能摆放在厕所里，或摆放在阳台上。

（6）经常使用计算机者，平时应该勤于锻炼身体。要多吃一些对眼睛有补益的食品，如鸡蛋、鱼类、鱼肝油、胡萝卜、菠菜、地瓜、南瓜和动物肝脏等；多吃含钙质高的食品，如豆制品、骨头汤、牛奶、瘦肉和虾等；多吃富含维生素的新鲜水果和蔬菜；适当饮茶，也能降低计算机辐射的危害。

二、职员办公室石头化小人的方法

在办公桌的右手边放一块石头，可以压住小人的嚣张气焰。石头摆放右边，龙摆放在左边。仙人掌与仙人球均不宜放在办公桌上，因为它的刺会发射劣性风水信息，易令人产生不良的心理反应。

第五章 公司办公室生财风水布置法

第一节 大门催财与大厅招财布置法

一、大门催财风水布置法

门旁摆水可以催财。这样能够合理利用大门的功能，可以为公司催财及招财。大门的方位掌管财运命脉，利用大门催财最简单的方法就是在门旁摆水。"山管人丁水主财"，有水的地方便能发挥财气的作用，除了水外，用水种植物及水瓶插花也有催财的作用，只要放在大门口附近即能生效。大门方位就是房屋内局的向首。

二、公司大厅招财法

阳宅的财位有很多种，按风水流派来分，有八宅风水财位、玄空飞星风水财位。八宅派风水一般皆以入门对角线指向的靠山位置和进门左右两边斜对角线45°处为财位。财位有静态与动态的分别，在办公室里布局财位时，要根据其动静性质决定应选用的风水物品。家居住宅招财首重客厅，其次是厨房和个人书房；公司办公室招财首重大厅，其次是财务室和老板个人办公室。

在入门斜对角线左右偏45°处的财位上摆放常绿植物，可以增强财气。常绿植物以叶片厚大的黄金葛、发财树、橡皮树和金钱树等最为适宜；财位不宜种植有刺的仙人掌与仙人球类植物。财位摆放的植物，应该用泥土种植，不宜摆放水养植物。

公司的财位，最好选择入门对角线指向的靠山位，因为靠山位是公司里财气最旺的方位。在财位上摆放福、禄、寿三星塑像或文武财神塑像，有锦上添花的作用。

东南方也是办公室的财气位，在东南方的辰位养金鱼或安放金蟾水缸也能旺财。因为辰为水库，水象征财，故在东南方用水旺财的力度相当大。在八运中，公司办公室的西南方是零神方，见水可以旺财。此方放养鱼缸或风水轮等都有旺财的功效。

第二节　大门及大厅前台摆设

公司办公室大门和前台服务区，是展示商业礼仪及企业形象，显示企业实力的重要区域。

按照风水学理论来理解，前台属于明堂位置，是藏风聚气的重要方位。前台风水与一个企业生意经营能否顺利发展，存在着十分密切的关系。如果前台布局得当，就自然能使公司生意兴旺、财源广进；如果前台布局不当，就会形成泄气的格局，甚至会产生煞气，不利于求财，严重者还会导致企业破产倒闭。装饰布局前台的正确方法是，结合业主命理、办公室坐向方位及经营行业的五行属性，进行综合设计布局。前台的布局，应当把前台的青龙、白虎、朱雀、玄武四灵兽方位布局得当，同时要让门口方位五行生旺前台色彩五行，避免门口方位五行冲克业主命局喜用神五行。前台方位的天花板、地板、墙壁、梁柱的颜色和形状都要符合生旺前台风水的要求，大门外环境也要作适当的布局。

公司办公室大门及大厅风水十分重要，大门摆设要和谐畅通、阳气要旺盛，呈现生机勃勃、喜气洋洋的局面，才能旺人气，聚财气。

一、大门摆设风水

办公室大门两边有护卫，才能保平安、旺人气聚财气。大门外，可摆放狮子、大象、麒麟或灯笼等；大门内，可摆放花瓶、貔貅、麒麟或发财树等。

大门外有反弓路或有直路、墙角冲射时，可以使用狮子或麒麟化煞。把狮子或麒麟摆放于门口外面左右二侧，可以化解从外面直冲而来的煞气。

大门内有两个门与大门直对，形成三门相通的格局，在二门口处摆放狮子或大象，可以化解来自大门的强大煞气。

大门口阴暗会影响财运，在大门外二侧吊挂灯笼，可以增加光照以旺财。灯笼既可以照明，又可以增强喜庆气氛，也能聚人气、旺人丁。家居住宅的大客厅外的屋檐下，可以悬挂灯笼。灯笼的颜色非常重要，应根据实际需要选取恰当得色彩，但千万不能使用黑色和蓝色的灯笼。

二、大厅前台摆设风水

公司办公室大厅的风水气场十分重要。如果办公室大厅里的人气兴旺，那么财气也就会随之兴旺。要强旺大厅的风水气场，最好在大厅里摆放一些吉祥物或能给大厅带来生旺瑞气的植物盆栽。

家庭住宅的客厅里不宜摆放鲜花，但办公室大厅里摆放鲜花可以增加喜气、增旺人气。人气旺了，财气也就会随着兴旺起来。例如，蝴蝶花的姿态婀娜，色彩艳丽，而且品种多样，开的花朵数很多，其花形如同蝴蝶，花色高雅，可招贵人、聚人气。

公司办公室接待厅的前台，被来自外面的煞气冲击时，可以在正门口处摆放发财树盆栽，化煞效果较好。发财树是温热带植物，生命力相当旺盛，在室内光线较弱的环境下也能正常生长。在发财树上面绑上一些红丝带或金元宝，既可以增添喜气还能带来财气。

大厅前台的左右两边通透，会影响财运，可以在前台的左右摆放花瓶化解。花瓶是代表平安的吉祥物，花瓶里插有四季鲜艳的花草，可用于祝愿人在一年四季里平安愉快；花瓶中插如意，可用于祝愿平安、吉祥、如意；

花瓶上画着九个桃子的吉祥图案，是九桃瓶，象征福寿长久的吉祥意义；花瓶中装有五谷杂粮，象征繁荣昌盛，暗示平安吉祥，在举行婚礼使用最佳；宝瓶是佛家的八宝之一，象征智慧与圆满，观音菩萨手里拿着的甘露瓶，瓶中装有甘露圣水，瓶口上插有一条杨柳枝，是以此来普救众生的。但是，在家居住宅中摆放花瓶要注意，如果把花瓶摆放在桃花位内，就变成招桃花的风水物品了。

大厅前台左右相通，除了左右两边摆放花瓶化解外，在右边摆放一个铜葫芦也是有效的化解方法。铜葫芦能给人带来一种神秘感，可以降妖除魔，可以阻挡任何煞气。铜葫芦的底部或身上雕刻有八卦图案的为"八卦化煞葫芦"，使用"八卦化煞葫芦"化煞的效果更佳。八卦为天地万物的代表符号，加上葫芦嘴小肚大，所收的煞气易入难出，能化解各种性质不同的煞气。铜葫芦具有化解二黑五黄土煞的功效，将铜葫芦挂于二黑五黄土星飞临的方位即可。

大厅前台左开右藏，吉祥如意，既聚人气，又旺财气。左开右藏就指前台的左边开放，而右边充实伏藏；左藏右开是指前台的左边被遮挡住而右边开放，若在左边摆放金龙，那么公司积累的财宝会更加丰厚。

大厅里摆放麒麟，能镇邪助财。麒麟是由鹿演化而来的，它有牛的尾巴、马的蹄子、鱼的鳞皮和圆形的头顶。古代人把麒麟视为神兽，雄的称麒，雌性称麟。传说麒麟能活二千年，嘴巴能吐火，声音如雷。

第三节　财务室招财法

　　财务室里摆放的东西很重要，金蟾具有催财和旺财的功能，特别是"刘海戏金蟾"招财的力度更大。在中国民间，相传古代道士刘海修炼成为"八仙"之一。刘海是古代时的人，少年时代被燕王封为宰相，后因厌倦官场进山修道；又因戏弄灵物金蟾，得金钱而致富，被后代人奉为福神。民间有"刘海戏金蟾"的吉祥物，其形象是刘海手扶挂着长串金钱钓的金蟾。金蟾的形态十分特殊，有三只足，其大嘴咬着金钱，胸前挂有金钱。金蟾为吉祥物，可以吐宝发财，使生意兴隆，财源广进，还可以镇宅驱邪。摆放嘴衔金钱的金蟾时，一定要将金蟾口朝向屋内，不能朝向屋外，意为把钱吐进屋内给主人。利用金蟾招财，要摆放在财气方位上。

　　貔貅可以招偏财。相传貔貅是一种凶猛瑞兽，身上无鳞，无毛，有翅；头上生独角或双角，神态威武，凶猛异常，喜欢吸食魔怪的精血，并转化为财富。貔貅有雌雄两性，雄性为"貔"，雌性为"貅"。貔貅分为一角和两角的，一角的称为"天禄"，两角的称为"辟邪"，现在多以一角造型为主。南方人称这种瑞兽为"貔貅"，北方人则称为"辟邪"。"貔貅"和龙、狮的作用一样，可以将邪气赶走，带来欢乐及好运。制造貔貅的材质有很多种，有玉制、石制、木制、瓷制、铜制的貔貅。传说玉制貔貅的催财力量最强，但经实践证明，铜制的最好。铜制貔貅对催财、改运、避邪和护身均有特效；玉制貔貅适合夫妻、情侣佩带。因貔貅可吸四方财，可在腰间佩戴翡翠貔貅，也适合在车内悬挂平安保福的貔貅挂件。貔貅对偏行的人或收入浮动的人有特别的奇效，例如销售、经商、外汇、股票、金融、期货等。相传貔貅是神兽，为讨主人开心，会咬过路人的钱给主人，故它有吸纳财气的功能，可用以招财。

在风水运用上，貔貅的作用主要有：

（1）有镇宅避邪的作用。

将开光过的貔貅摆放在家中的财位上，可使家中的运气转好，赶走邪气，有镇宅之功效，并可以成为家中的守护神，能保全家庭的平安；

（2）有催财旺财的功效。

在赌馆、赌场里，经常会看到用貔貅招财的做法。因为它向来喜欢金钱，能帮助穷人吸纳偏财，所以做生意的商人会把它摆放在营业场所或家中，用以吸纳屋外的财气；

（3）有化解五黄煞气的作用。在风水上，五黄是可怕的大煞星，它所到之方，都会令人运滞甚至使人身体出现毛病。在五黄所到之方，安放貔貅，可以化解其凶性。若五黄飞临大门，则用一对貔貅化煞镇宅。

摆放方法：貔貅是用来吸纳外财的，摆放貔貅时，必须将头向着房屋的门外或者窗外，让其吸纳四面八方的财富。貔貅的头不宜向着主人的卧床或坐位，否则会将主人身上的财气吸掉，反而弄巧成拙，求福得祸。

财务室里的左边应多摆放一些吉祥物品。左边为青龙位，摆放金龙可招贵人，若再加放一只"刘海戏金蟾"可增旺财气。

做为生意的人，最好在办公室（或家中）供奉行业尊神，或在财务室里供奉一尊财神、摆放招财吉祥物和镇宅物，那么财源稳固且细水长流。行业尊神：木业的尊神为鲁班；农业的尊神为神农氏；医业的尊神为张仲景；科技业的尊神为伏羲王；地产业的尊神为土地爷；茶叶业的尊神为陆羽；军事业尊神为诸葛亮；道家尊神为老子；教育界的尊神为孔子；文昌尊神为魁星；贸易业的尊神为文财神。

第四节　办公室摆放饮水机助财法

饮水机是现代家居与办公场所里常见的一种饮水设施，其水性旺盛，摆设位置非常重要。不仅要顾及饮水的方便，又要考虑到摆设的美观，还应该重视其浓重的水性对财运的影响。

把饮水机摆放在财位上，可以提升财运。正门的斜对角线处是财位；明堂位摆放与水有关的物质，可以提升财运。

单纯从方位判断，与水有关的物品应摆放在北方较为合宜。若把饮水机放置在东南方，则可以提升财运；若摆放在东方，则对男性的事业运和身体健康帮助较大；若放置在西南方，则对女性的财运有利。在住宅的南方不宜摆放饮水机及与水有关的物品，否则容易出现好坏交错的现象。

第五节　办公室阳台摆放植物招财布置法

阳台是房屋与大自然交流信息的地方，日光充足，适合各种色彩鲜艳的花卉和常绿植物生长。在阳台摆放一些花草或树木盆景，既可以美化居住环境，又能改善风水气场。

阳台上摆放的植物大致可分为生旺与化煞二大类。生旺类可以招财，化煞类可以调节和缓解居住环境的气场，又能化泄来自外部环境中冲射而来的煞气。从阳台往外望，若附近山明水秀，没有任何形煞物象，就摆放生旺类植物。生旺类植物有以下几种。

1.万年青：其干茎粗壮，树叶厚大，颜色苍翠，极具强盛的生命力。大叶万年青的片片大叶伸展好似一只只肥厚的手掌伸出，暗示能向外纳气接福，对办公室财气有强大的壮旺作用，因此万年青的叶越大越好。

2. 金钱树：叶片圆厚丰满，易于生长，生命力旺盛，能吸收外界金气，可以旺办公室的财气。

3. 发财树：又称花生树，其干茎粗壮，树叶尖长而苍绿，充满活力朝气。

4. 橡胶树：橡胶树的树干伸直挺拔，叶片厚而光泽，繁殖力强而易种植，户外户内均宜种植。

5. 摇钱树：叶片长，色泽墨绿，属阴生植物，极有富贵气息。

6. 棕竹：干茎较瘦，树叶窄长，因树似棕榈而叶子似竹得名。把棕竹种植在阳台，可保住宅平安。

7. 铁树：铁树也叫龙血树。铁树的叶子狭长，中央有黄斑，铁树寓意坚强，可补住宅的气血，是重要的生旺植物品种之一。市面上最受欢迎的是泥种的巴西铁树。